财经类高校财税专业核心课系列教材

财税信息化

楚文海 钱 毅 周洪波 编著

科学出版社

北 京

内 容 简 介

　　本教材的编写，旨在为财税类专业的研究生以及本、专科学生提供一个关于财税信息化领域从理论到实践的，比较系统、全面的描述，使读者能够较为全面地了解财税信息化的基本理论及其发展的总体趋势，并且在此基础上能够重点掌握我国当前财税信息化建设的主要内容、基本操作方法及其发展走向，从而在系统把握财政学科其他课程理论知识的同时，又能够具备与现实相适应的实践操作和应用能力。

　　本书适合作为财税类专业的研究生以及本、专科学生的相关课程教学用书，也可供相关领域的读者作为参考用书。

图书在版编目（CIP）数据

财税信息化 / 楚文海，钱毅，周洪波编著. -- 北京：科学出版社，2024. 6. --（财经类高校财税专业核心课系列教材）.
ISBN 978-7-03-079016-3

Ⅰ. F810

中国国家版本馆 CIP 数据核字第 2024WH2322 号

责任编辑·王京苏 / 责任校对：贾娜娜
责任印制：张　伟 / 封面设计：有道设计

科 学 出 版 社 出版
北京东黄城根北街 16 号
邮政编码：100717
http://www.sciencep.com
三河市骏杰印刷有限公司印刷
科学出版社发行　各地新华书店经销
*
2024 年 6 月第　一　版　开本：787×1092　1/16
2024 年 6 月第一次印刷　印张：12
字数：282 000
定价：58.00 元
（如有印装质量问题，我社负责调换）

前　言

世界进入信息时代，信息化已经成为当代社会经济发展的主要特征和创新动力之一。党的二十大报告提出了加快建设制造强国、质量强国、航天强国、交通强国、网络强国、数字中国的要求，并明确了到二〇三五年，我国基本实现新型工业化、信息化、城镇化、农业现代化的发展目标。[①]在这一时代背景下，财税系统必然也必须在信息化大潮中与时俱进，充分依托现代信息技术，实现财政管理质量和服务效率的持续提升，更好地发挥国家治理的基础和重要支柱作用。

本教材的编写，旨在为读者提供一个关于财税信息化领域从理论到实践的，比较系统、全面的描述，使读者能够较为全面地了解财税信息化的基本理论及其发展的总体趋势，并且在此基础上能够重点掌握我国当前财税信息化建设的主要内容、基本操作方法及其发展走向，从而在系统把握财政学科其他课程理论知识的同时，又能够具备与现实相适应的实践操作和应用能力。本书的主要内容分为四个部分：第一部分介绍信息化的基础知识；第二部分介绍信息化建设的客观规律和一般过程；第三部分比较系统地梳理了我国财税信息化建设的历程和主要内容；第四部分简要介绍了信息化建设相关的法律法规，以及部分财税部门信息化建设案例。

---

① 习近平：高举中国特色社会主义伟大旗帜 为全面建设社会主义现代化国家而团结奋斗——在中国共产党第二十次全国代表大会上的报告[DB/OL]. https://www.gov.cn/xinwen/2022-10/25/content_5721685.htm[2022-10-25].

目　　录

第一部分　信息化基础知识

第一章　信息科学理论·· 3
　第一节　系统论、控制论与信息论 ·· 3
　第二节　信息化发展理论 ·· 6
　第三节　信息化的衡量 ·· 11
　第四节　信息化的作用：流程再造与组织变迁 ·· 17
　第五节　信息经济学 ·· 24
第二章　风险管理·· 27
　第一节　风险管理概述 ·· 27
　第二节　风险管理体系 ·· 30
　第三节　风险管理在财税领域的应用 ·· 35
第三章　信息技术基础知识·· 37
　第一节　数据管理 ·· 37
　第二节　数据处理 ·· 50
　第三节　计算机网络 ·· 55
　第四节　工作流与群件系统 ·· 62
　第五节　现代信息技术前沿 ·· 63

第二部分　信息化建设

第四章　信息化建设项目管理·· 75
　第一节　项目管理简介 ·· 75
　第二节　软件工程 ·· 76
　第三节　系统维护 ·· 80
第五章　数据治理·· 84
　第一节　数据及其客观存在方式 ·· 84
　第二节　数据管理的技术要素 ·· 87
　第三节　元数据和数据模型 ·· 97
第六章　信息安全体系建设·· 109
　第一节　信息安全的概念 ·· 109
　第二节　常用的信息安全技术 ·· 112
　第三节　信息安全体系架构及安全策略 ·· 114

第七章　标准体系建设 ·· 120

　　第一节　我国的标准体系 ·· 120

　　第二节　标准化在信息化进程中的意义 ···················· 121

　　第三节　财税信息化建设中的标准体系建设 ·············· 122

第三部分　财税信息化建设实践

第八章　我国财政信息化发展概述 ···························· 129

　　第一节　我国财政部门信息化建设历程 ···················· 129

　　第二节　"金财工程"简介 ·· 131

第九章　我国税收信息化发展历程 ···························· 135

　　第一节　我国税务信息化建设历程 ··························· 135

　　第二节　金税工程简介 ·· 139

　　第三节　金关工程简介 ·· 145

　　第四节　我国电子发票应用发展 ······························ 146

第十章　电子政务 ··· 149

　　第一节　电子政务概述 ·· 149

　　第二节　办公自动化 ··· 150

第十一章　财税数据深度利用 ································· 154

　　第一节　财税大数据对于社会治理的价值和意义 ········· 154

　　第二节　税收风险管理 ·· 157

　　第三节　纳税评估与稽查选案 ·································· 160

　　第四节　纳税信用等级管理 ······································ 165

　　第五节　决策支持 ·· 166

第四部分　案例及法规政策

第十二章　财税信息化相关政策及案例 ···················· 173

　　第一节　财税信息化建设相关政策文件 ···················· 173

　　第二节　财税信息化建设案例 ·································· 174

　　第三节　延伸阅读材料 ·· 180

第一部分　信息化基础知识

第一章　信息科学理论

信息科学是由信息论、控制论、系统论、计算机科学、仿生学与人工智能等学科互相交融结合而形成的，以信息为主要研究对象，以信息的运动规律和应用方法为主要研究内容，以数学、计算机科学及应用技术为主要研究工具，以扩展信息的应用功能和应用范围为主要目标的一门综合性学科。

"信息"一词的广泛使用使得人们难以给它下一个确切的定义，一般而言，信息可以认为是由信息源（如自然界、人类社会等）发出的、由信息的接收者接受和理解的各种信号的具体内容或含义。作为一个社会概念，信息可以理解为人类共享的一切知识，或社会发展趋势以及从客观现象中提炼出来的各种消息之和。信息并非事物本体，而是表征事物某个方面的特征或事物之间联系的消息、情报、指令、数据或信号。在人类社会中，信息往往以文字、图像、图形、语言、声音等形式出现。信息论的创始人香农对信息的定义是：信息是认识主体接收到的、可以消除对事物认识不确定性的新内容和新知识，因而信息是确定性的增加。

第一节　系统论、控制论与信息论

20 世纪 40 年代末，随着科技的发展，各学科之间相互渗透的现象越来越明显。在这一趋势下，系统论、控制论、信息论这三门交叉学科几乎同时产生。它们的出现对科学技术和思维的发展起到了巨大的推动作用，成为现代多门新学科的理论基础。

一、系统论

（一）系统论的基本概念

在学科意义上，系统论指系统科学。系统科学是把对象作为组织性、复杂性的系统从整体上进行研究，以揭示其运动规律和实际处理方法的科学。这门学科是由系统学、系统技术和系统工程等三个层次、诸多学科组成的学科群。[①]系统论是一种概括各学科普遍具有的基本规律性的理论，其目的是用一般系统论的成果指导具体学科的研究并通过开拓思维空间使具体科学的研究达到更高的层次，拓展到更广阔的领域。

1924～1928 年美籍奥地利理论生物学家冯·贝塔朗菲（L. von Bertalanffy）发表的一系列论著提出了一般系统论的思想，他在 1932 年发表的《理论生物学》和 1934 年发表

---

① 夏征农，陈至立. 辞海：缩印本[M]. 6 版. 上海：上海辞书出版社，2010.

的《现代发展理论》中，提出了机体系统论的观点，强调必须把生物有机体作为一个整体进行系统性的研究，才能揭示生物体内不同层次的组织原理及其各部分之间的联系和协作关系。1937 年，冯·贝塔朗菲在芝加哥大学的一次哲学讨论会上首次提出一般系统论的概念，他指出，一般系统的任务是表述和推导适用于"系统"的一般原理，不论其组成要素以及其相互关系的种类如何。"'系统科学'，即各门科学（如物理学、生物学、心理学和社会科学）中的'系统'的科学探索和科学理论，以及适用于所有系统的原理性学说——一般系统论"[①]，"一般系统论就是对'整体'和'整体性'的探索"[②]。

（二）系统论的基本范畴

系统论是研究系统的结构、特点、行为、动态、原则、规律以及系统间的联系，并对其功能进行数学描述的新兴学科。系统论的基本思想是把研究和处理的对象看作一个整体系统来对待。系统论的主要任务就是以系统为对象，从整体出发来研究系统整体和组成系统整体各要素的相互关系，从本质上说明其结构、功能、行为和动态，以把握系统整体，达到最优的目标。[③]

二、控制论

（一）控制论的基本概念

维纳（N. Wiener）认为，控制论是"关于动物和机器中控制和通信的科学"；冯·贝塔朗菲对控制论的定义是"以系统与环境之间和在系统内部的通信（信息传递），以及系统对环境作用的控制（反馈）为基础的一种控制系统的理论"；阿什比（W. R. Ashby）则把控制论定义为"研究这样一类系统的科学，在这类系统中，能量无关紧要，而信息及控制却非常重要。控制论是研究系统的调节与控制的一般规律的科学，其任务是实现系统的稳定和有目的的行动"。

（二）控制论的基本范畴

控制论提供了一种关于系统及其内部要素联系、运动的描述方法，人们可以据此建立描述对象系统的模型，进而对该系统的发展趋势或尚未明确的状态进行预测。

在现实世界中，许多事物都是由各种要素、部分有机结合形成的系统，这样的系统要保持相对的稳定状态，并协调各部分发挥作用，都需要内部的调节和控制。这种控制和调节的原理与机制，就是控制论研究的主要内容。基于系统控制的视角，控制论可以

---

① 冯·贝塔朗菲. 一般系统论：基础、发展和应用[M]. 林康义，魏宏森，译. 北京：清华大学出版社，1987.

② 夏征农，陈至立. 辞海：缩印本[M]. 6 版. 上海：上海辞书出版社，2010.

③ 萧浩辉. 决策科学辞典[M]. 北京：人民出版社，1995.

用相对规范一致的方式描述对象系统，从而与现实中或理论上的很多对象及其集合建立联系，并进一步与这些对象相关的学科形成跨学科的联系，实现学科间的相互促进。

与财税关系密切的经济系统中的各个部分、各种要素之间，同样存在着广泛、深入、系统的相互联系，这些相互作用产生的综合效果，导致了经济系统的运动与发展。控制论在其中的应用主要是描述经济系统的稳定性、能控性及其控制机制，并通过反馈机制对经济活动进行调节与控制，以达到某种控制目的。

三、信息论

（一）信息论的基本概念

信息论的创始人是贝尔实验室的数学家克劳德·埃尔伍德·香农（Claude Elwood Shannon），他为解决通信技术中的信息编码问题，把发射信息和接收信息作为一个整体的通信过程来研究，提出通信系统的一般模型；同时建立了信息量的统计公式，奠定了信息论的理论基础。1948年香农发表的《通信的数学理论》一文，成为信息论诞生的标志。在信息论的发展中，还有许多科学家做出了卓越的贡献。法国物理学家布里渊（L. Brillouin）1956年出版的《科学与信息论》专著，从热力学和生命等许多方面探讨信息论，把热力学熵与信息熵直接联系起来，使热力学中争论了一个世纪之久的"麦克斯韦妖"的佯谬得到了满意的解释。英国神经生理学家阿什比1964年发表的《系统与信息》等文章，还把信息论推广应用于生物学和神经生理学领域，也成为信息论的重要著作。这些科学家们的研究，以及后来从经济、管理和社会的各个部门对信息论的研究，使信息论远远地超越了通信的范围，成为一门研究信息传输和信息处理系统中一般规律的学科。香农在他的《通信的数学理论》中明确提出："通信的基本问题是在通信的一端精确地或近似地复现另一端所挑选的消息。"

（二）信息论的基本内容

信息论是研究信息的产生、获取、变换、传输、存储、处理识别及利用的学科。信息论还研究信道的容量、消息的编码与调制的问题以及噪声与滤波的理论等方面的内容。信息论还研究语义信息、有效信息和模糊信息等方面的问题。信息论有狭义和广义之分。狭义信息论即香农早期的研究成果，它以编码理论为中心，主要研究信息系统模型、信息的度量、信息容量、编码理论及噪声理论等。广义信息论又称信息科学，主要研究以计算机处理为中心的信息处理的基本理论，包括评议、文字的处理、图像识别、学习理论及其各种应用。广义信息论把信息定义为物质在相互作用中表征外部情况的一种普遍属性，它是一种物质系统的特性以一定形式在另一种物质系统中的再现。广义信息论包括了狭义信息论的内容，但其研究范围比通信领域广泛得多，是狭义信息论在各个领域的应用和推广，因此，它的规律也更一般化，适用于各个领域，所以它是一门横断学科。广义信息论，人们也称它为信息科学。

信息和控制是信息科学的基础和核心。20世纪70年代以来,电视、数据通信、遥感和生物医学工程的发展,向信息科学提出大量的研究课题,如信息的压缩、增强、恢复等图像处理和传输技术,信息特征的抽取、分类和识别的模式、识别理论和方法,出现了实用的图像处理和模式识别系统。

香农最初的信息论只对信息作了定量的描述,而没有考虑信息的其他方面,如信息的语义和信息的效用等问题。而这时的信息论已从原来的通信领域广泛地渗入到自动控制、信息处理、系统工程、人工智能等领域,这就要求对信息的本质、信息的语义和效用等问题进行更深入的研究,建立更一般的理论,从而产生了信息科学。

四、"三论"的关系

系统论、控制论、信息论三门学科密切相关,它们之间相互联系、相互影响。系统论定义了"系统"的概念,并研究、描述"系统"的一般规律;控制论研究系统演变过程中的客观规律性;信息论则研究控制的实现。因此,可以这样描述三者之间的关系:信息论是控制论的基础,二者共同成为系统论的研究方法。

第二节 信息化发展理论

1963年,日本学者梅棹忠夫(Tadao Umesao)在《论信息产业》一文中,首次提出"信息化"的概念,并定义为:"信息化是指通信现代化、计算机化和行为合理化的总称。"其中,通信现代化是指社会活动中的信息交流基于现代通信技术基础上进行的过程;计算机化是社会组织和组织间信息的产生、存储、处理(或控制)、传递等广泛采用先进计算机技术和设备管理的过程;现代通信技术是在计算机控制与管理下实现的,在社会逐步实现通信现代化、计算机化的过程中,与之相关的各种活动也逐步遵循合理的准则与规范,即行为合理化。此后,学术界逐渐开始使用"信息社会"和"信息化"等概念。

关于信息化的表述,中国学术界和政府相关部门有过较长时间的研讨。有的观点从技术发展的角度出发,认为信息化就是计算机、通信和网络技术的现代化;有的观点则着眼于信息产业的发展,认为信息化是从物质生产占主导地位的社会向信息产业占主导地位的社会转变的发展过程;还有的观点则进一步从经济社会结构的视角出发,如林毅夫等指出:"所谓信息化,是指建立在IT产业发展与IT在社会经济各部门扩散的基础之上,运用IT改造传统的经济、社会结构的过程"。1997年召开的首届全国信息化工作会议,将信息化和国家信息化定义为:"信息化是指培育、发展以智能化工具为代表的新的生产力并使之造福于社会的历史过程。国家信息化就是在国家统一规划和组织下,在农业、工业、科学技术、国防及社会生活各个方面应用现代信息技术,深入开发广泛利用信息资源,加速实现国家现代化进程。"这一定义综合了上述各方面的观点。

编者认为,社会,是以一定的物质生产活动为基础而相互联系的人类生活共同体,人与人的信息交流与互动是社会协作、分工进行生产以及各类社会活动的基本条件。人类生产力的发展,对信息交换、存储、扩散、传承、处理、利用(本书统称为信息活动)

的效率提出了越来越高的要求。从这个意义上，如果将人们发明信息技术并应用于社会经济活动之中提高信息活动效率的过程定义为"信息化"，从远古时代语言的形成、文字的创制，到古代的造纸术、印刷术、烽燧系统、邮驿制度，再到近代电报、电话的发明，以至现代计算机以及互联网应用的普及，从未中断的信息化进程就是人类社会发展的主题之一。

信息化代表了一种信息技术被高度应用，信息资源被高度共享，从而使人的智能潜力以及社会物质资源潜力被充分发挥，个人行为、组织决策和社会运行趋于合理化的理想状态。同时，信息化也是 IT 产业发展与 IT 在社会经济各部门扩散的基础之上的，不断运用 IT 改造传统的经济、社会结构从而通往理想状态的一段持续的过程。

事实上，在不同时期，不同国家和地区的信息化发展阶段是不同的，确认国民经济与社会信息化目前的发展阶段，找准今后方向，关系到正确评价和制订信息化发展规划的问题，对于推进一国信息化的总体实践也具有重要意义。在相关理论研究中，学者们建立了一些理论模型，作为衡量信息化发展阶段的理论工具。

一、诺兰模型

1974 年，哈佛大学里查德·诺兰（Richard L. Nolan）提出了信息系统分阶段发展的思想，此后，经过对信息化实践发展的总结，又对其进行了调整，形成了"诺兰模型"。

诺兰模型的核心思想可以概括为：计算机在一个组织的管理中应用的过程，一般要经历从初级到高级的若干阶段的成长过程。这些发展阶段之间存在着相对固定的先后次序，一个组织的信息化发展过程一般要依次经历若干个成长阶段，这些阶段之间的先后次序不能交换，一般情况下也不能跨越。

（一）诺兰模型的基本内容

诺兰模型将一个在信息化建设、发展方面与其他组织（或区域）可以相对区分的组织的信息化发展划分为六个阶段，分别是：初始阶段、普及阶段、控制阶段、集成阶段、数据管理阶段和成熟阶段，这些阶段的主要特征分别如下。

初始阶段：在一个组织（或区域）信息化发展的起步阶段，由于信息技术教育普及程度较低、信息基础设施尚未完善，信息技术应用于现实业务中的经济成本和技术难度都相对较高，而且还存在某种程度的技术风险，所以仅有少数具备技术条件且确有必要的部门引入少量计算机用于特定业务，信息技术对于大多数组织成员（潜在用户）还十分陌生，人们往往对这种自己并不了解的新生事物怀有敬而远之的态度，甚至存在某些误解和疑虑。在此阶段，由于信息技术应用的范围狭窄分散，因此信息系统的开发也缺乏整体规划和系统控制，系统功能只能覆盖局部业务需求，主要应用于一些人工难以完成的大规模数据计算等方面。

普及阶段：信息技术应用领域的拓展，与其应用功能的拓展密不可分。事实上，在社会经济各领域中，需要利用计算机直接进行大规模数据计算的需求并不多，但是需要利用计算机远远超过人工的数据处理能力提高其他各方面业务效率的需求就非常普遍了。当人们经过初始阶段，对现代信息技术及其设备有了初步的认识，并且通过其有限的业务处理获得了一定的收获（经济、效率或其他方面）以后，少数成功的应用案例激发了人们基于自身工作需要对信息技术进行实际接触和探索的兴趣，信息技术在组织业务中的应用开始蔓延、普及，应用程度逐渐深入，大量应用系统被开发出来并投入业务之中，出现了遍地开花、系统林立的局面。但是由于应用领域还比较分散，应用系统还互不兼容，因此应用层次还比较低，组织缺乏对信息化建设整体的、系统的控制。

控制阶段：随着信息技术在组织或区域内的普及应用，各方面、各领域的应用需求不断增加，信息基础设施也得以普及和完善。但是，与初始阶段相比，由于应用了信息技术的业务片段、环节越来越多，基于分散决策而分别开发的应用系统之间不兼容、不协调的问题日渐凸显，导致信息系统建设的单位投入的边际净收益下降，客观上要求立足于整个组织或区域高层对内部的信息系统开发应用的协调控制、对信息系统数据的共享的必要性也日趋显著。为解决系统林立、互不兼容的问题，组织或区域管理者开始对信息化建设的资源进行集中控制，并为之建立专门的管理机构，规划和指导信息化建设的发展，并开始制订相对长期的、一体化的信息化发展规划。

集成阶段：在控制阶段，尽管组织高层已经建立了对信息技术应用发展的某种控制机制，但是，由于信息技术本身还存在技术层面的差异性，如技术发展阶段、技术标准、技术流派等，因此组织高层必须从业务一体化的需求出发，对信息化建设进行统一规划，并根据信息系统工程方法，从业务层面延伸到技术层面，进行统一规划，制定统一标准，对既有的应用系统进行改造或更新，实现组织内部应用系统之间的统一协调。当组织内的各类信息系统在一定程度上实现了整合，过去分散在各个互不兼容的信息系统中的信息资源也就实现了相应程度的集中。对于组织管理者而言，在获得了前所未有的信息资源的同时，如何有效管理并充分利用这些信息资源，进一步提高组织的业务效率就成为核心问题。信息化建设的重点，也从网络和硬件条件的准备、信息系统的开发转变为信息资源的利用。

数据管理阶段：又称为全社会集成阶段。在逐渐深入利用经过集中、整合的信息资源的基础上，信息系统开始具备全面、系统地支撑组织的各项业务、提供综合应用的能力。深度融合了信息技术的业务环节的效率已经突破了传统业务流程的约束，促使组织对传统业务流程进行调整、优化、再造，进一步从全社会的角度来考虑信息化的全盘建设。

成熟阶段：在系统内集成阶段和全社会集成阶段之后，信息技术已经高度融入社会与经济运行的整个过程。经过流程再造的业务系统与信息系统实现了比较完善的匹配，信息资源的有效配置推动了业务资源的有效配置，整个组织的效率得到了有效提高，信息化的作用得到了充分体现，人们充分享受到信息化所带来的好处。

诺兰模型总结了信息化发展的客观规律，并由各国、各地区以及各类社会组织的信息化实践得以验证，为信息化建设提供了有益的理论指导。

（二）诺兰模型的内涵

诺兰模型并不仅仅只是信息化发展现象的观察描述，而是具有丰富的内涵。诺兰模型对于信息化发展各阶段主要特征的描述，揭示了信息技术与应用的发展、发展规划和控制的战略变化以及用户的参与程度变化等要素之间的客观联系。

诺兰模型还提出了关于信息化建设的"成长过程"的理念，在一个组织的信息化发展进程中，包含了四个不同方面相辅相成的成长过程，即应用组合、资源成长、管理成长和用户意识成长，其中任何一个方面的成长如果不能与其他几个方面相协调，都会对信息化进程产生阻滞。例如，如果组织没有对用户进行适当的教育或培训，以提高其使用信息技术系统的能力并更新其对信息化建设和应用的认识，就会导致用户与系统的不协调，影响应用系统的功能的发挥。因此，一个组织对于自身信息化建设的有效管理应该维持这四个方面成长的均衡，确保没有任何一个过程严重超前或严重滞后于其他过程。[①]

诺兰模型是对从国家、地区到企业组织等不同层面信息化发展、建设的历史规律的总结，对各个层面的信息化建设的决策者而言，都具有极为重要的指导意义。信息化作为一类技术领域的发展，具有其客观的、不以人们的意志为转移的规律性特征，人们在进行信息化建设的战略规划、设计和具体实施时，都应该充分尊重信息化的客观规律，在明确自身当前所处的发展阶段的前提下，根据信息化发展的客观规律性及其阶段特征来指导信息化建设。

二、辛诺特模型[②]

20世纪80年代，美国学者威廉·辛诺特（William R. Synnott）指出，此前的一些学者提出的信息化发展模型着重于技术方面的发展，较少关注信息资源与组织整体的管理目标之间的联系。他认为，要使信息系统帮助组织在同行竞争中获得优势，就必须在信息系统的开发过程中充分考虑如何使信息资源达到最优配置，在实现系统集成后要加强数据资源的管理和利用。[③]

1988年，辛诺特在对金融、制药、能源、交通和出版等行业信息系统建设与发展的相关情况进行深入研究后，立足于有效整合信息资源，提出了"四阶段推移模型"。

与前述的诺兰模型一样，辛诺特也对信息化发展进行了阶段划分，但是他划分阶段的标准是基于信息资源的利用程度，这一点，与现实中信息系统的实际应用效果比较吻合。具体划分为以下阶段。

"数据"阶段：作为信息系统的基本功能就是对组织中分散的各种原始数据进行处理，使之满足相关业务需要。

"信息"阶段：随着信息系统所处理的数据量的增长和数据交换范围的拓展，作为工作对象的"数据"本身及其结构已经逐渐组织化，转变为有明确业务内涵的"信息"，对组织的业务产生了越来越明确的指导作用，但存储信息的数据库还是从属于不同用途的应用系统。

① 左美云，陈蔚珠，胡锐先. 信息化成熟度模型的分析与比较[J]. 管理学报，2005，（3）：340-346.

② Synnott W R. The Information Weapon：Winning Customers and Market With Technology[M]. New York：John Wiley & Sons，Inc.，1987.

③ Synnott W R，Gruber W H. Information Resource Management：Opportunities and Strategies for the 1980s[M]. NewYork：John Wiley & Sons，Inc.，1981.

"信息资源"阶段：当完成整体数据的集成统一后，信息真正成为组织可以支配和深度利用的资源，信息资源管理者在组织管理和决策过程中的作用得以加强。

"信息武器"阶段：在包括网络在内的各种硬件、软件条件较为成熟后，组织能够充分运用其掌握的信息资源从管理、业务等方面加强其竞争能力，信息资源也就成为市场竞争中有效的"信息武器"。

三、米歇模型①

随着信息技术及其实践应用的迅速发展，基于早期信息化建设总结得出的诺兰模型在一些方面表现出了某些局限性。20 世纪 90 年代末，迈克尔·米歇（Michael A. Mische）基于信息系统集成和数据管理之间不可分割的内在联系，对诺兰模型进行了修正。

米歇从技术状况、代表性应用和集成程度、数据库能力、信息技术组织结构和文化，以及全员文化素质、态度和信息技术视野等方面，将组织的信息化连续发展进程划分为以下四个阶段。

起步阶段：在起步阶段，信息技术应用程度较低、应用功能分散，谈不上系统集成，主要应用于一些局部的业务数据计算。

增长阶段：在对部分应用系统进行初步整合的基础上，形成了管理信息系统，意味着对组织的业务信息进行了初步的、部分的整合，并能基于整合后的信息，根据业务需要进行分析，为组织的管理者提供一些业务状态信息并进行简单的辅助决策。

成熟阶段：当组织的信息系统在技术、信息和资源管理方面实现了数据集中和应用功能整合后，组织的信息化就进入了相对成熟的阶段，在经过整合的信息系统支撑下，组织业务以及成员之间的关系发生适应性的变化，从而产生一些更为先进的组织文化。

更新阶段：在实现了业务整合的基础上，组织的信息系统进一步对信息资源的内涵进行加工、挖掘，为决策层提供较为系统的辅助决策功能，提高了组织的核心竞争力。

四、汉纳模型②

世界银行的汉纳（N. Hanna）认为，企业信息化的过程，也就是信息技术在企业中不断扩散的过程，所以他提出的信息化发展模型被称为"信息技术扩散模型"，该模型指出，信息技术在组织中的扩散可以分为以下三个阶段。

替代阶段：该阶段的主要内容是新技术手段对原有技术进行替代。

提高阶段：当技术实现了迭代，计算机系统也要实现与之相适应的集成并提高效益。

转型阶段：在技术和软件系统都已升级换代的情况下，企业的业务流程和管理组织也需要实现适应性的调整，即流程再造和组织重构，而且信息系统能够在新的组织模式下为管理决策提供信息支持，实现企业管理和生产效率的全面提升，提高企业的核心竞争力。

① Mische M A. Reengineering：System Integration Success[M]. New York：Auerbach Publications，1997.
② 汉纳 N，博松 S，盖伊 K，等. 信息战略与信息技术扩散[M]. 董晓英，等译. 北京：中国对外翻译出版公司，2000.

　　上述各个阶段，作为一个相对独立的过程，又分别由信息、分析、获取和使用等四个环节构成。也就是说，企业在实现上述各个阶段时，大体上都要经过对相关业务需求的采集，对需求进行分析、研究，明确信息化建设的主体，然后建立信息系统获取所需信息或信息产品，最后在业务中使用该信息产品，达到阶段性目的。

　　各个阶段所涉及的信息技术和信息系统之间，存在着递进和迭代的关系，上一阶段为下一阶段提供了基础和准备，下一阶段则是前面阶段的发展和提高，在此过程中，信息技术逐步扩散、渗透到企业的各个领域，逐步与企业的管理、文化等实现融合、贯通，信息技术在组织经营管理过程中的作用也逐步提升，从基层业务逐渐上升到高层决策中，成为组织竞争力提升的主要动力。

第三节　信息化的衡量

　　如前文所述，信息化的发展遵循着循序渐进的客观规律，由此推论：既然信息化发展阶段有先后之分，如果两个地区或组织处于信息化发展的不同阶段，那么其发展程度就是可比较的。同时，某一地区或组织的信息化发展从一个阶段进入另一个阶段的过程，是一个量变积累最终发生阶段跃迁的过程，所以在同一个信息化发展阶段内，也存在对发展水平进行量化比较的条件。此外，信息化的发展会形成新的产业，信息产业的规模是可以量化衡量的。基于以上思路，从 20 世纪 60 年代开始，逐渐发展出了一些对信息化发展程度进行量化评价的方法，其中，比较有代表性的三种方法是：马克卢普对国民生产总值（gross national product，GNP）中信息产业所占份额的测算、波拉特比重法和信息化指数法。

一、信息产业占国民生产总值比重

　　今天，人们经常说起"信息时代"这个词汇。信息能够作为一个时代的标志，显然，它在这个时代起到了特别重要的作用。正如前文所述，当代社会经济体系中，信息已经成为一种不可或缺的要素，它既是生产、加工的对象，又是广泛、系统参与各领域生产活动的技术要素，还是大量生产并面向社会供给的消费品。在广泛意义上，信息要素参与其中并发挥了重要作用的经济活动，可以称为"信息经济"。其中，一部分属于现代信息技术对传统经济活动的介入或渗透，另一部分则是前所未有的、以信息技术产品、服务为主要产出的新兴行业。总而言之，信息、信息技术产品及其应用已经成为当代经济必不可少的重要部分，形成了一个几乎覆盖当代所有行业的庞大产业，目前一般称之为"信息产业"。在信息经济发展的不同历史阶段，由于信息及其相关技术及应用对经济的渗透程度和范围的差异以及当时人们对其观察视角的不同，不同的学者对其内涵与外延的认识有所差异，对信息产业的称谓也有所不同。

　　在 20 世纪 60 年代，美国学者弗里茨·马克卢普（Fritz Machlup）出版了《美国的知识生产与分配》，提出了知识产业的概念，并使用最终需求法对知识产业（即信息产业）

占 GNP 比重进行了测算。[①]

马克卢普教授在其专著中，对 1958 年美国的知识产业进行了统计测算，测算结果为：美国 1958 年知识产业产值约占当年 GNP 的 29%，从业人数占总从业人数的 31%[②]。1980 年起，马克卢普又在前书基础上陆续发表了《知识：生产、分配和经济意义》多卷本著作。

二、波拉特比重法

1977 年，斯坦福大学的马克·尤里·波拉特（Mac Uri Porat）在马克卢普的研究的基础上，以他的博士论文《美国信息经济分析》为基础扩展为《信息经济》9 卷本报告。在报告中，波拉特对美国的信息产业进行了独特划分，将信息经济部门分为第一信息部门和第二信息部门，第一信息部门包括向市场上提供信息产品和信息服务的企业；第二信息部门包括在政府和非信息企业中为了内部消费而创造信息产品和信息服务的部门[③]，在此基础上建立了一个以信息部门占 GNP 比重为指标的测算体系[④]。

波拉特比重法主要用来测算第一和第二信息部门所创造的产值在 GNP 中所占比例。对于第一信息部门，采用最终需求法（支出法）和增值法来计算；由于第二信息部门提供的信息产品和服务未能在市场中直接体现出来，波拉特采用在非信息行业就业的信息劳动者收入和非信息行业购入信息资本折旧两个部分的增值对其进行测算[③]。

波拉特采用此种方法，统计测算了美国 1967 年的信息化水平。测算结果显示，当年信息产业（包括第一信息部门和第二信息部门）所创造的附加值占 GNP 的 42.6%，从事信息工作的人数占美国就业人数的 45%，从事信息工作人员的收入占美国就业人数总收入的 53%[⑤]。根据这一组数据，许多经济学家认为，美国在 1967 年就已进入了信息社会。表 1-1、表 1-2 和表 1-3 为波拉特比重法的测算结果[⑤]。

表 1-1　几个国家的第一信息部门和第二信息部门占 GNP 的比重

年份	美国	英国	日本
1958	19.6%/23.1%		
1963		16%/13.8%	
1965			14.4%/21.8%
1970			18.8%/16.2%
1972	24.8%/24.4%	22%/10.9%	
1979			14.7%/20.7%
1982			

① 张文娟. 中外社会信息化测度方法研究[J]. 情报科学, 2009, 27（6）: 953-956.
② 王明明. 信息经济学的发展历程与研究成果[J]. 中国信息界, 2011,（10）: 23-28.
③ 刘培德. 基于模糊多属性决策的企业信息化水平评价方法与应用研究[D]. 北京: 北京交通大学, 2010.
④ 乌家培. 谈信息经济学及其内容（二）[J]. 信息经济与技术, 1997,（10）: 3-5.
⑤ 数据来源: 宋玲. 信息水平测度的理论与方法[M]. 北京: 经济科学出版社, 2001: 185-163.

表 1-2 信息就业人数占全体就业人数的比重

年份	美国	英国	日本
1965			21%
1967	45%		
1970			29%
1971		37%	
1974	49%		
1979			38%
1982			

表 1-3 不同经济发展程度国家信息经济（占经济总量百分比）比较

不同类型国家	20 世纪 80 年代初	20 世纪 90 年代初
发达国家	40%~65%	50%~80%
新兴工业化国家	25%~40%	40%~60%
发展中国家	<25%	<40%

波拉特比重法创造性地将信息产业从第三产业中分离出来，使信息产业获得了和农业、工业和服务业同样的地位；它将信息产业细化为第一信息部门和第二信息部门，使得非信息部门等信息有关业务的重要性也得以体现；这种分析方法可以有效地描述信息经济的两种不同类型，被经济合作与发展组织（Organisation for Economic Co-operation and Development，OECD）用于测算其成员国的信息经济的发展程度，也为相关理论分析提供了有效的分析框架；波拉特比重法还将信息产业占 GNP 比重作为衡量信息化程度的统一参照指标，为各国按时间序列比较信息化的发展程度提供了依据，同时也可以对照其他国家进行不同国度之间的横向比较。因此，波拉特比重法得到了各国学者的认同。1981年，波拉特受邀指导分析 OECD 的九个成员国的信息经济测算工作。

三、信息化指数法

以上对于信息化发展的各种测度方法，均需要对经济运行情况进行系统、全面的分析和统计，计算难度较大，且关于各行业的一些数据难以获得。于是，一些学者想到，可以用可直接观察、测量的关于信息化的现象来表征信息化发展的情况，对观察所得的各种现象的统计数据赋予相应的权重再相加，就可以对信息化的发展程度进行量化描述了。这种用指标表示信息化发展的方法，称为信息化指数法。

（一）小松崎清介指数法

基于上述考虑，20 世纪 60 年代，日本经济学家小松崎清介提出了一种量化测度信息化水平的指标体系。小松崎清介的基本思路是：在各类社会经济现象中，选取那些与信息化联系比较密切、易于观察、便于统计、具有代表性的指标，构成描述信息化的指标体系，以此为依据，通过一定的方法，量化描述信息化的发展水平。具体方法是：从信息量、信息装备率、通信主体水平和信息系数等四个方面描述对象信息化程度，以上四个方面又细化为 11 个具体指标，构成一个二级结构的信息化指标体系，并以某国（某地区）某一时间段内的上述各项指标为基础值，将所测年份值指数化，然后相加，如表 1-4 所示。

表 1-4　小松崎清介指数法的指标构成

指标类	指标
信息量	A（1）每人发信数/年
	A（2）每人通话次数/年
	A（3）每百万人报纸发行数/天
	A（4）每万人一年书籍发行网点数
	A（5）每平方公里人口密度
信息装备率	B（1）电话机数/100 人
	B（2）电视机数/100 人
	B（3）计算机数/10 000 人
通信主体水平	C（1）第三产业就业人数占全部就业人数的百分比
	C（2）在校大学生数/100 人
信息系数	D（1）个人消费支出中非商品支出与商品支出之和的比率

信息指数 = 1/4（信息量指数 + 信息装备率指数 + 通信主体水平指数 + 信息系数指数）
其中，

信息量指数 = 1/5［A（1）+ A（2）+ A（3）+ A（4）+ A（5）］
信息装备率指数 = 1/3［B（1）+ B（2）+ B（3）］
通信主体水平指数 = 1/2［C（1）+ C（2）］

利用小松崎清介指数法计算几个国家的信息化水平如表 1-5 所示。

表 1-5　国际信息化水平比较[①]

国家	1965 年信息指数	1973 年信息指数
日本	100	221
美国	242	531
英国	117	209
联邦德国	104	211
法国	110	210

① 数据来源：宋玲. 信息化水平测度的理论与方法[M]. 北京：经济科学出版社，2001：164.

　　小松崎清介指数法具有模型资料容易获得、计算简便、实用性较强的特点，但也存在选取的信息指标体系不够全面、没有考虑各项指标权重等缺点。

（二）国际电信联盟的指标体系法

　　国际电信联盟（International Telecommunication Union，ITU），是联合国下属的主管信息通信技术（information and communication technology，ICT）事务的机构。国际电信联盟的主要职能是划分全球的无线电频谱和卫星轨道，制定技术标准。由于该机构与电信行业的深入联系，其成员既包括联合国各成员国和 ICT 监管机构等公共部门成员，也包括学术机构和全球约数百家通信技术领域的知名公司。

　　1995 年，在七国集团部长举行的关于"信息社会"问题的会议上，国际电信联盟提出了一套评价各国信息化发展水平的指标体系。该指标体系的基本思路和小松崎清介指数法类似，只是在具体指标的选取方面有所不同，并随时间的推移和信息通信技术的发展而不断更新变化。2018 年，国际电信联盟发布的《2017 年衡量信息社会报告》中用于衡量信息社会的部分关键指标如表 1-6 所示。

表 1-6　国际电信联盟信息化指标体系（2017 年版）①

一级指标	二级指标	指标定义
接入和网络覆盖：该类别的指标指与接入和网络覆盖相关的关键指标	每 100 位居民的固定电话接入	固定电话接入指的是活动模拟固定电话线、互联网协议语音接入、固定无线本地环路接入、综合业务数字网络话音信道等值和固定公用付费电话的总和。这个指标是通过将固定电话接入的数量除以人口数再乘以 100 来计算的
	每 100 位居民的移动通信电话接入	移动通信电话接入是指使用蜂窝技术来提供对公共交换电话网络的接入的公共移动电话服务的接入数。它包括支付后接入的数量和活跃的预付费账户的数量以及提供语音通信的所有移动通信接入。这个指标是通过将移动通信电话接入的数量除以人口数再乘以 100 来计算的
	每 100 位居民固定宽带接入	固定宽带接入指的是对公共互联网的固定接入，其速度等于或高于 256kbit/s。包括电缆调制解调器、DSL、光纤到家庭/建筑物、其他固定（有线）接入，卫星宽带和地面固定无线宽带。这个指标是通过将固定宽带互联网接入的数量除以人口数再乘以 100 来计算的
	每 100 位居民的主动移动宽带接入	主动移动宽带接入指的是数据和话音移动宽带接入和仅向公共互联网的数据移动宽带接入的总和。这个指标是通过将活跃的移动宽带接入的数量除以人口数再乘以 100 来计算的
	3G 网络覆盖	该指标也被称为至少由 3G 移动网络覆盖的人口百分比。它指的是至少在 3G 移动通信信号的范围内的居民的百分比，不管他们是否是用户。该指标通过将至少一个 3G 移动通信信号覆盖的居民的数量除以总人口数再乘以 100 来计算
	LTE / WiMAX 网络覆盖	该指标也被称为至少一个 LTE / WiMAX 网络覆盖的人口百分比。它指的是生活在 LTE/LTE 高级、移动 WiMAX 或其他更先进的移动通信网络范围内的居民的百分比，通过划分由上述移动网络覆盖的居民总数来计算

---

　　① International Telecommunication Union. Measuring the Information Society Report[R]. Geneva：International Telecommunication Union，2017.

续表

一级指标	二级指标	指标定义
信息通信价格：该类别的指标指与ICT服务价格有关的关键指标	移动通信价格	移动通信价格指的是每月按预定比率计算的30个呼出电话的每月使用价格（在网/离网到固定线路，以及高峰和非高峰时间），再加上100个SMS
	固定宽带价格	固定宽带价格是指每月接入一个入门级固定宽带计划的价格
	移动宽带价格（500MB）	是指基于入门级手机的移动宽带接入的价格，有效期为30天(或四周)
	移动宽带价格（1GB）	指的是一个入门级的基于计算机的移动宽带接入的价格，有效期为30天（或四周）
家庭和个人的ICT访问和使用：该类别的指标是指家庭和个人有关信息和通信技术的使用的关键指标	住户电脑百分比	住户电脑百分比是指家庭中拥有计算机的家庭的比例。数据是基于国家统计局进行的调查获得
	家庭上网率	家庭上网率指的是有互联网接入的家庭的比例。数据是基于国家统计局进行的调查获得
	使用互联网的个人百分比	使用互联网的个人百分比是指过去三个月内使用互联网的个人的比例。数据是基于一般由国家统计局进行的调查或基于估算模型的估计，该模型考虑了固定和移动宽带接入的数量和人均国民收入
	每个互联网用户使用国际互联网带宽	这个指标是通过将国际互联网带宽转换成kbit/s并将其除以互联网用户的数量来计算的

注：DSL 表示 digital subscriber line，数字用户线；LTE 表示 long term evolution，长期演进技术；WiMAX 表示 world interoperability for microwave access，全球微波接入互操作性；SMS 表示 short message service，短信服务

（三）国家信息中心信息社会发展报告[①]

国家信息中心为国家发展和改革委员会直属事业单位，是以经济分析预测、信息化建设和大数据应用为特色的国家级决策咨询机构和国家电子政务公共服务平台。国家信息中心编制、发布的全国，各省、自治区、直辖市以及全球信息社会发展报告，比较全面、系统、客观地反映了评价对象的信息社会发展情况。国家信息中心编撰的信息社会发展报告中采用的就是典型的信息化指标法。

国家信息中心信息社会发展报告课题组设计的信息社会评价指标体系，从信息经济、网络社会、在线政府、数字生活四个维度对信息化发展进行描述。[①]其中：信息经济指数主要由经济发展指数、人力资源指数、产业结构指数和发展方式指数等方面的子指标进行描述；网络社会指数则是通过支付能力指数和社会发展指数这两个子指标从社会视角考察信息社会发展水平；在线政府指数反映考察对象国家或地区政府如何利用信息技术提供服务及其效率如何；数字生活指数通过移动电话指数、电脑指数和互联网指数三个子指标反映现代信息技术在社会中的扩散和普及程度。

（四）华为全球联接指数[②]

2014 年，华为技术有限公司首次发布了全球联接指数（global connectivity index，

① 信息化和产业发展部. 2017 全球、中国信息社会发展报告[DB/OL]. http://www.sic.gov.cn/sic/82/566/1226/6741.pdf [2019-07-08].

② 华为技术有限公司. 2020 年全球联接指数[DB/OL]. https://www.huawei.com/minisite/gci/cn/[2023-07-28].

GCI），对全球 79 个国家的数字经济发展情况进行了量化评估和比较，旨在为国家和行业的数字化转型提供评估建议。

作为一种信息通信技术评估框架，全球联接指数可以衡量、分析、评估和预测多种联接趋势，以及联接对国家数字经济转型的影响和价值。全球联接指数的评估指标包括四大经济要素和五大使能技术，共 40 个指标，对世界各经济体进行评估、分析、预测，量化描述其数字经济转型的进程。

全球联接指数的 40 个衡量指标，分别从纵向（包括：供给、需求、体验、潜力）和横向（包括：宽带、数据中心、云计算、大数据、物联网）两个方面，对对象经济体的信息化进程进行描述和分析。

第四节　信息化的作用：流程再造与组织变迁

信息技术对于一个企业的作用，并不仅仅只是替代其中某些环节的人工数据处理工作或者提供某些信息查询等辅助性功能。在现实中，企业所能获得并利用的技术条件在很大程度上决定了其组织结构和运行流程。例如，如果一个企业不具备使用计算机联网处理订单数据的技术条件，那么该企业就需要把相当多的人力资源配置在订单处理环节，建立与人工工作效率相适应的订单处理工作流程，而由于参与这一环节的人员较多，人工处理订单难以避免出现失误，所以还需要建立相应的工作监督和责任追究机制。当该企业应用了计算机替代了人工进行订单处理，该环节所占用的人力资源就可以配置于其他生产环节，上述基于人工工作而形成的订单处理流程以及管理工作机制也必然需要进行调整，从而改变了企业在这一环节的业务处理流程，也就是流程再造。企业各业务环节处理流程的变化，将改变其内部的组织结构，例如，企业可以将一些部门精简、调整内部的协调配合机制，将更多的资源配置于过去力所不及的方面，从而在整体上实现了企业组织结构适应于技术发展的变迁。对于其他社会组织，也存在类似的作用。

一、业务流程再造

业务流程再造（business process reengineering，BPR），有时也被译为"业务流程重组""企业流程再造"。1993 年，美国麻省理工学院的教授迈克尔·哈默（Michael Hammer）和 CSC 管理顾问公司董事长詹姆斯·钱匹（James Champy）合著的《企业再造》一书中，指出："为了飞跃性地改善成本、质量、服务、速度等现代企业的主要运营基础，必须对工作流程进行根本性的重新思考并彻底改革"[①]。

一个企业要生产某种产品，就需要在各种内、外部条件约束下，对自己可支配的资本、人力、技术条件等各类资源进行有效分工与协调，通过分工形成各个专业化的工作岗位或环节，通过协调使之有序配合，形成某种相对稳定的协作机制，有效地开展生产。

---

① 哈默 M，钱匹 J. 企业再造[M]. 小草，译. 南昌：江西人民出版社，2019.

这种在分工基础上形成的生产业务（或其他各类业务）环节的有序安排，就是业务流程。

企业的业务流程在很大程度上决定了其生产效率，关于这一点，亚当·斯密在《国富论》中以生产扣针的作坊为例作了生动描述："按照现在经营的方法，不但这种作业（指生产扣针的各个工序——编者注）全部已经成为专门职业，而且这种职业分成若干部门，其中有大多数也同样成为专门职业。一个人抽铁线，一个人拉直，一个人切截，一个人削尖线的一端，一个人磨另一端，以便装上圆头。要做圆头，就需要有两三种不同的操作。装圆头，涂白色，乃至包装，都是专门的职业。这样，扣针的制造分为 18 种操作。有些工厂，这 18 种操作，分由 18 个专门工人负责。……我见过一个小工厂，只雇用 10 个工人……这 10 个工人每日就可成针 48 000 枚，即一人一日可成针 4800 枚。如果他们各自独立工作，不专习一种特殊业务，那么，他们不论是谁，很难一日制造 20 枚针，说不定一天连一枚针也制造不出来"[①]。

企业在市场环境中的生存与发展，受到诸多内、外部因素的制约，这些因素包括但不限于：劳动者的工作效率、技术装备的效率、市场供求关系、相关法律制度等。上述因素中的多数属于单个企业无法控制或改变的外部因素，这些外部因素对于同属一个市场内的同行业企业的约束作用是基本一致的。因此，在基本相同的外部约束条件下，同行业企业间的竞争，主要就集中在对于可支配资源的优化配置方面，表现为企业管理者对内部分工、协调方面的调整、优化。这种以提高生产经营效率为目标，对于内部分工、协调机制的调整、优化，就是业务流程再造。

企业业务流程再造的具体途径，可以分为两类：第一类是在外部约束条件不变的前提下，通过对企业生产经营各环节以及各种内、外部信息的分析，找到当前业务流程中各环节的协调、配合、衔接方面可以改进的部分，进行优化；第二类则是当包括技术因素在内的某种约束条件发生变化时，充分利用这些变化对当前业务中的某些部分进行改进，提高其效率，在此基础上，采用第一类优化模式重新配置企业的可支配资源，达到优化目的。信息技术应用于企业，通常可以在上述两类流程再造的模式中分别发挥积极作用，促使企业实现持续的流程优化。

对于第一类优化模式，即当制约企业的各种外部因素没有发生变化时，企业管理者对企业进行流程再造的主要依据是各个业务环节的客观状态信息。也就是说，只有当管理者充分、及时、全面地掌握了各项业务的运行情况，并且能够据此准确地分析出当前业务流程的"瓶颈"，才能够对其进行有效的调整、优化。在现代条件下，企业的业务规模、业务环节、业务的分布范围、业务发生的频率等方面的业务信息量往往极为庞大，例如，一个大型企业每天有数万名员工在数百个岗位上生产数以万计的产品；一个大型连锁零售企业每天可能有数百个分店同时营业，每小时结算的交易数量及其包括的商品数量可能上万，相应地，企业的订单、库存、流动资金等信息也随着业务的开展而随时变化。显然，企业的业务规模越大、业务分工越细、业务环节越复杂、业务量越多，相应的业务信息量就越大。与此同时，各项业务之间、业务环节之间可能存在的可优化的方面也就越多。然而企业管理人员人工分析、处理信息的能力是有限的，当企业的业务

---

① 斯密 A. 国富论[M]. 郭大力，王亚南，译. 南京：译林出版社，2011.

规模扩展到一定程度时，企业的管理者已经无法直接处理大量的基层业务信息，只能通过分层汇总的信息了解业务情况。而信息逐层向上汇总，意味着细节信息的丢失，于是，企业管理人员对业务信息的处理能力就成为制约企业通过业务流程再造提高效率的"瓶颈"。在这种情况下，对于企业管理者而言，如果能够建立一套以及时、准确收集各项业务信息为基础，能够对业务信息进行高效分析处理的管理信息系统，对于改进和优化业务流程是十分有益的。

与此同时，信息技术介入生产经营环节的角度与层次非常丰富，可以极大地提高业务环节的效率，同时节省相应业务环节中所需的资源，例如，将传统的人工生产线替换为自动化生产线，可以节省过去必须配置于生产线上的大量劳动者。信息技术在生产经营中的应用，直接改变了生产流程中的资源配置结构。

信息技术从企业管理层面到具体的生产经营层面的应用，不仅能够提高具体应用环节的效率，还对企业内部的资源配置结构产生了巨大的影响。在信息技术作用下，两种业务流程再造模式相辅相成、交替进行。

20 世纪 80 年代以来，流程再造理论在企业中的应用取得了比较好的效果，一些西方国家的政府部门也开始尝试将其应用于行政管理领域。20 世纪 90 年代，在新公共管理理论持续发展、信息技术在公共管理领域广泛应用的背景下，信息化作用下的行政管理业务流程不断优化、整合、重组，推动了公共服务的电子化及其服务业务的流程化，进一步促进了电子政府的发展。行政事务流程再造的主要方式与企业流程再造基本一致，是通过对政府流程的调整和优化，提高行政事务的效率。但是，企业的流程再造是以利润为导向的，而行政管理业务的优化则以社会效益为导向。因此，行政事务流程再造并不是企业流程再造的简单翻版，而是以提高行政业务效率、适应能力以及创新能力为目的，通过变革业务运行方式、奖惩方式、责任追究制度、层级结构以及组织文化等来完成转型。

二、信息技术影响组织变革

从人类发展的历史视角看，信息一直是人与人之间沟通、交流的内容，是组织和联系人类社会的最基本的纽带，人类在文明发展的历程中，从未放松过对提高信息交流效率与质量、扩大信息交流与表达范围等方面的追求和努力，信息技术及其应用的发展也深刻地影响了各个历史时期的人类社会。历史发展到今天，现代信息技术的飞速发展和广泛应用正在推动一场史无前例的技术革命。信息科学理论的持续进步，为信息技术的高速发展提供了坚实的理论基础，新的信息技术成果被迅速应用于社会经济中，转化为现实生产力；生产力水平的提高，又进一步促进了信息经济的发展，促进了全社会对信息产品和服务的普遍需求，构成了当代信息化的认识基础、技术基础、经济基础和社会基础。一些学者认为，肇始于 20 世纪中叶，以通用计算机的发明与发展为标志的现代信息技术革命正在引领一次新的产业革命，其对于人类社会的促进作用至少不亚于（一些人甚至认为将超过）历史上曾经发生过的以蒸汽机、电气化为代表的工业革命。在这场现代产业革命中，信息化正在促使生产力的构成和生产的组织形态发生深刻变革。

在这一时代背景下，孤立地看待和讨论组织形态与信息技术发展变革的关系是不现实的。因为它们与社会经济现实中的各类机构、团体、系统一样，都在同时来自内部和外部的、主要由于信息化的影响而产生的动力驱使下，主动或被动地经历着组织变革。与此同时，组织变革的过程和结果，也相应地影响着信息化在组织内部乃至整个社会的进程。因此，从组织变革与信息化的关系来看，二者是相互促进、相互影响的。具体到纳税服务体系的组织变革，纳税服务组织自身既要选择适合于服务的根本目的的信息化路径和方式，也要遵循信息化的一般规律，主动地调整自身结构形态以适应信息化的进程。同时，信息技术对组织的影响绝非仅限于其结构，而且还将深及于组织自身的职能配置、管理模式。管理模式顺应组织战略和信息技术发展而进行的变革，才是组织信息化建设的最终效果。

（一）组织变革理论体系

20 世纪中叶以来，随着现代信息技术的发展，信息技术对企业及政府部门的作用已经从局部的技术改造发展到对组织业务流程、组织结构等层面。1958 年，哈罗德·莱维特（Harold J. Leavitt）和托马斯·惠斯勒（Thomas L. Whisler）对上述现象进行了研究。此后，随着信息技术的发展以及组织所面对的环境的发展变化，信息技术与组织之间的相互作用及其关系越来越复杂，越来越多的学者也对这一现象产生了兴趣并进行了深入研究，获得了一些理论成果，大致可以归纳为四类：组织集中论、组织分散论、组织决定论和相互促进论。

1. 组织集中论

这种理论最早由莱维特和惠斯勒提出，他们认为：信息技术将从根本上改变组织形态和管理工作本质，信息技术和科学管理将导致中层管理人员减少甚至消失，高层管理者将承担更大的责任，以至于组织控制权更加集中[1]。这种观点产生的原因是信息技术为准确、快速地将信息从底层人员直接传送给高层管理人员提供了手段，从而减少了对中层管理人员的依赖，决策控制权更加集中到高层管理人员手中[2]。20 世纪 80 年代以来，许多组织进行了大规模的中层管理人员精减，使得组织控制权更加集中。其中，在基层广泛装备通信技术设备的基础上，一些公司组织结构"扁平化"改革取得了较好的效果，通过实践验证了这种理论。当然，信息技术的快速扩散，也可能在一定程度上分散组织的管理权和决策权，例如，诸如 QQ、微信等当代社交软件平台被用作企业管理用途时，其开放性和便捷性就可能导致传统的管理层级或指令传递路径的失效。此外，信息技术并非决定组织结构的唯一因素，在很多情况下，组织业务对传统结构的路径依赖往往形成巨大的惯性作用。

2. 组织分散论

从另一个角度看待信息技术对组织结构的影响，一些学者认为，由于一个组织的基层负责的一般是常规性、事务性的业务，这些业务有成熟、既定的规则可循，因此也便

① 丛高，李敏强，寇纪淞. 信息技术与组织变革：理论、模型及其在银行的应用研究[J]. 系统工程理论与实践, 1999, (9): 16-23.
② 斯密 A. 国富论[M]. 郭大力, 王亚南, 译. 南京：译林出版社, 2011.

于信息技术应用进行规范化的替代或接管，所以在信息化进程中，信息技术应用将逐步承担起组织的中层和基层原本负责的常规事务的处理任务，并使组织成员更多地共享、交流业务信息，并在此基础上对自身所处的环节或岗位拥有更为充分的控制权或决定权。例如，一个自动化生产流水线上的工人，其任务不再是直接对零件进行加工或组装，而是根据生产任务的要求，决定生产的产品种类、生产模式等，具体的加工、装配等重复性劳动则由其控制的自动化设备甚至机器人完成。从这个意义上说，信息化的结果导致了中层和基层人员获得了更多的决策权，导致了组织控制权的分散。

上述组织集中论和组织分散论都将信息技术作为导致因变量——组织结构——变化的自变量，这两种观点都属于技术决定论。从某一角度来看，这一观点是信息技术背景下"扁平化"组织机构模式的出发点。

3. 组织决定论

组织决定论认为组织对信息技术有极大的选择权，对结果有绝对的控制权，人们设计信息系统以满足组织对信息的需求，而组织结构由组织的信息处理需求及管理者的意图决定。组织特性决定了组织的信息处理需求，从而决定了信息技术如何被应用[①]。从这个角度出发，可以认为一个主动进行信息化建设的组织，可以在很大程度上结合信息化建设的相关情况，对自身的未来结构进行规划、设计和安排。组织的信息化建设的内部因素，即对信息处理需求影响较大的组织特性，一般认为主要包括：组织的职能类别、组织所属行业领域的相关知识、组织业务的流程以及各环节之间的联系方式等。总之，组织决定论的观点认为，组织自身的需求是决定其应用信息技术、开展信息化建设的主导因素。

4. 相互促进论

这种观点认为信息技术的使用和结果是不可预知的，是由复杂的社会相互作用决定的，这种观点的中心内容是计算机基础的作用、冲突的目标和偏好之间相互作用、非理性目标和选择过程的作用[①]。奥利科维斯特（Orlikowski）和罗比（Robey）发展了这一观点，他们认为信息技术在组织中具有双重作用：一方面，信息技术具有一个客观的规则、资源集合，这个集合有加强并且约束组织成员的作用；另一方面，因为信息技术改变工作的方式和工作的社会结构，所以它具有一种独特的、限定文化的性质[②]。这种观点综合了信息技术和组织需求各自的内在约束以及它们相互之间的影响，认为它们之间的作用是相互的，而不是单纯以某一方为主导。与此同时，由于组织信息化的过程是一个持续的进程，所以二者之间的作用也不是一次性发生并完成的，而是在信息化过程中不断交替作用、融合。因此，信息技术和组织变革之间不具有可以事先确定的固定模式或明确的因果关系，而是需要在详细了解动态的组织流程、执行者的目的、信息技术的特征等要素的基础上，根据客观情况的发展进行具体分析。

---

① 斯密 A. 国富论[M]. 郭大力, 王亚南, 译. 南京: 译林出版社, 2011.

② Orlikowski W J, Robey D. Information technology and the structuring of organizations[J]. Information Systems Research, 1991, 2（2）: 143-169.

（二）组织模式变革的模型

1. 组织管理模型

组织管理模型是斯科特·莫尔顿（Scott Molton）于 1991 年提出，他认为，20 世纪 90 年代的组织管理应主要关注企业战略、流程管理、组织结构、技术以及个人作用五个方面，其中流程管理是该模型的核心[①]。该模型为组织管理乃至变革提供了理论基础和实践指导，也留下了一些研究的空白，如对信息技术对组织管理的影响没有给予足够重视[②]。

2. 战略联合模型

亨德森（Henderson）和文卡特拉曼（Venkatraman）提出战略联合模型用来定义并指导信息技术战略管理。它由组织战略、信息技术战略、组织基础和过程、信息技术基础和过程四个部分组成，这四个部分之间的协调一致是组织成功的关键所在，这种协调一致包括战略适应和功能综合两个层次[③]。战略联合模型从发展战略的层面描述了信息技术与组织战略的融合，在此基础上开展组织结构和过程的设计，建立信息技术基础，可以认为它比较全面地从技术角度解释了信息技术对组织变革的影响。但是，人作为各类社会组织的主体，人的思想、知识、文化甚至性格等方面对其所属的组织会产生重大的影响，并进一步影响到组织的信息化建设，战略联合模型基本上没有考虑这方面的因素。

3. 组织流程再造

如上文所述，信息化对于一个组织最直接、显著的影响之一，就是对该组织的业务流程的再造。进一步地，从组织职能的目的性的角度出发，一个组织的既有结构是服从和服务于履行其职能的需要并在现实环境中不断调整、优化的结果。当各种内部、外部因素发生变化时，它们会对组织结构中的某些部分产生影响，在一些情况下可能促使其进行适应性调整。例如，当一个商品销售企业实现了全面的网络化后，企业总部就可以直接管理每一个终端销售点或销售人员，甚至与每一名客户进行直接联系，这种情况下，传统企业的层级结构可能就不适用了。由此，企业组织的管理流程就会发生相应的变化，这就是组织流程的再造。组织流程再造理论最早由哈默和钱匹于 1993 年提出，该理论可以认为是前文介绍的业务流程再造和组织变革的融合，它主要包括以下三个方面。第一是导致组织再造的基础性作用：流程再造。关于流程再造的过程，在此不再赘述，但是，从组织变革的角度来看，流程再造的范围显然不仅限于业务层面，而是从组织结构对业务流程的适应性的角度，进一步认识业务流程在管理活动乃至组织结构设计中的核心地位。第二是流程再造产生的基本影响，即组织变革。变革的基本原因是组织结构对经过

① 韩旭，熊熊，陈善军. 基于知识创新组织变革的均衡模型[J]. 天津理工学院学报，2002，(4)：103-107.
② 王学东，陈道志. 基于信息技术的企业组织变革研究[J]. 情报科学，2006，(1)：39-42，111.
③ 周洋. 基于知识视角的企业组织创新机理和创新模型研究[D]. 湘潭：湘潭大学，2006.

再造的业务流程的适应性调整，其中，既可能组建新的组织单元以满足新的业务流程的要求；也可能精简、合并原有的组织单元以简化其流程；还可能调整、优化各单元之间的业务联系。总之，通过结构性的调整，可以使组织结构更适应新技术支持下的新的业务流程。整体而言，这种结构调整的方向一般是由实现传统职能的结构转变为面向流程的团队，组织结构层次减少，整体上趋向于扁平化。第三是信息化建设的基本效果，即信息技术在组织业务中的应用。上述业务流程、组织流程的再造，根本目的都是在新技术的驱动下提高业务效率，而信息技术对组织业务的直接作用，主要还是体现为各种具体的技术应用，也就是各种服务于业务目的的软件、硬件的开发与应用。在现实的生活、工作中，读者使用的各种软硬件应用，如银行的 ATM 设备、网上支付功能、手机点餐等，都属于信息技术应用的范畴。而在各行业中，一般还有为其专门业务设计、开发的软件应用系统，这些专用系统的应用，一般会对组织结构、流程有所要求，例如一个单位要建立技术管理和服务部门、数据信息管理部门等，传统的业务部门及其业务形态也会有所变化。这些都是组织流程再造在现实中的客观表现。

（三）组织变革的路径

在信息化进程中，不论是流程再造还是组织变革，都是信息化的客观效果，而不是信息化的主观目的。信息化建设还是以提高业务效率、降低业务成本为基本追求。因此，在信息化进程中，一般不会有单独的组织变革的设计和规划。反之，如上所述，为了调整组织结构以适应业务流程的再造和信息技术的应用，在信息化建设的规划、设计阶段，一般会考虑进行必要的组织变革。因此，组织变革的驱动因素，实际上与信息化建设的动因是一致的，一般分为业务驱动和技术驱动两类。

1. 业务驱动

一个组织在某些情况下（如流程再造及全面质量管理），基于自身业务的内在需要，主动地开展信息化建设，并系统地考虑到信息化将对组织结构的影响，从而在制订信息化建设战略规划的环节，就在部门业务的战略规划的指导下重新设计组织的业务流程，并根据新的业务流程对组织结构进行优化设计，而且在设计中充分考虑到新的信息技术的创新应用，这个过程将在客观上实现组织结构的变革，而这种驱动组织变革的方式，就属于业务驱动。

2. 技术驱动

信息科学及其技术应用，具有很强的专业性。因此，当信息技术被应用于各行业的业务中时，必然在一定程度上对应用对象的业务提出某些要求。例如，大家在超市购物时，会看到每件商品的外包装上都印有条形码或二维码，其中一般记录了商场为每件商品赋予的编码，以便于收银员使用扫描设备进行扫描计价，同时也为顾客自行扫码付款提供了技术条件。这种安排不仅提高了收银结算的效率和准确性，而且在商场为每件商品建立编码并打印、粘贴条码时，就建立了一个包括所有商品的编码库；而在经营销售过程中，通过商场扫码销售系统的记录，又进一步形成了至少包括每件商品在什么时候、以什么价格、与其他什么商品一起被购买的数据库，如果商场建立了会员制或者使用了购物卡，系统还能记录下每位顾客购买商品的数量、金额、频率等信息，形成了一个完整的关于本商场商品销售信息的数据集。商场的管理者就可以基于准确、翔实的数据记录，而不是基于个人的行业经验，对商场的进货、库存、价格等要素进行有效管理，以提高销售利润或利润率，降低库存等。通过以上简单案例，可以看到，为每一件商品建立条码这样一种技术性措施，可以在很大程度上影响商场的经营管理模式，并创新了销售模式。进一步地，当许多商场的销售数据被集中起来时，就可以从中挖掘出大量有价值的信息，提高商品供给的效率，进而对商品的供应链甚至各个产业链都产生巨大的影响。由此可见，信息技术对各行业的渗透，可以在一定程度上产生使能作用，促使组织修改或优化其业务规划，甚至可能改变或创新组织战略。

第五节　信息经济学

一、马克思主义关于科学的社会经济意义的论述

科学技术作为人类脑力劳动的成果，运用于社会生产过程中，成为人类改造自然的重要工具，是社会劳动生产力的重要部分，对当代经济产生了系统性的影响。

在《政治经济学批判（1857—1858 年手稿)》中，马克思揭示了科学的社会经济属性："科学这种既是观念的财富同时又是实际的财富的发展，只不过是人的生产力的发展即财富的发展所表现的一个方面，一种形式"[①]，说明了科学技术与社会生产力之间的深刻联系，"劳动生产力是由多种情况决定的，其中包括：工人的平均熟练程度，科学的发展水平和它在工艺上应用的程度，生产过程的社会结合，生产资料的规模和效能，以及自然条件"[②]，明确指出科学是劳动的社会生产力的组成部分。

关于科学在社会生产力中的表现形式，马克思在《政治经济学批判（1857—1858 年手稿)》中的《机器体系和科学发展以及资本主义劳动过程的变化》中提出："劳动的社会生产力表现为资本固有的属性；它既包括科学的力量，又包括生产过程中社会力量的结合，最后还包括从直接劳动转移到机器即死的生产力上的技巧"[③]。科学技术作为生产力的构成部分进入生产过程，其中一部分体现为劳动者对于生产方式、方法的设计能力和具体的劳动技能；一部分则物化为具体的生产工具、劳动对象，以及生产过程的组织协调方式，成为社会劳动生产力。对此，马克思还指出："固定资本的发展表明，一般社会知识，已经在多么大的程度上变成了直接的生产力，从而社会生活过程的条件本身在多么大的程度上受到一般智力的控制并按照这种智力得到改造。它表明，社会生产力已经在多么大的程度上，不仅以知识的形式，而且作为社会实践的直接器官，作为实际生活

① 中共中央马克思恩格斯列宁斯大林著作编译局. 马克思恩格斯全集[M]. 46 卷下册. 北京：人民出版社，1980：34-35.
② 中共中央马克思恩格斯列宁斯大林著作编译局. 马克思恩格斯选集[M]. 2 卷. 3 版. 北京：人民出版社，2012：100.
③ 中共中央马克思恩格斯列宁斯大林著作编译局. 马克思恩格斯选集[M]. 2 卷. 3 版. 北京：人民出版社，2012：792.

过程的直接器官被生产出来。"①

　　马克思进一步分析了科学技术在生产力中的功能和作用，他在《不列颠在印度统治的未来结果》中指出："资产阶级历史时期负有为新世界创造物质基础的使命：一方面要造成以全人类互相依赖为基础的普遍交往，以及进行这种交往的工具；另一方面要发展人的生产力，把物质生产变成对自然力的科学支配"②。马克思揭示了科学技术对生产力发展的变革作用，并在《资本论》中具体分析了科学及其应用的进步对于生产力的促进作用："一个生产部门，例如铁、煤、机器的生产或建筑业等等的劳动生产力的发展，——这种发展部分地又可以和精神生产领域内的进步，特别是和自然科学及其应用方面的进步联系在一起，——在这里表现为另一些产业部门（例如纺织工业或农业）的生产资料的价值减少，从而费用减少的条件"③。马克思在《经济学手稿（1857—1858）》中进一步指出："在机器体系中，资本对活劳动的占有从下面这一方面来看也具有直接的现实性：一方面，直接从科学中得出的对力学规律和化学规律的分析和应用，使机器能够完成以前工人完成的同样的劳动。然而，只有在大工业已经达到较高的阶段，一切科学都被用来为资本服务的时候，机器体系才开始在这条道路上发展；另一方面，现有的机器体系本身已经提供大量的手段。在这种情况下，发明就将成为一种职业，而科学在直接生产上的应用本身就成为对科学具有决定性的和推动作用的要素"④。恩格斯在致爱德华·伯恩施坦的信中还说道："菲勒克就电工技术革命掀起了一阵喧嚷，却丝毫不理解这件事的意义，这种喧嚷只不过是为他出版的小册子做广告。但是这实际上是一次巨大的革命。蒸汽机教我们把热变成机械运动，而电的利用将为我们开辟一条道路，使一切形式的能——热、机械运动、电、磁、光——互相转化，并在工业中加以利用。循环完成了。德普勒的最新发现，在于能够把高压电流在能量损失较小的情况下通过普通电线输送到迄今连想也不敢想的远距离，并在那一端加以利用——这件事还只是处于萌芽状态——，这一发现使工业几乎彻底摆脱地方条件所规定的一切界限，并且使极遥远的水力的利用成为可能，如果在最初它只是对城市有利，那末到最后它终将成为消除城乡对立的最强有力的杠杆。但是非常明显的是，生产力将因此得到极大的发展，以致于资产阶级对生产力的管理愈来愈不能胜任"⑤。

二、信息经济学概述

　　信息经济学，是一门以信息技术及其应用相关的经济活动为对象的学科，它伴随着计算机的发明，出现于20世纪40年代，并随着计算机技术的发展及其应用的普及得以持续发展。至20世纪70年代，随着美国霍罗威茨的《信息经济学》、英国威尔金森的《信

---

① 中共中央马克思恩格斯列宁斯大林著作编译局. 马克思恩格斯全集[M]. 46卷下册. 北京：人民出版社, 1980：219-220.

② 中共中央马克思恩格斯列宁斯大林著作编译局. 马克思恩格斯选集[M]. 1卷. 北京：人民出版社, 2012：862.

③ 中共中央马克思恩格斯列宁斯大林著作编译局. 马克思恩格斯选集[M]. 2卷. 北京：人民出版社, 2012：452.

④ 中共中央马克思恩格斯列宁斯大林著作编译局. 马克思恩格斯全集[M]. 46卷下册. 北京：人民出版社, 1980：216-217.

⑤ 中共中央马克思恩格斯列宁斯大林著作编译局. 马克思恩格斯全集[M]. 35卷. 北京：人民出版社, 1980：445-446.

息经济学——计算成本和收益的标准》、日本曾田米二的《情报经济学》等一批代表性论著的出现，信息经济学的理论体系得以成形并逐渐完善。

信息经济学发展至今，主要围绕着两个不同的领域展开研究，分别取得了大量成果。

一个领域是以弗里茨·马克卢普和马克·尤里·波拉特为代表的宏观信息经济学，如上文所述，该领域的主要研究对象是围绕信息、信息设备、信息技术、信息技术应用、信息服务等特殊产品或服务进行的生产、交换和利用等各类经济活动所形成的信息产业和信息经济。乌家培等学者认为，宏观信息经济学的主要研究内容既包括信息产业的经济运作，也包括社会宏观经济的信息化问题。

另一个领域是以乔治·施蒂格勒（George J. Stigler）和肯尼思·阿罗（Kenneth J. Arrow）为代表的微观信息经济学。该学科基于微观视角，研究信息在经济活动中的作用及其价值，被称为微观信息经济学或理论信息经济学。在传统经济学理论中，关于信息在经济行为中的作用以及经济行为人之间的信息不对称可能导致的经济选择的差异性等方面的内容尚付阙如，但是，随着人类逐渐进入信息社会，现代信息技术的发展和信息经济的兴起的客观现实，促使经济学界对信息的价值（包括使用价值和经济价值）、信息作为生产要素或商品的现实性以及客观现实的经济活动中信息的不对称性等问题开展研究，并将这些要素与经济学传统理论相融合，发展出不完全信息理论，修正传统经济学理论中忽视了信息的经济作用的缺陷，并进一步研究如何通过信息手段、工具提高市场经济效率的机制。

微观信息经济学在现实中的应用，通常以信息不对称作为基本假设前提，研究经济活动主体应如何设计、订立合同及契约，规范各方行为等问题，所以常常又被称为契约理论。1961年，信息经济学的创立者之一乔治·施蒂格勒发表论文《信息经济学》，对信息的价值及其在经济活动中对价格、工资和其他因素的影响进行了研究，提出信息的不完备会导致资源配置效率的损失[①]。以不对称信息为前提，维克里和米尔利斯把管理活动中掌握优势信息的一方称为代理方，另一方称为委托方，提出可以通过"激励相容"设计，将委托方相对于代理方的信息不对称问题转化为有效的机制设计，由此形成"委托-代理"理论[①]。

自信息经济学出现以来，由于其将"信息"这一现代社会不可或缺的要素融入了经济学的研究中，相对于传统经济学理论，不论是在宏观领域还是在微观领域，都更加接近于现代经济的真实情况，从而获得了广泛的认可和应用。据统计，自1969年至2001年，全世界共有49位经济学家获得诺贝尔经济学奖，其中，就有10位经济学家的获奖直接或间接与他们对信息经济学的贡献有关[②]。例如，获得2001年诺贝尔经济学奖的乔治·阿克尔洛夫，根据瑞典皇家科学院发表的新闻公告，"阿克尔洛夫的贡献在于阐明了这样一个事实，即：卖方能向买方推销低质量商品等现象的存在，是因为市场双方各自掌握的信息不对称"[①]。

① 胡希宁，步艳红. 近二十年来的西方经济学前沿理论[J]. 财政监察，2002，（2）：45-46.
② 郑长德. 信息经济学的三剑客：2001年诺贝尔经济学奖评述[J]. 西南民族学院学报（哲学社会科学版），2001，（11）：120-127.

第二章　风　险　管　理

第一节　风险管理概述

一、风险的概念

如上所述，信息是关于事物性质、状态、特征的描述。人们对某件事物的相关信息掌握越多，该事物对人们而言就越明确；反之，关于该事物的确定性就越低。这种关于事物的不确定性，就是风险。从确定性的意义来看，信息是风险的对立面。这也就意味着，人们可以通过补充、完善关于某件事物的信息，来降低甚至消除其不确定性，从而降低可能面临的风险。因此，信息是降低风险的核心要素。例如，假设某地有一条大河，这条河在汛期可能发生洪水，使沿岸面临一定的灾害风险。如果沿岸居民不掌握与洪水相关的信息，那么每到汛期，人们都会面临着洪水的威胁，严重影响正常的生产生活。如果人们在这条河的流域范围内建立了系统的水文、气象观测站，能够准确、充分地获取相关信息并及时处理，必要时发布预警，对于流域居民来说，关于洪水的不确定性（风险）就降低了，人们可以比较确定什么情况下不用担心洪水，什么情况下应该采取防范或疏散措施，这样一来，虽然人们不能防止或控制洪水，但是可以有效防范洪水，将其可能带来的灾害损失降到较低的程度。

风险，在现代汉语词典中的定义是："可能发生的危险"。国际标准化组织（International Organization for Standardization，ISO）风险管理技术委员会于 2009 年正式公布的《ISO31000：风险管理原则与实施指南》对风险做了解释：风险是不确定性对组织目标的影响。1964 年美国学者小阿瑟·威廉姆斯（C. Arther Williams Jr.）等在其著作《风险管理与保险》中将风险管理定义为：通过对风险的识别、衡量和控制，以最小的成本使风险所致损失达到最低程度的管理方法[①]。

现代风险管理思想的萌芽，始于 20 世纪 20 年代末至 30 年代初席卷西方的经济大萧条。在对于危机起源的反思中，一些学者意识到：在动态发展、运动的经济活动中，如果仅仅采取以结果为导向的事后处理模式，是难以避免经济风险造成的损失的。因此，在可能的情况下，一些针对性的管理措施应该前移到经济活动之中，甚至在事前就采取必要的风险防范措施，由此逐渐形成了关于经济风险防范的思想。各行各业的管理者开始结合行业特征探索有效的风险防范机制，逐步积累了一些实践经验。在这些经验知识的基础上，20 世纪 50 年代，风险管理理论体系逐渐完善、成熟，进而发展成为一门学科。

1973 年，第四次中东战争爆发，石油输出国组织（Organization of the Petroleum

---

① Williams Jr C，A，Heins R M. 风险管理与保险[M]. 陈伟，张清寿，王铁，等译. 北京：中国商业出版社，1990.

Exporting Countries，OPEC）为了打击对手以色列及支持以色列的国家，采取了石油限产、禁运、暂停出口等措施，造成全球性的油价上涨，进而导致西方主要工业国家的经济遭到重挫。西方各国意识到经济风险的现实威胁，风险管理受到了空前的重视，迅速在实践中推广应用，相关的学术研究也广泛开展。

至 20 世纪 80 年代，美国、英国、法国、德国等西方主要发达国家普遍建立起全国性和地区性的风险管理协会①。1983 年在美国召开的风险和保险管理协会年会上，世界各国专家学者云集纽约，共同讨论并通过了"101 条风险管理准则"，它标志着风险管理的发展已进入了一个新的发展阶段。1986 年，由欧洲 11 个国家共同成立的"欧洲风险研究会"将风险研究扩大到国际交流范围。1986 年 10 月，风险管理国际学术讨论会在新加坡召开，风险管理已经由环大西洋地区向亚洲太平洋地区发展。

在我国，工程技术领域较早开始了风险管理的相关研究，并应用于系统工程实践中，取得了一系列成果。随着我国社会经济的快速发展，对外开放程度的不断增加，经济、社会等领域面临着一些可能导致某些不确定性的风险因素，正如习近平在 2019 年 1 月 21 日于省部级主要领导干部坚持底线思维着力防范化解重大风险专题研讨班开班式上发表的重要讲话所指出的："面对波谲云诡的国际形势、复杂敏感的周边环境、艰巨繁重的改革发展稳定任务，我们必须始终保持高度警惕，既要高度警惕'黑天鹅'事件，也要防范'灰犀牛'事件；既要有防范风险的先手，也要有应对和化解风险挑战的高招；既要打好防范和抵御风险的有准备之战，也要打好化险为夷、转危为机的战略主动战"②。

财政（含税收）领域的风险是多方面的，目前理论界对财政风险存在不同的定义。一些学者认为，财政风险是指政府不适当的财政活动或财政行为给政府本身及其财政活动、社会经济带来的潜在危害的可能性；另一些学者的看法是：财政风险专指财政领域中因各种不确定因素的综合影响而导致财政资金遭受损失和财政运行遭到破坏的潜在可能性③。

从风险来源的角度，通常可以把财政风险划分为两类，即外生性财政风险和内生性财政风险④。顾名思义，外生性财政风险是指由财政系统运行的外部环境中的各种不确定因素所引发的风险，如经济、社会、政治、自然等方面的不确定因素导致财政资源损失或效率下降；而内生性财政风险则是指由财政系统内部各种不确定因素引发财政资源的损失或效率下降，这些因素主要包括：政府与市场关系不协调，财政法规制度不健全、不合理，无效或低效的公共决策过程，财政监督不力，政府人员失职、渎职等⑤。

显然，各种导致财政风险的外生因素基本超出了组织管理者可控制的范围，所以在财政管理过程中，管理者有可能、有条件采取有效措施进行防范、化解的财政风险主要

① 戚政武，杨宁祥，陈胜来，等. 风险管理在防范特种设备检验检测系统性风险中的应用研究[J]. 中国特种设备安全，2014，30（9）：17-20.

② 新华网. 习近平：提高防控能力着力防范化解重大风险 保持经济持续健康发展社会大局稳定[DB/OL]. http://www.xinhuanet.com//politics/leaders/2019-01/21/c_1124021712.htm[2023-09-23].

③ 侯典明，武普照. 论积极财政政策与财政风险[J]. 山东社会科学，2002，（5）：139-142.

④ 谢进. 中国共产党执政能力与公共财政关系研究[D]. 长沙：湖南师范大学，2009.

⑤ 张志超. 财政风险及其定性、定量分析[J]. 经济学动态，2003，（4）：20-24.

就是内生性财政风险。只要找到诱发内生性财政风险的比较具体的原因，然后采取有针对性的制度手段、技术手段，特定财政活动受内生性风险影响的程度就有可能降低到可以接受的程度。

二、风险的主要特征

（一）不确定性

风险最基本的特征就是不确定性，这种不确定性的表现是多方面的：对象系统面临因为何种原因（风险诱因）、来自什么地方（风险源）、什么样的风险（风险类型）、可能造成什么程度的损害（风险损失）以及发生的时间、地点、强度和范围等方面的不确定。上述不确定性的存在，使得人们难以在事前准确预测风险并采取针对性的有效措施。更重要的是：从发生的可能性的角度，风险的发生是随机的，这也是一种不确定性。

（二）危害性

从目的性的角度来看，风险管理所关注的事件是灾害性事件，也就是说，如果某种事件可能发生，但是不会对对象系统造成危害，那么就没有必要对其采取风险防范。风险管理的资源和力量，应该放在可能对对象系统具有危害性的事件上面来。危害性是指事件发生的作用效果对风险承受者（这里指系统及其组分）具有的负面影响，这些影响有可能导致系统结构和功能的损失[1]。虽然某些事件对系统或其中某些组分的影响可能是有利有弊的，但是风险管理还是针对其负面影响采取防范措施。

（三）内在价值性

风险评价的目的是评价具有危害和不确定性事件对系统及其组分可能造成的影响，在分析和表征风险时应体现系统自身的价值和功能[2]。例如，财政活动以社会效益最大化为目标，而不是以一般经济活动所追求的经济效益最大化为目标。因此，对于风险及其可能导致的危害性的分析评价要与对象系统自身的目标和职能相结合，以对象系统的内在价值为依据。

（四）客观性

对于一个存在并实际运行于现实环境中的系统而言，风险是客观存在的，风险发生的可能性及其可能导致的危害性也是客观存在的。因此，对于风险的定义、识别、分析、

① 马婷婷，刘立，嵇文涛. 生态风险评价内涵及方法研究[J]. 甘肃科技，2010，26（13）：63-65，25.
② 郑创伟. 生态风险评价方法和问题讨论[J]. 广州环境科学，2004，（3）：54-56，60.

预警等环节，都应该建立在科学、客观的基础之上，在进行风险评价时要有科学严谨的态度。

三、风险管理的目的

在现实中，人们为防范风险而采取的应对措施、手段，一般需要消耗一些人力、物力、财力等资源，这就从资源约束的角度提出了"为应对某项风险，最多可以付出多少成本或多大代价？"的现实问题。这个问题的另一层可能成为现实选项的含义是：在确定的可付出的成本上限的约束下，假如仍然无法阻止风险的破坏，那就要准备接受该风险造成的损失。从财政（或财务）角度进行风险应对需要考虑的核心要素主要包括：某项风险可能造成的损失、为应对该项风险"应该"付出的代价以及在现实条件约束下"实际能够"付出的成本三个方面（在很多情况下，不能仅从经济价值的角度衡量相关的损失和成本、代价，而要综合经济、社会、政治、文化、自然等各方面因素进行评价）。对于一般可恢复的财物或经济业务而言，为应对风险而付出的综合成本，不应超过该项风险可能造成的综合损失，或者不超过对受损方面进行恢复、重建的综合成本（当然，必须强调的是：对于难以估价的损失——如人的生命——应该尽一切可能进行挽救）。

因此，风险管理的核心，不是绝对防止风险的发生，也不是完全避免风险所造成的各种损失，而是将风险可能造成的损失和损害控制在可接受的程度和范围之内。从成本收益的角度出发，并不是所有风险都要采取措施进行应对处理。对于一些可以规避的风险，如果避开它所需付出的代价较小，那就应该予以规避；对于一些造成损害不大的风险，可以容忍或事后恢复；对于那些对组织战略目标产生重要威胁、可能造成重大损失的风险，则应采取科学、理性的方式积极应对。

第二节　风险管理体系

如上文所述，对于一个现实运行的社会组织或系统而言，其所处的外部环境和内部业务运行过程中总是客观存在着各种不确定性，从这个意义上说，风险无处不在。如果仅仅着眼于局部的、个别的风险防范，无助于整体确定性的提高。因此，一个组织的风险管理，应该贯穿于组织业务的全部过程和所有环节，并跟随每一项业务的进展进行动态监控，才能有效地实现对风险的防控。为此，必须建立包括风险识别、风险评估、风险预警、风险应对、绩效评估等多环节协调配合、紧密联系的风险管理体系。

以下以税收风险管理为例，介绍风险管理体系的基本内容及其运行流程。

1. 风险识别环节

税收风险识别是在数据集中等税收信息化建设成果基础上，围绕税收风险管理目标，应用相关学科的原理和科学合理的方法、模型以及指标体系，利用税收系统内部以及其他第三方的各种涉税数据，从税收经济运行结果入手，深入研究，探索规律，寻找、发现可能存在的税收风险点，帮助科学决策，指导税收征管工作的分析活动[①]。税收风险管理体系运行的核心，是根据税收相关法律、法规、政策以及对象行业领域知识建立的，相互联系、相互补充、相互印证的风险分析指标体系。税收风险管理体系主要根据该指标体系的计算结果，开展风险的识别、评估、预警和应对等管理措施。

税收风险指标的设计，基于对大量样本对象相关指标的测算，获得各个指标的基准参考值，这个基准参考值一般不是一个具体的数值，而是一个"正常范围"，只要检验对象的指标值落在这个范围之内，就可以认为该项指标正常。这个过程类似于人们熟悉的医院体检：医院对每一位体检对象的若干方面的身体指标进行检测，然后与"正常范围"进行比较，各项指标只要位于"正常范围"之内，就可以认为是"正常"的。假如某人的某项指标在"正常范围"之外，可能就意味着其身体处于"不正常"的状态。需要注意的是：在此类指标的应用中，一般而言，基于大量样本对象的均值获得的"正常范围"是一个相对的概念，而不是绝对的，可能会随着各种内、外部因素的发展而变化。

1）风险预警指标的确定

税收风险指标体系可以包含若干指标，这些指标可能根据其描述角度的不同而划分为若干类别，甚至进一步划分为若干层次，形成大类下属小类、小类包括若干具体指标的体系结构。在现实应用中，主要包括以下的分类标准。

一是按行业或规模分类。由于各行各业的经济活动的模式、流程、规律千差万别，它们的涉税情况也互不相同，所以很难用统一、一致的指标来描述不同行业的企业行为。因此，在指标分类时，一般按行业进行划分，根据不同行业的具体情况建立相应的风险指标。与此同时，即使在同一行业中，不同规模的企业的涉税经营行为也存在较大差异。例如，同属于零售行业的大型连锁超市与社区零售小店的经营行为以及适用的税收征管方式、税收政策可能不同，所以一般还需要按企业规模进行划分。在税收征管实践中，税务部门往往根据实际情况，将所辖纳税人中的重点对象作为重点税源户予以重点管理和服务，所以以规模为纬度的风险预警指标分类，可以按重点税源户和一般税源户两个层面实施预警控制，重点税源户以税收监控为主，结合税种预警指标来实施风险识别；一般税源户以行为监控为主，结合日常申报、发票使用以及税款缴纳来实施风险识别[②]。而以行业为纬度的风险预警指标分类，则需要税收与行业监控相结合，对一些高风险行业进行定性定量分析[①]。

二是按税种或税种之间的交叉稽核分类。在税收征管实践中，由于各类企业应缴税种可能不同，各个税种的征税对象、计税依据和方式不同，相应的税收政策也不同，所以一般采取分税种管理的方式。由此延伸到税收风险指标，一般也根据税种管理的差异，分别建立风险指标，再根据行业特点综合运用。同时，现行各税种的税收要素虽然不同，但是同一个纳税人在同一时期或同一应税收入（行为）应缴各税种的要素及各项财务指标之间是存在客观联系的。因此，在管理实践中，往往按照税种以及税种之间的关联对指标进行分类。在按税种分类的风险指标中，最常采用的指标是各税种的税负指标。因

① 唐玉杰. 企业集团税收风险管理初探[J]. 价值工程，2011，30（32）：128-129.
② 吴铭瑜. 税源专业化改革中的流程再造研究：以德化地税为例[D]. 泉州：华侨大学，2016.

为对于同一市场竞争环境下的同行业、同规模的企业而言，行业的产品价格，平均利润率，相关原材料、人力资源的价格，成本、费用在收入中所占比重等涉税基本要素都基本一致，适用的税收政策也一致的情况下，同行业的税负具有较高的可比性。基于税负的指标主要分为税负预警指标和管理预警指标，分别用于监控税负预警对象的税负低于预警下限行为和管理预警对象的违法违规行为、管理缺位行为。

三是按特殊重要事项分类。在现实中，一些纳税人可能存在某些具有共性的涉税行为，比如出口退税。为此，在税收风险管理中，有时需要按特殊事项建立风险指标，是按规模或行业以及按税种进行指标分类的一项重要补充。这一类指标一般以纳税人共同的涉税环节相关的要素进行设置，如跨国交易风险分析识别项目和出口退税风险分析识别项目，可以"向境外支付金额较大的项目"或"生产企业在退税率调低前后使用商品代码不一致的出口货物"为风险指标，等等。

四是按风险的层级分类。在现实经济系统中，大量各种类型的纳税人虽然各自开展经济活动，但是可能由于某些共性的原因，产生某些共同的涉税现象，在宏观或中观层面表现出来。其中，与税收风险相关的因素，就可以作为宏观或中观税收风险，与相关经济领域的其他指标结合起来，对涉税问题进行分析。这些指标所表征的风险，可以划分为宏观风险、中观风险和微观风险。一般而言，宏观风险的分析与识别，主要用于不同地区之间同时期的横向比较或本地区不同时期之间的纵向比较，分析地区宏观税负指标与基准指标（如宏观统计指标）之间的关系，从总体上把握税收遵从风险的结构分布和发展趋势；微观风险指标主要反映具体纳税人申报信息中的实际税负水平或其他涉税项目与同行业、同类型纳税人的基准参考值之间的关系，具体反映纳税人的个体遵从度；中观风险指标则是将上述两个层次结合起来，将宏观共性问题细化，或者将部分纳税人的微观风险特征综合起来，反映某一特定纳税群体的风险特征[①]。

2）税收风险指标的计算方法

一是税收能力估算法。税收风险指标的计算，可以从不同的角度出发。其中，对某些指标的边界（上限或下限）的测算，可以作为判断某个对象某项指标的最初筛选依据。例如，根据某地区、某行业的现实发展情况及其适用的税收政策，可以估算出其在当前状态下潜在的最大纳税能力；反之，对于某些对象，也可以基于现行适用税法和相关政策，估算其应纳税收的下限。这种估算方法既适用于对各个纳税人单独进行评估，也可以对一个地区、行业、类型的纳税人进行宏观层面的评估，再将测算结果与相关标准进行自上而下或自下而上的比较，查找对象地区、税种或行业税收征管中可能存在的风险及其变动趋势。

二是关键指标判别法。关键指标一般是指在评估对象的涉税活动中所产生的，与税收密切相关的经济统计指标或企业经营财务指标，这些指标在一定范围内具有横向或纵向可比性，成为评估税收风险的关键指标，如税负、弹性、收入、抵免、投入产出率、能耗率、利润率及发票领购使用等方面的异常变动发现税收风险的方法。税收实践中不同的税种、不同的行业指标各异，应根据不同情况选取关键指标，按照同行业、同纳税

① 唐玉杰. 企业集团税收风险管理初探[J]. 价值工程，2011，30（32）：128-129.

人类型、同税种口径进行纵向比较，或按照不同地区横向比较来识别中观风险①。

三是典型案例法。典型案例法是指以税收实践中出现的典型案例为模型，据以分析和判别纳税人异常信息的一种风险识别方法。典型案例法必须以建立完备的案例库为基础，主要适用于特大型企业、特殊风险行业、大宗跨国交易、重特大事件等微观风险识别。

2. 风险评估环节

当税务机关应用上述各项指标对评估对象进行评估之后，还要进一步将各项指标的测算结果分别与其"正常范围"的差异程度进行综合，并结合以上各项指标异常可能表征的风险因子、风险规模、发生时间等因素，采用某种量化方法，用可比较的数据或数据等级来表达评估对象的风险程度。需要说明的是，在一个指标体系中，每一项指标可能表达的风险程度如何量化，一般来说并不存在规范统一的方法，需要在实践中结合工作实际，不断调整完善。

当获得了量化的风险评估数据后，税务管理人员就可以依此对评估对象（一般是大量的纳税人）按风险程度从高到低进行排序、分级，确定纳税人的风险级别，进而对纳税人的遵从度、风险程度进行比较。在此基础上，税务机关就可以对大量纳税人进行分类，对于其中纳税遵从度较高的对象，在监管方面可以予以比较高的信任；反之，对于其中风险程度较高的部分，则应列为重点监管对象，采取必要的后续管理措施，实现对税收征管业务流程的全程监控。因此，税收风险评估可以根据对涉税数据的测算，为税务机关开展精准管理提供可靠、翔实的依据，将管理的重点放在高风险对象上，提高管理资源的配置效率。

3. 风险预警环节

风险评估的目的，是对某种风险发生的可能性进行量化描述，为风险管理主体判断是否采取相应的应对措施提供量化依据。在一个处于持续运行状态的系统中，风险评估是持续进行的。一旦对某种风险的评估值超过了某个预先设定的阈值范围，就意味着该风险发生的可能性较大，风险管理系统通常采取风险预警的机制对这种情况进行响应。

具体而言，当风险评估环节产生的风险评估数值超出预定阈值时，就会触发风险预警。由于系统面临的潜在风险可能是多样化的，各类风险发生的紧急程度及其可能造成的破坏程度也各不相同。因此，风险预警信号通常还会被划分为若干等级，对应着不同程度的风险。一旦风险预警被触发，相应的预警信号会迅速发送到必须为风险的发生采取相应措施的各个部门、岗位或工作环节，各部分根据收到的预警信号的等级采取预先制定的应对措施。

4. 风险应对环节

如果风险评估环节的结论认为某种风险发生的可能性较高，组织就应该针对该风险的发生路径、危害的方式、侵害对象采取应对措施，尽量减少或避免损失，即风险应对。

对于税务机关而言，首先要明确风险管理的目标，根据管理目标和现实的管理资源

---

① 张妮妮. 大数据时代下中小微企业的纳税风险识别与防控策略[J]. 农家参谋，2019，（12）：224，257.

条件、可行的管理手段，按照评估环节获得的风险等级排序信息，合理制订应对计划，配置管理资源，确定应对的程度和具体措施。

第一，按风险管理目标安排选择风险应对频度[①]。风险管理目标按时间角度可分为基础性、阶段性、特殊性目标，与之相应风险应对措施可选择日常、定期、不定期安排。管理目标的时间性要求决定了税务机关征管资源配置的合理性和适当性[②]。

第二，按风险影响广度设置风险应对幅度[③]。如上文所述，在税收风险管理实践中，可以按风险影响的范围和覆盖面的广度，将税收风险分为宏观风险、中观风险和微观风险，由于不同类型的风险影响范围、程度不同，应采取针对性的应对策略和措施。

第三，按风险等级排序选择风险应对深度。风险等级排序的根本目的在于通过分析纳税人不遵从行为的潜在影响因素，建立多元化的均衡策略选择机制，即建立覆盖从宣传教育到司法诉讼全过程的风险应对策略应用管理机制，可借鉴 OECD 成员国在优选应对策略中的"金字塔"遵从模型，从风险排序等级入手，对不同风险对象，配置合理的征管资源，实施差异化风险应对措施[①,④]。

第四，按风险应对成效选择后续风险应对力度。风险消除：调减风险积分，转为日常管理；风险减弱：保持风险积分，加强日常监控；风险持续：增加风险积分，采取实时监控。

5. 绩效评估环节

在现实中，由于组织面临的风险是动态的、变化的，所以组织建立的风险管理体系也应该与时俱进。一个有效的风险管理体系，应该具备"反馈—评估—修正"机制，根据应对的效果不断进行适应性调整，才能保持和提高风险应对的能力。

在风险管理过程中，风险管理体系一方面要完成风险的识别、评估、应对等职能，另一方面还应该逐项、逐步记录各个环节的数据资料，在每一次风险应对完成后，通过各信息系统汇集上述数据资料，根据事先设定的效果评估指标和依据，对各个环节进行评估和审核，进而对整个风险应对过程做出绩效评价，找出其中存在的问题和不足，提出改进意见，并反馈到相应环节，进行整改。

绩效评估主要有以下四种方式。

一是税收风险管理成效及经验总结，主要包括：风险管理目标，风险识别方法，风险应对措施，用什么遵从指标确认问题，怎样收集数据和收集什么数据来支撑评估，等级排序导向作用如何，管理前后风险程度的比较[③]。

二是税收风险管理及防范典型案例，在风险管理中总结典型案例是评价工作绩效一个重要的指标，通过对典型案例工作流程、管理措施、防范效果的剖析和总结，提炼出具有普遍指导意义的风险管理模型，并据此评价工作成效。

三是风险管理指标纵向横向比较。纵向比较是指一个风险管理项目结束以后，从已

① 字军宏. 税源专业化管理研究：以保山市国税局为例[D]. 昆明：云南财经大学，2014.
② 吴铭瑜. 税源专业化改革中的流程再造研究：以德化地税为例[D]. 泉州：华侨大学，2016.
③ 张妮娟. 大数据时代下中小微企业的纳税风险识别与防控策略[J]. 农家参谋，2019，（12）：224，257.
④ 张爱球. OECD 的税收风险管理理论与实践[J]. 中国税务，2009，（11）：18-20.

处理风险中抽取一定数量的目标样本，采集其管理前后的相关数据，导入风险管理系统进行计算比较，如果结果得到改善，这个管理系统应被认为有效。横向比较是指对相同指标，在同级同类的评估对象中进行比较，与标准值比较之后得出的离差值可以作为绩效评估的依据之一。

四是重大风险发生率趋势及处理结果评估。一个风险管理体系即使各项指标测定后都指向有利的绩效，但如果在管辖区域内出现了非正常的重特大风险事件，或较大风险事件频发，那么该系统识别处置重大风险的能力就必须被质疑。同时对是否能够及时应对已发重大风险事件，并将事件影响降至最低程度也是绩效评估的考虑因素。

第三节　风险管理在财税领域的应用

根据 OECD 风险管理框架和其他国外风险管理先进经验，财税风险管理框架应包括财税风险环境分析、财税风险管理目标（战略/运作）、风险数据治理、风险识别、风险评价、风险应对、过程控制和绩效评估等部分。

财税风险环境分析，针对财税管理的经济环境而言，它是财税风险管理系统设计的重要背景和起始点，主要包括经济社会环境、技术水平、立法、文化、发展趋势、财税管理机构的结构和特征、人力资源管理等要素。

财税风险管理目标包括战略目标和运作目标两个层面，其中财税风险管理战略目标代表着财税管理的努力方向，在我国，就是以党的十八届三中全会提出的建立现代财政制度为基本目标，服务于推进国家治理体系和治理能力现代化。

战略层面的目标需要分解为可以被管理人员执行和考核的运作层面目标，这些目标应满足五个条件：具体（specific）；可计量（measurable）；积极向上（ambitious）；现实（realistic）；及时（timely）。可以用数字、金额、百分比或行为的效果或逻辑目标来表示，以便于衡量、核算、比较和考核。

虽然财税风险环境分析、财税风险管理目标（战略/运作）等相关工作并不一定能够完全依托信息化手段来完成，但风险管理的其他功能，如风险数据治理、风险识别、风险评价、风险应对、过程控制和绩效评估应该作为风险管理子系统的核心功能在财税信息系统建设时重点考虑。

风险数据治理主要是对财税业务数据按照类别进行划分，对各类数据建立和实行严格的质量管控，为下一步开展风险管理提供高质量的数据支撑。

风险识别是在数据治理、数据集成等税收信息化建设成果基础上，围绕财税风险管理目标，应用相关学科的原理和科学合理的方法、模型以及指标体系，针对财税管理系统内部以及来源于第三方的各种涉税数据，从经济运行结果入手，深入研究，探索规律，寻找、发现可能存在的财税风险点的一系列分析活动[①]。

同时，如上所述，风险评价是从财政管理资源有限性的角度，对于财税管理中面临的各种风险，应该建立完善的风险管理体系以及相应的风险等级排序和认定标准，在客

---

① 唐玉杰. 企业集团税收风险管理初探[J]. 价值工程，2011，30（32）：128-129.

观、科学地对已识别的风险信息进行甄别、估算、排序和等级认定的基础上，为财税管理主体确定必须优先应对的高风险对象。

风险应对是对风险识别、风险评价等结果做出反应的环节。风险应对的根本目的不是要尽可能多地发现问题，尽可能多地实施惩罚，而是希望通过采取应对措施，确保今后类似的不遵从行为尽量不要再发生，归根到底仍然是为了最大限度地提高遵从度。风险应对包括风险应对策略选择、风险处置两个方面的工作内容，应对策略选择有助于提升风险应对处置的针对性、准确性、及时性，而风险处置则是风险应对措施得以贯彻的具体工作环节[①]。

财税风险管理过程控制是通过对风险管理的每一个环节的行为进行统计，利用一定的分析方法，找出风险管理活动中不符合风险管理制度和风险管理精神的行为，以及时纠正风险管理的每一具体步骤与风险管理总体目标之间的偏差[②]。

风险管理的绩效评估是对风险管理运行状况进行的总结、回顾和评价，也是风险管理周期中的最后环节。科学的绩效评估可以为风险管理持续优化、不断改进提供信息反馈，甚至对是否应当考虑使用替代战略提供决策参考意见等。科学的风险管理绩效评估不仅要关注投入与产出，而且要关注影响和结果，要坚持质量衡量与数量衡量相统一，结果评估与过程评估相统一，单项评估与多样化评估、综合评估相结合[③]。

① 张爱球. OECD 的税收风险管理理论与实践[J]. 中国税务，2009，（11）：18-20.

② 尹仕慧. 税收执法风险控制研究[D]. 济南：山东财经大学，2016.

③ 樊唯理. 基于信息化技术平台的税收征管风险分析与控制方法研究[C]. 洛杉矶：2016 智能城市与信息化建设国际学术交流研讨会，2016.

第三章　信息技术基础知识

第一节　数据管理

正如每一项建筑工程都需要为其技术资料以及各类原材料建立管理机制（如设计图纸的管理和使用制度以及材料的入库、保管和领取制度等），并为其实施提供必要的资源（人员、场地、物资、经费等）一样，无论是建立一个持续的、长效的数据分析的工作机制，还是仅仅完成某项"一次性"的数据分析任务，都需要一个与该项数据应用相适应的数据组织机制。开展某一项数据分析而进行的各项数据准备工作，其实就是面向该项应用主题建立或规范其数据组织的过程。具体而言，首先，一项数据应用任务所需数据需要进行物理上或逻辑上的相对集中，以便利用。对于数据量相当大、数据源相当多的数据分析工作来说，一般要在进行分析前集中数据；如果数据来源比较单一、从数据源抽取数据的成本较低，可以考虑在分析过程中随时集中数据。其次，相对集中起来的数据以及相关的元数据和数据模型需要进行有效的管理。税收信息流是处于运动状态而不是静止不动的，而且元数据和数据模型也都有一个建立、维护和必要时进行调整的过程，因此，对于在时间、空间、业务等方面有相当跨度的数据分析工作来说，它所面对的数据在相应的维度上也是流动的，所以需要一个适应数据动态变化的数据管理机制，从而能够根据需要对其中的数据（包括元数据和数据模型）进行添加、修改、删除和调整等工作。最后，也是最重要的阶段，是对集中管理的数据以及元数据和数据模型进行面向应用主题的组织。将数据集中起来的目的是利用它们，而不同类型、不同主题的数据应用工作利用数据的方式和对数据及其结构、模型的要求各有不同，这就要求充分利用现有资源，建立面向具体的数据分析主题的数据组织。在现代技术条件下，进行数据管理和建立面向主题的数据组织的技术实现一般以数据库和数据仓库技术为依托。下面结合数据管理和数据仓库的有关理论、方法，讨论如何建立这样的数据组织机制。

一、数据管理的发展历程

读者都有去图书馆借阅图书的经验，图书馆不仅要将图书资料作为其核心资产进行有效管理，保障其安全、完好、不被损坏或丢失，还要为读者提供借阅服务，让图书资料发挥其应有的作用。在这个意义上，图书馆对图书的管理，就是一种传统的但是行之有效的数据资料管理，在一定程度上可以与计算机的数据管理相对应或参照。图书管理员在管理图书时，首先要对图书进行分类，根据图书所属的类别给每本书赋以分类号和编号，然后按照编号的大小顺序把它存放在书库中相应类别的书架上，在此过程中还要将每本书的编号情况记录在图书目录上。当读者需要借阅某一本书时，首先根据书名或其他信息对图书索引进行检索，找到该书的相关编码（由图书馆编制，可能包括多个层次的分类及其编号），然后根据编码及其分类，确定该书存放在书库中的书架编号，再在该书架上根据编号进行检索，就能准确、快速地找到所需的书。其中，记载了图书的分类号、存放位置、借阅状态等关键信息的图书索引（不论是传统的图书卡片系统还是基于数据库的现代图书索引系统）在图书馆的运行过程中起到了非常关键的作用，是图书馆管理机制设计的基础。在现代计算机的数据管理中，上述管理机制同样有重要的借鉴意义。

计算机的基本工作对象就是数据，基本的工作方式就是数学或逻辑计算。因此，对数据进行有效的管理，使之具备便于计算或其他必要处理方式的形态、结构或组织，并能够进行高效的查询、检索以及必要的增加、删除、修改，就是面向计算机处理的基础性工作。在技术层面，数据管理的具体工作主要包括：对数据进行分类、组织、编码、存储、检索及维护等。

自从计算机出现以来，随着计算技术的发展、计算机制造成本的降低和应用的普及，在应用需求的推动下，计算机的应用从早期的科学计算逐渐普及到社会经济各个领域，随着计算机处理的业务内容越来越多元化，业务之间、系统之间、部门之间对数据交换和共享的需求日益增长，利用计算机系统对相关数据进行管理的需求也逐渐从各领域业务处理中独立出来，成为一类专门面向数据资源开展管理和应用的分工，并在此基础上逐步发展形成了现代数据库理论及其应用学科体系。数据管理技术的发展历史，大致经历了人工管理、文件系统、数据库和高级数据库四个阶段。

1. 人工管理阶段

20 世纪 50 年代，通用计算机发明之初，主要用于科学计算，还不具备存储和管理数据的技术条件。当时既没有磁盘、光盘之类的直接存储设备，也没有操作系统，只有程序的概念，没有文件的概念。早期的计算机程序编为二进制码后，以间距打孔的形式记录在纸带上，通过专门的读取设备读入计算机进行计算，计算所需的数据也包含在其中，当程序运行结束之后，纸带就被撤换。

由于数据是面向程序的，即每个应用程序保存和管理自己需要用到的数据，数据的组织方式也必须由程序员自行设计与安排。也就是说，每当数据的物理结构或逻辑结构发生了变化之后，就必须对相应的应用程序进行修改；反之，如果应用程序在某些方面做了改动，也可能要求对相应的数据结构进行修改。这样的数据是没有独立性的数据，即使保存下来，也谈不上在应用程序之间共享。

2. 文件系统阶段

20 世纪 60 年代中期，随着技术的发展，诸如磁鼓、磁带、磁盘等基于磁性介质记录数据并能在一定条件下长期保存、反复使用的数据存储设备相继出现，为计算机存储和管理大量数据提供了硬件条件。同时，操作系统也已出现并逐渐成熟，其中一般被称为文件管理系统的部分也成为这一时期主要的数据管理软件。在上述技术条件支撑下，一种相对独立于计算机程序的、专门用于记录数据的文件开始出现，数据可长期以文件形式保存在磁盘等外部存储器中。数据的编码以及数据文件的结构也开始面向数据管理的需要体现出一些专门化或专业化的特征，在逻辑结构与物理结构方面有了一定的区别。由于独立数据文件的出现，文件中记录的数据不再附属于某个特定的程序，也不再是"一次性使用"，而是可以重复使用或供不同的程序使用，可以称为"面向应用"而不是"面向程序"，从而使数据初步具备了相对于应用程序的独立性。由于数据文件在结构上相对独立于特定的程序，文件结构面向数据管理和应用，形成了编码、索引、链接等专门的结构要素，以满足不同的应用需求。但是，仅以"文件"形式管理数据的方式仍然难以满足计算机处理数据时对查询、搜索效率方面的要求，以及相关业务对数据质量的需求。随着数据管理规模的扩大和数据应用的日益复杂化，文件系统逐渐显露出其自身在数据管理方面的缺陷。

（1）数据冗余（redundancy）。由于包括目前常见的电子文档、电子表格等形式在内的电子文件便于存储、易于传输，使用成本低廉，修改也比较方便，因此它们被广泛应用于各个领域。但是，也正是由于电子文件的易用性和低成本，人们在使用时常常随意复制、保留文件副本，或者在同一个文件中反复增减某些内容，很容易导致在同一份文件中，重复存在多个描述同一对象的同一属性的数据；或者不同文件中，存在着同一个数据；或者相同的文件被保存了多份副本，而其中的一部分可能经过了一些修改、更新，等等。总之，使用文件来记录、保存数据，很容易导致以上各种数据冗余现象的出现。而一旦在同一个应用场景中存在这种冗余情况，就可能进一步导致数据的不一致、信息的错乱、业务的混乱等。例如，在一个学校的入学档案文件和学生学分记录文件中，分别记录着某个学生所属的年级、专业等信息。假如该同学由于某种原因发生了休学、转专业等情况，而相关部门只对其中一部分而非全部文件进行了修改，就可能造成学校的文件记录中关于该同学的信息的不一致。此外，现实中，同学们自己重复保存的论文，也可能出现修改不同步产生不同"版本"的情况。假如在财税管理工作中，出现了类似的数据冗余现象，则可能对财税业务造成重大影响。

（2）数据不一致（inconsistency）。在上述关于数据冗余可能造成的不良后果中，若冗余数据没有被同步修改，就会造成同一系统中的同一个数据互不相同的情况，这在现实应用中就属于"数据不一致"的情况。具体而言，由于文件系统并没有为它所管理的文件建立起基于数据之间相互关系的组织体系，即使为某些文件建立了索引文件或链接文件，也还是面向特定应用的需求，而不是面向公共需求的，文件之间并没有体现相互关系的关联机制。因而由于上述原因形成的冗余数据之间也没有建立关联，当相同的数据存放在不同的文件中而被相互独立地修改后，就可能有了不同的表述，从而造成对同一事物描述的不一致。在税务管理工作中，如果某个部门出于某种原因对自己所掌握的纳税人登记资料中某一户的经营地址做了修改，却没有通知其他相关部门对该项资料进行同步修改，那么他们记录的这个纳税人的经营地址就会与其他部门手中的资料不相吻合，有可能在以后的工作中造成不良影响。

（3）弱的数据独立性（poor data independence）。由于文件系统中的文件仍然是面向应用的，所以尽管文件已经可以不依赖于应用程序而独立存在了，但它们还是基于服务对象的需求建立和保存的，为了提高相关应用的效率，它们的逻辑结构也是针对特定应用优化的，而这样一来，必然限制了其他应用对它们的使用，所以这样的数据文件与特定应用之间还是存在依赖关系，称为弱的数据独立性。比如，读者常用的带有 doc 后缀的文件，就是针对 Word 应用软件优化的，如果使用 Windows 操作系统自带的"记事本"文档编辑软件打开一个 doc 后缀的文件，就会看到其中有很多奇形怪状的字符，这些就是 doc 文件的结构针对 Word 软件功能的优化，其他文档编辑软件不一定都能识别和利用这些特殊的信息，从而也限制了它们共享 Word 文档的程度。

3. 数据库阶段

20 世纪 60 年代末至 70 年代初，随着计算机在科研、军事以外的一些领域应用的拓展，应用行业对于计算机管理和数据利用的需求越来越迫切，需要计算机进行管理的数据规模也越来越大，范围越来越广泛。这一时期，磁盘等存储设备的容量不断增大，而单位存储单元的成本和价格则不断下降，硬件已不再是计算机管理海量数据的障碍；与此同时，软件价格的上涨又使得编制和维护应用程序的成本增加；而随着计算机网络的出现和迅速发展，联机实时处理数据和分布处理数据的需求应运而生，由多种应用和多个用户共享数据集的需求也越来越强烈和迫切。顺应这一时代要求而发生的三件大事成为数据管理技术进入数据库阶段的标志：1968 年美国 IBM 公司推出层次模型信息管理系统（information management system，IMS）；1969 年美国数据系统语言研究会（Conference on Data Systems Languages，CODASYL）组织发布了数据库任务组（data base task group，DBTG）报告，总结了当时各式各样的数据库，提出网状模型；1970 年美国 IBM 公司的埃德加·弗兰克·科德（Edgar Frank Codd）连续发表论文，提出关系模型，奠定了关系数据库的埋论基础。作为这些理论的实践成果，数据库技术应运而生，数据库管理系统作为统一管理数据的专门软件开始登上历史舞台[①]。

4. 高级数据库阶段

数据库的出现和成熟，为一般生产系统的数据管理和访问提供了有效且可靠的平台。所谓生产系统，是指支持一个单位从事日常业务运作的信息系统，此类系统所承载的日常业务工作一般具有业务环节、流程及规则的确定性的特点，这些业务的处理过程对数据的访问也相对比较确定，因此，传统的数据库通常可以有效支持生产系统的运行。

但是，随着信息技术应用的深入发展，各领域陆续出现了越来越多非常规的数据应用需求，此类应用在数据管理方面的主要特征是：数据量大且数据规范可能不一致，对数据查询、传输、处理的频率较大，数据访问和处理方式多样，比如对海量数据进行大规模的数据挖掘。对于此类新兴应用需求，传统的数据库表现出某些不足之处。首先，生产系统所属的数据库很难在充分支持日常业务实时顺畅运行的同时，为额外的大规模数据处理提供支持；其次，生产系统所属的数据库所容纳的数据范围及其数量也仅以日

---

① 熊新阶. 基于 Caché 的后关系数据库实现[J]. 广东经济管理学院学报，2006，21（1）：69-73.

常业务所需为限，一般满足不了大规模数据挖掘的需要。为此，人们针对新兴数据应用的特征，在传统数据库基础上开发了数据仓库/数据集市等面向数据挖掘应用的数据组织。同时，互联网的发展也为数据组织管理提供了新的思路和平台，出现了诸如"云空间"之类的数据管理形态。数据管理进入了高级数据库阶段。

二、数据库

数据库阶段的数据管理具有以下特点。

1. 在描述数据的同时还要描述数据之间的关系

这是数据库与文件系统的根本区别，实现这一目标的做法是在整体上对数据进行结构化描述。不妨通过一个简单的例子来说明如何在描述数据的同时将数据之间的关系也记录下来，从数据管理的角度来说，这不仅是数据库内部的技术实现方式，更是一种全新的数据管理方法和模式，对于改进在对数据乃至事务的组织、管理方面的工作也有指导和启发的意义。仍以纳税户档案为例，如果采用文件方式来制作档案，那么一个简化的纳税户管理档案可以用以下表格来记录（表3-1）。

表 3-1　纳税户管理档案（简化）

税务登记证号	名称	法人代表	经营地址	经营范围	电话号码	纳税检查情况	减免税情况
1	A 企业	张三	……	……	……	……	……
1	A 企业	张三	……	……	……	……	……
1	A 企业	张三	……	……	……	……	……
2	B 公司	李四	……	……	……	……	……
2	B 公司	李四	……	……	……	……	……
2	B 公司	李四	……	……	……	……	……
…	……	……	……	……	……	……	……

显然，前六项信息是每一户企业都具有而且不必重复记录的，而"纳税检查情况"和"减免税情况"两项记录（当然还需要划分细项）则需要根据实际发生的次数来分别记录。采用这种表格形式，前六项信息都有可能因为同一企业多次接受纳税检查或多次办理减免税手续而被重复记录，若后两项还要求有文字记录的话，每次记录的长度也难以预知，从而造成存储空间和记录工作的大量浪费。对于以上问题，初步的解决方案是采取主表和子表相结合的组织结构，并对不能预知占用长度的项目使用可变长度记录，将以上表格分解为一个主表（"纳税户基本资料"）和两个子表（"纳税检查情况表"和"减免税情况表"），如表3-2所示。

表 3-2　纳税户基本资料（主表）

税务登记证号	名称	法人代表	经营地址	经营范围	电话号码
1	A企业	张三	……	……	……
2	B公司	李四	……	……	……
…	……	……	……	……	……

纳税检查情况表（子表1）

税务登记证号	名称	纳税检查情况
1	A企业	……
1	A企业	……
1	A企业	……
2	B公司	……
2	B公司	……
2	B公司	……
…	……	……

减免税情况表（子表2）

税务登记证号	名称	减免税情况
1	A企业	……
1	A企业	……
2	B公司	……
2	B公司	……
2	B公司	……
…	……	……

　　通过建立如上的主表、子表相结合的结构体系，数据之间就以它们的相互关系为纽带形成了一种初步的结构化数据管理模型，冗余存储的数据减少了，数据组织的灵活性增强了。但是，这样的组织结构还只是针对某几项财税业务应用的优化，税收管理工作还涉及许多方面的应用，如还要考虑到纳税申报、税款入库、纳税人资料变更等方面的情况。还需要循着这一思路，在充分、系统地分析各类财税业务需求的基础上，进一步对这一模型进行分解、组织和优化，形成如表 3-3 所示的结构，使之适应于整个税务部门或系统的各项工作。

表 3-3　经过优化的纳税户基本资料表结构

税务登记证号	名称	法人代表	经营地址	经营范围	电话号码
……	……	……	……	……	……

纳税户登记资料（主表）

税务登记证号	纳税申报记录
……	……

纳税申报情况表（子表1）

税务登记证号	减免税情况
……	……

减免税情况表（子表2）

税务登记证号	纳税检查情况
……	……

纳税检查情况表（子表3）

税务登记证号	资料变更情况
……	……

资料变更情况表（子表4）

……

"数据的结构化"其实是一个很模糊的概念，如果说，以某种结构形式来组织数据对象的集合就是"数据的结构化"，那么文件系统也做到了这一点；仅仅在这个基础之上还要求数据的组织结构能够表现数据之间的联系，也还不能将文件系统完全排除在外，因为文件面向应用，至少对于某个文件所面向的特定应用而言，该文件的组织结构还是能够体现其中数据之间的某种联系的；唯有整体的、面向系统的结构化，才足以描述数据库和文件系统两种不同的数据管理技术在数据的组织结构上的区别。

如何做到将数据整体地、面向系统地结构化，所需要遵循的具体原则、方法将在后文较为详细地介绍。这里需要注意的是：如表 3-3 所示的结构化的数据组织已经在一定程度上成为面向整个业务系统而不是某一项业务应用的数据集合，具有整体的结构化特征。在数据的组织中，体现整体需求的、具有某种程度的规范性和通用性的结构特征，是数据库的数据组织思想与文件系统的本质区别。在这样的数据组织中，数据的冗余进一步减少了，数据之间的联系在结构中得以体现出来，基于这样的结构体系建立的数据库可以以数据项或记录为单位进行操作和管理，而文件系统对数据管理的最小单元只能是记录。

2. 数据独立性高

关于数据库在提高数据独立性方面的作用，如图 3-1 所示。

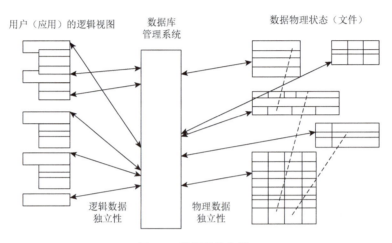

图 3-1　数据的独立性

图 3-1 中，数据库在数据文件和用户之间建立了逻辑上的桥梁，用户（应用）不再需要直接管理数据的物理组织结构，也不需要直接访问数据文件，而只需要通过数据库提供的标准的用户接口去访问自己所需的数据；数据也脱离了与用户（应用）的直接联系，而只需要以数据库的标准化结构形式纳入它的管理即可。正是在这个意义上，数据获得了相对于应用的独立性。

3. 数据冗余度低，共享度高，易扩展

由于数据具有相对于程序的独立性，数据库不再面向某个应用而是面向整个系统或者更多系统的通用需求，这使得多个应用或用户只要遵循相应的技术规范和应用规则，就可以共享数据库中的数据资源。由于数据库的存储、管理和访问机制的约束，不同的获得授权的用户在数据库中为各自的应用进行增加、删除、修改等数据操作时，不会导致数据的不一致，为系统和用户扩展新的应用和数据提供了便利，极大地提高了系统的灵活性和开放性。

4. 数据由数据库管理系统统一管理

从图 3-1 也可以看到，数据不再被相应的应用所控制，而是被集中起来由数据库管理系统统一管理。数据库数据数量庞大，结构复杂，又为多个用户所共享，所以必须由数据库管理系统在定义、建立、运行以及维护时进行统一管理和控制，以保证数据库数据

的安全性、完整性和并发操作的一致性①。此外，还必须有数据库管理员专门负责对数据库的管理、控制监督和改进。为了实现以上的数据管理目标，数据库系统需要提供以下四方面的数据控制功能：数据库的并发控制，数据库的恢复，数据的完整性控制和数据安全性控制②。

（1）数据库的并发控制。并发控制的作用主要是协调同一时间访问同一数据库文件的多个事务之间的关系，避免因这些操作之间发生冲突而导致数据库的完整性被破坏③。

（2）数据库的恢复。在现实应用中，由于各种原因，如应用软件的技术故障、人为失误、硬件设备故障、设备停电以及其他各种不确定因素，数据库中的数据可能会出现错误甚至丢失。当导致系统错误的因素消除后，就需要应用数据库的恢复功能，将由于上述因素已经产生了错误情况的数据库恢复到该事件发生之前某一个确定正确的状态。

（3）数据的完整性控制。很多情况下，输入数据并不能自行保证符合数据库对于数据的完整性约束，因此，数据库具有完整性检查功能，一般情况下是在数据载入的阶段就对数据进行检查、审核，将数据库中的数据控制在满足完整性、有效性和相容性要求的范围内。例如，在人事档案的数据库中，如果录入人员的年龄是负数，就破坏了该数据项的完整性和有效性；如果不同人员的身份证号码相同，就不符合数据相容性的要求，这些情况都应该作为无效数据而在数据的完整性检查中被查出并作相应的处理。

（4）数据安全性控制。数据的安全性是指数据只能被合法用户以授权方式访问，而不允许非法用户和非授权方式访问的发生。例如，某单位的涉密文件就只能由经过有关部门审批的涉密人员查阅——这样的人称为这一类文件的合法用户；同时，还要确保这些合法用户访问数据的方式也在他们获得的授权之内，如获准查阅涉密文件的人员就不得将文件携带回家，未经批准登记也不能私自复印密件，因为这些做法属于非授权方式的访问。数据安全性控制就是防范非法用户和非授权方式访问的功能。

综上所述，数据库系统的出现是计算机应用的一个里程碑。在此之前的文件系统虽然也能存储和处理数据，但是文件系统不提供对以数据项为单元的数据访问，也不支持多用户对数据的共享，阻碍了数据管理功能与具体应用程序的分离。在数据库的发展过程中，数据库管理系统的出现和成熟是至关重要的阶段，管理系统作为数据用户与数据资源之间的中间环节，一方面可以根据数据完整性、一致性原则，相对独立地完成数据的组织、管理工作，另一方面为用户提供了简单友好的数据访问方式和界面。从系统功能的角度，由于数据库底层的操作都由数据库管理系统完成，数据库就可以独立于具体的应用程序而存在。数据的独立性和共享性是数据库系统的重要特征。数据共享节省了大量人力物力，为数据库系统的广泛应用奠定了基础。数据库系统的出现使得在网络环境下对大量的、物理上分布的数据进行有效管理的需求有了实现的可能，也为为数众多的普通用户提供了灵活易用的数据管理功能，扩展和丰富了数据管理的理论体系，也极大地拓展了计算机在数据管理领域的应用范围④。正是数据库所具备的上述特点，使得计

---

① 丁志民. 中央广播电视大学《档案管理与计算机》题解[J]. 北京档案，1987，(5)：36-40.

② 姜国华. 失业保险管理系统的设计与实现[D]. 长春：吉林大学，2007.

③ 编者注：事务（Transaction）是数据库的逻辑工作单元，它是一组对数据的操作序列。

④ 窦玉洁. Internet 网上虚拟图书馆研究[J]. 绥化师专学报，2004，24 (3)：166-168.

算机对数据的管理成为计算机应用中的一个专门的领域，并进一步形成了相关理论、方法体系（数据库理论、数据挖掘方法体系等）和广泛覆盖社会经济各方面的应用，进而使得"数据"真正成为能够为全社会（或者至少在一定范围内）所共同拥有、开发、利用的资源，使之真正成为人类社会经济活动中必不可少的要素，从而推动了人类社会进入了当前的"大数据时代"。

有了根据规范化理论所建立的规范化的数据模式，并根据这样的数据模式建立了相应的数据结构之后，数据管理的体系是否就完成了呢？当然不是。正如用数据描述一个客观事物时，除了记录它的静态特征信息以外，还要描述它的动态特征一样，这个数据管理机制本身如何运作还需要有规范化的描述，这样整个管理机制的运转才有据可依。

三、数据仓库和数据集市

如上所述，数据库是一种基于规范化的数据模式以及严密的数据管理理论和方法而建立起来的通用数据管理平台。"通用"意味着它能够满足大多数数据应用的需求，或者说，它的功能体现了大多数数据应用需求的共性。但是，各类数据应用之所以被分类，就是因为它们之间在业务需求、理论依据、过程或方法、预设目的等方面总是有所不同的，而这样一些"个性"的需求，在一个通用的数据管理平台中往往难以获得满足。当对这一类"专用"的需求逐渐变得重要而迫切时，它们所要求的，在数据库所能提供的功能之外的"专用"的数据支持需求就不能等闲视之了。

事实上，在日常生活中，这样的实例随处可见。例如，汽车是用途广泛的陆地运输工具。但是，坐在货车车厢里旅行并不舒适，所以需要为乘客设计客车；一般的汽车车厢也不适于装运液体，所以人们需要设计油罐车；如此等等。总之，汽车虽然是一个通用的、理想的运输工具，但是还需要在这个通用平台的基础上，针对不同类型的运输需求进行相应的改造。

同样的道理，为了满足面向不同类型主题的数据应用需求，用户还需要在数据库这个通用的数据管理平台的基础上，建立面向主题的、集成的、相对稳定的、反映历史变化的数据组织。一般而言，这样的数据组织被称为数据仓库或数据集市。

1. 需求的提出

数据仓库和数据集市是数据库应用的高级阶段，也是目前发展迅速、方兴未艾的数据管理技术。20 世纪 90 年代初期，威廉·萌蒙（William H. Inmon）出版了《数据仓库》（*Building the Data Warehouse*），提出了数据仓库的概念，并进一步将其定义为：数据仓库是在企业管理和决策中面向主题的、集成的、与时间相关的、不可修改的数据集合[①]。

在数据仓库的发展历史上，还存在着威廉·萌蒙与拉尔夫·金博尔（Ralph Kimball）在相关定义及方法论方面的争论，前者主要是从商业智能应用的角度看待和定义数据仓库，将其视为商业智能系统中提供数据管理的组成部分，在建立数据仓库的方法上，强

---

① Inmon W H. 数据仓库[M]. 4 版. 王志海，等译. 北京：机械工业出版社，2006.

调自上而下的方法①。后者则从数据组织的角度，将数据仓库看作企业内所有数据集市的集合，强调自下而上的构建方法②。

根据威廉·荫蒙的定义，数据仓库是为支持决策而特别设计和建立的数据集合，建立数据仓库是为了填补现有数据存储形式已经不能满足信息分析的需要①。前文已经介绍了数据库的基本概念，从功能的角度，数据库已经能够满足大多数的事务型数据管理和应用需求。但是，在现实应用系统中，往往面对着海量的业务量和数据量，一般应用系统不必也不能将大量的历史数据保存下来，而是采取了不断修改、更新当前业务数据和业务状态的方式以提高业务处理的效率。但是，这样一来，就可能导致蕴含着重要历史信息的数据或数据关系被丢弃甚至销毁。例如，在税务管理中，管理者需要通过大量历史数据、同行业数据的对比，从中寻找诸如"哪类企业可能偷漏税？税率变化后企业的行为会如何变化？价格变化后或者产业政策调整后税收收入会受到什么影响？"等问题的解释，或者需要对当前正在进行的业务系统的某些数据进行频繁的访问、查询，这些对于数据的访问需求，或多或少地干扰或影响了业务系统的正常运行，或者对其提出了超出正常业务需求的数据要求。为此，必须建立和优化面向数据处理的数据库，面向数据分析的需要，将与数据分析问题有关的数据从数据库中分离出来，按一定的周期从数据库中导入，按照问题导向分"主题"组织数据，建立面向数据分析的数据仓库。

2. 数据仓库

数据仓库是一个环境，而不是一件产品，提供用户用于决策支持的当前和历史数据，这些数据在传统的操作型数据库中很难或不能得到③。数据仓库技术是为了有效地把操作型数据集成到统一的环境中以提供决策型数据访问的各种技术和模块的总称。所做的一切都是为了让用户更快更方便查询所需要的信息，满足数据应用需求，提供决策支持④、⑤。

数据仓库是一个面向主题的、集成的、相对稳定的、反映历史变化的数据集合，用于支持管理决策。数据仓库有以下四个特点。

（1）面向主题。操作型数据库的数据组织面向事务处理任务，各个业务系统之间各自分离，而数据仓库中的数据是按照一定的主题域进行组织⑥。主题是一个抽象的概念，是指用户使用数据仓库进行决策时所关心的重点方面，一个主题通常与多个操作型信息系统相关。例如，本书所围绕的数据分析工作，就是以某些财税业务问题为重点的数据应用。

（2）集成的。面向事务处理的操作型数据库通常与某些特定的应用相关，数据库之间相互独立，并且往往具有不同的结构。而数据仓库中的数据是在对原有分散的数据库数据抽取、清理的基础上经过系统加工、汇总和整理得到的，必须消除源数据中的不一

① Inmon W H. 数据仓库[M]. 4 版. 王志海，等译. 北京：机械工业出版社，2006.

② Kimball R，Caserta J . The Data Warehouse ETL Toolkit：Practical Techniques for Extracting，Cleaning，Conforming and Delivering Data [M]. Hoboken：John Wiley & Sons，Inc.，2004.

③ 李健南. 水泥行业智能分析系统的数据设计与实施[D]. 广州：华南理工大学，2010.

④ 张鲁峰. 探秘数据仓库[J]. 网管员世界，2009，（1）：2.

⑤ 王玉芬. 基于数据仓库的决策支持研究[J]. 商场现代化，2007，（9）：15.

⑥ 辛铮. 基于数据仓库的交通管理情报信息分析研究[C]. 北京：北京市公安局公安交通管理局第三届论文年会，2010.

致性，以保证数据仓库内的信息是关于整个系统的一致的全局信息[①]。

（3）相对稳定的。操作型数据库中的数据通常实时更新，数据根据需要及时发生变化。数据仓库的数据主要供决策分析之用，所涉及的数据操作主要是数据查询，一旦某个数据进入数据仓库以后，一般情况下将被长期保留，也就是数据仓库中一般有大量的查询操作，但修改和删除操作很少，通常只需要定期地加载、刷新[②]。

（4）反映历史变化。操作型数据库主要关心当前某一个时间段内的数据，而数据仓库中的数据通常包含历史信息，系统记录了系统从过去某一时间点（如开始应用数据仓库的时间点）到目前的各个阶段的信息，通过这些信息，可以对系统的发展历程和未来趋势做出定量分析和预测[③]。

计算机系统的用户都有自己的业务需要处理，相应地，也都需要管理、存储与自身业务相关的各种数据。从日常业务处理的需求出发，信息系统中的业务数据往往要随着业务的发展而不断更新。至于历史数据，在传统上，一般是按照法律规定或相关业务要求的内容、方式和时限存档备查，没有统一规范的要求，也并不面向大规模的数据查询、分析进行组织管理。当用户建立数据仓库之后，就可以将所有数据集中存放在数据仓库中，面向数据分析的需要，按照规范的方式组织，这使得对数据的查询和应用更为有效。目前，应用软件行业已经开发并向市场推出了一些可供各种用户建立符合自己需要的数据仓库并进一步进行数据分析的软件工具，帮助用户比较快速、高效地建立和应用自己的数据仓库。

3. 数据集市

顾名思义，"集市"相对于"仓库"，规模往往比较小，形式上往往更为灵活，前者的组织和运行也更为便捷。一般而言，在已有数据仓库的前提下，为实现特定的数据分析应用目的，可以从既有数据仓库中"切分"出来一部分数据，以便更为高效地开展特定应用，就称为"数据集市"；如果尚未建立数据仓库，也可以面向某个特定分析应用需求直接建立一个规模比较小的数据集合，如果用户认为其在规模和支撑能力方面还不足以称为"数据仓库"，也可以称为"数据集市"。总之，相对于数据仓库，数据集市规模较小，面向的数据分析应用主题更加细化，服务的对象或部门更加具体，建立和应用更加快捷方便，所以有时也被称为部门数据或主题数据。当然，在内容和规模方面，数据集市仍然可以看作数据仓库的一个子集，所以必要时可以将数据集市扩大、升级，或者将多个数据集市整合为数据仓库。

4. 数据仓库和数据集市的区别和联系

如上所述，数据集市同样是面向分析应用的数据集合，它与数据仓库的区别，主要是在规模和应用范围两个方面。从数据仓库构建和应用的过程的角度来看，学术界和实践应用中

---

① 侯晓峰，王小玲，曾泉，等. 数据仓库网络系统[P]. 中国，CN201420521417.8.，2015.

② 辛铮. 基于数据仓库的交通管理情报信息分析研究[C]. 北京：北京市公安局公安交通管理局第三届论文年会，2010.

③ 付赛红. 基于 WEB 的税务数据仓库系统的设计[J]. 电脑知识与技术，2008，（11）：211-213.

则存在着不同的观点。一些专家认为，数据集市应该是从数据仓库之中分离出来的一个部分，也就是说，数据仓库是面向相对比较普遍的分析应用需求建立的，其组织结构、数据标准、管理访问机制等都相对规范。在此基础上，面向各种不同的应用主题或不同部门，分别从中提取所需的那部分信息，形成数据集市。另外一些专家则认为，数据集市的建立并不需要以既有的数据仓库作为前提和基础，用户可以根据现实情况建立适合自身需要的数据集合，直接在数据库的基础上建立一个数据集市也未尝不可，一个组织中甚至可能建有多个相互没有关系的数据集市。这种建立和应用数据集市的模式比较便捷，成本较低。但是由于其组建模式是由底向上，各部分很难遵循统一规范的标准将所有的数据资源和数据模型统一到一个标准体系中，当需要建立数据仓库时，又要重新制定或修改标准。

关于数据仓库与数据集市，常常会有以下的认识误区。

误区 1：数据集市是比较小的。用大小来区别数据仓库和数据集市的做法很普遍，例如，一种定义认为数据量小于 50GB 的数据库是数据集市，大于 50GB 的是数据仓库[1]。事实上，数据集市集中解决的是某一种业务功能的特殊需要，并组织相应的数据和数据模型来满足这种要求。尺寸大小不是数据集市的本质特征，因为它同样可以有几百 GB 的、描述更多细节的数据；数据集市也可以只有几个 GB 的综合数据就可以满足面向应用的执行信息系统的需要；真正的问题在于，数据集市（它可能是一个数据仓库的子集）的数据模型一定是满足应用的特定需求的[1]。

误区 2：数据集市容易建立，可以更快地投入运行。一个单一的数据集市的确比数据仓库的复杂程度低一些，因为它只针对某一需要解决的特定的商业问题，但是其 ETL[2]过程的复杂程度并没有降低，投入其中的工作量也不会减少[3]。

误区 3：数据集市很容易升级成数据仓库。事实上，数据集市针对特殊的业务需要，不可能很容易地伸缩。它们发布特定应用的数据模型，因此，如果没有事先重塑数据模型，追加数据是非常困难的[1]。而且，因为在实施数据集市时，忽略了很多结构问题，所以，当试图扩展数据宽度时更加困难。相反，数据仓库是分阶段建设的，可以同时建设一两个主题领域，因而它就提供了相对中性的应用，当增加主题和应用时，它的结构也容易升级[3]。

尽管理论上存在着上述"先有鸡还是先有蛋"的争议，但是在信息化建设的现实中，由于数据仓库或数据集市还是一个新的领域，缺少成熟的模式，所以一般用户比较倾向于"局部尝试、成功后再推广"的模式。通常情况下，用户先从数据集市入手，面向某一个特定的分析主题建立数据集市，在建设和使用中积累经验、总结教训，如有进一步建立数据仓库的必要性，再在此基础上拓展延伸。所以，从方法逻辑的角度看，数据仓库和数据集市建立的先后次序是和设计方法紧密相关的。

在大多数情况下，也许没有必要为了一次数据分析而去构造一个软件系统或软件环境意义上的数据仓库。但是用户在管理来自各种数据源的原始数据的工作中，至少可以参考这一模式做好数据治理各个环节的记录，并为以后各个阶段的工作提供一份完备的

---

① 阿潮. 数据集市和企业信息系统[J]. IT 经理世界，1998，（5）：22.

② ETL，是英文 extract-transform-load 的缩写，用来描述将数据从来源端经过抽取（extract）、转化（transform）、加载（load）至目的端的过程。

③ 边歇. 独当一面的"小家伙"[N]. 网络世界，2007-03-19（038）.

数据运动的档案资料，特别是在数据量很大、来源驳杂、处理过程繁复的情况下，这样的数据管理模式是非常有效的。

第二节　数　据　处　理

一、数据处理技术的发展

1. 电子数据处理

从历史上看，这个阶段大约在 20 世纪 50 年代至 60 年代初。人们将计算机用于管理活动之中，主要进行事务数据处理和报表生成等工作，称为电子数据处理（electronic data processing，EDP）。开始的数据处理系统可以称为基本数据处理系统，之后发展成集成数据处理系统。

（1）基本数据处理系统（basic data processing system，BDPS）。这时只能完成单项数据处理任务。每项任务都是一种封闭式的作业，各自维护和使用本作业的数据文件。不同作业之间没有信息交换或共享，其输出一般是经过处理的事务数据的统计报表。这种报表虽然可以供给组织中的每个管理层次，然而对高、中级管理提不出可用于决策的有用信息。

（2）集成数据处理系统（integrated data processing system，IDPS）。随着时间的推移，系统设计人员逐渐认识到，计算机在企业管理应用中不仅可以处理数据计算、统计，而且可以基于企业的目标、政策、方法和规则，将企业中有关人、财、物、设备的数据集中处理，进而将各种逻辑相关的子系统集成为一个系统，每个子系统按照统一的集成方案进行开发并面向企业管理目标提供相应的子功能，各子系统的数据资源可以为其他子系统所用，构成一种统一的信息系统，即集成数据处理系统。按照这一要求，数据输入后，以便于处理的形式（数据文件形式）存储在计算机中，从而可为企业中各个不同职能部门共同使用。这样，数据的共用促进组织内部各部门间的沟通。不同部门或不同处理活动中的相关元素也可以集中起来，组合成公共的、协调一致的程序和工作流，这就为整个企业信息系统的内部互相关联创造了可能性。集成数据处理系统实现了数据共用和数据处理活动的集成，减少了数据和文件的重复，并改善了企业中各主要功能间的协调关系。然而，这种系统主要是基于"数据共用"，即共同使用，而不是"数据共享"，即不能保证数据使用过程的一致性。一部分程序在更新数据记录时可能造成另一部分程序对数据的错误使用，这种缺陷只有在以后的数据库技术引入后才能根本改变。此外，这时的报表输出仍然缺乏统一要求。报表内容、格式、周转时间等均不能满足企业高、中级管理和控制的需要，报表主要支持操作级管理需要。

在电子数据处理阶段，信息系统的主要目标是提高工作效率，减轻工作负担，节省人力和降低工作费用。这种系统的主要应用是放在各类事务数据的统计工作上。虽然集成数据处理系统比基本数据处理系统在数据文件使用和功能协调上有所改善，然而，其共同之处都是利用计算机进行事务数据处理，即着眼于数据，而不是为各类业务管理提供有用的信息。这个时期的计算机还比较落后，仍处于穿孔卡或键盘输入初期。计算机运算速度慢、存储量低。只能对滞后的数据进行滞后的处理，因而很难提供及时的、对当前管理和控制有用的信息。

2. 管理信息系统

管理信息系统（management information system，MIS）是一个有多重含义的概念。作为一种信息技术应用系统，它是由用户、计算机、软件、硬件和数据组成的集成化信息系统。同时，由于管理信息系统在现实中的广泛应用，关于此类系统的理论、方法及其客观规律性的研究形成了一个不断发展的、其内涵随着现代信息技术的进步而与时俱进的新兴学科。

管理信息系统作为一种新型的软件系统出现在 1970 年，按照沃尔特·凯文（Walter T. Kennevan）的观点，它的主要作用是："以口头或书面的形式，在合适的时间向经理、职员以及外界人员提供过去的、现在的、未来的有关企业内部及其环境的信息，以帮助他们进行决策"。管理信息系统的创始人，明尼苏达大学的管理学教授戈登·戴维斯（Gordon B. Davis）在 1985 年给出了管理信息系统一个比较完整的定义，他指出："管理信息系统是一个利用计算机软硬件资源，手工作业，分析、计划、控制和决策模型以及数据库组成的"人-机系统"。它能提供信息支持企业或组织的运行管理和决策功能。"

20 世纪 60 年代末，数据库系统的出现为用户提供了独立于程序的、可以有效保障数据完整性的数据管理手段。在此基础上，应用软件开发工作就摆脱了烦琐的数据管理层面，可以面向业务管理目标进行系统分析，可以合理改善信息处理的组织方式和技术手段，提高信息处理的效率和管理水平，管理信息系统由此出现并逐步完善。管理信息系统的分类标准有很多，按组织的职能划分，可以分为市场销售子系统、生产管理子系统、物资供应子系统、人事管理子系统、财会子系统等；按信息处理方式划分，可以分为联机的、脱机的和实时的信息系统；按系统结构特点划分，可以分为集中式和分布式信息系统；按数据和程序模块的集成程度划分，可以分为多路式（分时式）、集成式和全信息系统（全面规划、分系统实现）等。

1）管理信息系统的功能

顾名思义，管理信息系统的基本功能就是对信息进行管理。显而易见，要有效地管理信息，首先要采集信息，并在不同信息来源、用户、主机之间进行传递与交换，然后被管理信息系统纳入管理，存入数据文件中，并根据业务需要对其进行查询、加工，最终以某种形式展示给用户，为其业务需要提供信息支持。系统的管理者还会对软硬件以及数据文件进行必要的维护。

在现实应用中，现代管理信息系统可以提供以下功能。

A. 数据处理

根据管理业务需要，对系统获取、管理的各类信息进行整理、加工，为组织业务的各环节提供所需要的数据产品，满足基层用户到高层决策者的业务需求。

B. 组织计划

计划活动是一种在现实条件约束下的，包括流程、顺序、数量、时间等要素的系统性的方案设计，如生产计划、财务计划、采购计划等。

C. 系统控制

在业务流程或计划执行过程中，管理信息系统能够根据各部门、环节提供的信息，对照相应的流程方案或计划，进行监督、检查，比较执行与计划的差异，分析差异产生的原因，并向管理人员提供相关信息支持，以控制计划执行的进程和效率。

D. 预测分析

在某些情况下，管理信息系统可以运用现代数学方法、统计方法或模拟方法，根据现有数据，对未来的某些情况进行预测。

E. 辅助决策

管理信息系统为基层和决策层提供的支持一般是不一样的。对于基层而言，一般执行的是事务性、流程化的业务，只要按照既定流程、计划执行即可，管理信息系统在这个层面一般履行基本的数据处理、计划和控制功能。对于决策层而言，需要解决的一般是没有既定方案的非结构化问题，对此，管理信息系统的支持作用主要体现为为决策者提供其进行决策所需的相关信息，或者根据决策者的需要，对信息进行加工处理。

2）管理信息系统的主要特点

通过上述介绍可以看出，管理信息系统对组织的业务的介入程度比较深入、系统，已不仅限于事务性的数据加工、计算，而且还要对信息资源进行组织管理，并通过加工处理使之在用户的业务中发挥作用。管理信息系统发展至今，已经形成一类数量庞大、种类繁多、应用面极为广泛的应用软件系统，其具体的功能、作用和形态也千差万别。但是，一般而言，现代管理信息系统仍然具有以下一些共性特征。

A. 数据库的使用

如上所述，管理信息系统的核心功能就是对信息的有效管理和处理、利用，而信息的价值，往往取决于其得以利用的程度和范围。包括数据库、数据库管理系统软件和数据库用户的数据库系统的出现和应用，使系统不仅具备了有效组织、管理数据的能力，降低了数据的冗余度，避免了数据不一致性情况的发生，而且能够以数据库系统为基础，实现用户之间的数据共享。

B. 周期性报表的产生

向各层次领导提供包括日、旬、月、季度、年度报表在内的周期性报表，可以维持稳定的信息流，并实现一个相对稳定协调的工作系统。

C. 支持程序化的、例行性决策

目前，管理信息系统主要应用于各行业中相对比较规范化、程序化、例行性的业务处理。此类业务的主要特征是业务问题的"结构化"，即此类问题已经有明确、规范的处理模式和流程，这一类业务交给计算机系统处理，既可以充分利用计算机的高速处理能力，又能够尽量避免人工处理可能产生的因人而异的错漏疏失，提高业务处理的效率和质量。

3）管理信息系统的应用

管理信息系统主要在管理领域发挥作用，通常为各层领导（主要是操作层和中层管理）提供结构化的信息流以支持决策的制定。对于处于现实的市场竞争环境中的管理信息系统用户，即各类企业而言，假设竞争对手之间在生产技术、产品质量等方面都不相上下，市场环境也一致的情况下，企业的竞争力就主要取决于其内部管理的效率，而管理效率则在很大程度上取决于管理人员能够获得的信息的有效性、准确性、及时性等属性，因此，管理信息系统的核心作用，就是为管理活动提供准确、及时、有效的信息支持。当行业中的个别企业开始利用管理信息系统提高自身竞争力后，其他的竞争者就必须采用类似应用，以避免被对手淘汰。由此，管理信息系统基于市场竞争的动力，实现了在各行业的快速扩散和广泛应用，成为现代管理活动中的"标准配置"，在当代管理活动中发挥着重要作用，是信息时代实现管理现代化的必由之路。

3. 决策支持系统

20 世纪中期，赫伯特·西蒙（Herbert A. Simon）提出了管理的决策职能，并建立了系统的决策理论。1947 年，西蒙在其重要代表作《管理行为》中，提出了"管理就是决策"的经典命题，为分析复杂组织的管理行为建立了一套系统的分析框架，标志着寻求如何从各种可能抉择方案中选择一种"令人满意"的方案的决策理论学派的形成。

在现实的管理活动中，人们面对的问题一般可以分为两类，一类是已经有相关制度、规则规定了应该怎样处理、应对的事务性的、日常的问题，称为结构化问题，这类业务一般由组织的基层、中层人员照章办理即可；另一类问题则没有既定的方案、规则可循，所以一般会被上报至组织的高层，由高层管理人员根据具体情况，进行分析判断，决定处理的方式、方法、原则等，这一类没有既定规则的问题，称为非结构化问题。处理非结构化的问题的过程，就称为决策。

从问题属性的角度，一个问题之所以没有被纳入业务规则之中，一般是由于在现实业务中，此类问题不具有普遍性、经常性，在业务工作中较少发生，或者超出了组织管理者在设计业务规则时考虑的范畴。总之，上述各种因素导致管理者对此类问题的相关信息了解较少，难以用既有业务规则来对照处理，就成为一个需要提交给组织高层来研究解决的问题。因此，研究、解决非结构化问题的核心，也就是决策活动的过程，就是获取、分析、研判问题相关信息。而信息系统正是利用现代信息技术进行信息管理和处理的系统，只要系统能够满足决策的某些信息需求，就能够为决策提供支撑作用。20 世纪 70 年代初，随着现代信息科学的发展，人工智能、计算机模拟、图形显示等新技术与运筹学、数理统计等方法相结合，产生了能够为决策活动提供信息支持的决策支持系统。1971 年，格里蒂（T. P. Gerrity）指出："有一股日益强大的力量正推动着计算机能力的提升和管理科学方法的革新去帮助决策者解决复杂的和非结构化的决策任务。目的是要开发一种人-机决策系统……。"同年，斯科特·莫顿（Scott Morton）出版了《管理决策系统》，描述了决策支持系统的基本框架。20 世纪 70 年代中期，美国麻省理工学院的迈克尔·斯科特（Michael S. Scott）和彼德·基恩（Peter G. W. Keen）首次明确提出了"决策支持系统"的概念，此后，随着该领域研究和应用的不断深入，逐渐形成决策支持系统这一新的学科。

从信息系统发展的角度来看，电子数据处理系统作为信息系统发展的早期形态，其主要作用在于帮助用户加工处理一些业务数据，并没有全面、系统地介入业务；管理信息系统作为电子数据处理系统的演进形态，已经在一定范围内系统地介入了业务，实现了对全部或部分业务流程的约束和规范，在一定程度上"接管"了某些业务控制权，系统地提高了业务效率；决策支持系统则在管理信息系统的基础上进一步延伸与拓展，主要通过提高决策的效能，成为第三阶段信息系统的代表。

从学科发展的角度来看，决策支持系统的出现，意味着计算机科学各种最新理论与技术和管理科学的决策模式、模型与方法的深度融合，并进一步吸收了系统科学有关系统分析与综合、系统与环境的思想和方法以及行为科学中的部分成果。

二、企业资源计划系统

信息系统在经济社会中有着普遍的应用，促进了各行业、各领域管理效率的提升。其中，管理信息系统作为现代信息系统的典型代表，目前已经广泛应用于各领域管理业务中，成为管理现代化的必由之路。管理信息系统提高管理效率的基本原理在于：传统的管理活动是以人工为主开展的，尽管人工管理在人性化、个性化、应急反应效率等方面具有无可比拟的优势，但是个人获取、记忆、处理信息的能力总是有限的，管理业务难免存在局限性或带有个人的主观性和片面性，而且人与人之间存在知识、经验、性格等方面的差异，不同的管理人员在处理完全相同的业务问题时，也有可能做出不同的判断、采取不同的业务措施，导致完全不同的结果。针对上述问题，基于系统论思想的管理信息系统依托现代计算机、网络、数据库系统，结合现代管理模式建立管理架构，不仅能够以远高于人工的效率处理各类业务信息，还能立足于现代管理思想，有效整合组织内外的各类资源，提高资源利用效率，降低生产成本，实现业务管理的统一化、规范化、现代化，极大地提高了管理的效率。

作为数据处理应用系统中最具代表性和普遍性的类别，企业资源计划（enterprise resource planning，ERP）系统的发展，在很大程度上展现了管理信息系统的作用与价值。它依托信息技术的发展与应用，得以将很多先进的管理思想变成现实中可实施应用的计算机软件系统。ERP 的发展、普及的历程，在一定程度上代表了信息系统应用在经济社会中的渗透和深入的过程。

从物料需求计划（material requirement planning，MRP）到 ERP 主要经历了以下三个阶段。

1）MRP 阶段

20 世纪 60 年代，随着计算机技术的发展，一些企业管理者发现，可以利用计算机解决企业管理中长期存在的、单纯依靠人工又很难解决的一类问题：物料的管理和调配。众所周知，企业的生产过程往往涉及大量的原材料、零部件、耗材、能源等物料，这些物料往往出现在多个生产环节，这就导致了物料管理的复杂性，传统的人工管理中，如果经验不足造成物料不足，往往会导致生产的拖延、停滞，造成损失；而如果超出生产需要采购、囤积物料，又会导致不必要的库存占用。因此，如何在充分、及时综合各方面物料需求的基础上，有效管理好企业的各类物料，实现生产过程中的精打细算，就是用户赋予 MRP 的基本使命。

MRP 之所以被称为"计划"，是因为它主要根据主生产计划（master production scheduling，MPS）以及物料清单（bill of material，BOM）和库存信息对生产流程中的物料的购、存、用进行管理，核心目标是在满足生产需要的前提下减少物料库存。

到 20 世纪 70 年代，MRP 已经发展为以物料为中心的、闭环的生产计划与控制系统，实现了对生产的闭环控制，有效地提高了企业的生产效率、降低了生产成本（特别是物料的单位消耗和库存占用资金成本）。

2）制造资源计划阶段

20 世纪 70 年代末至 80 年代初，一些企业在 MRP 有效管理物料的基础上，增加了对企业生产中心、加工工时、生产能力等方面的管理，实现了生产排程的计算机化，并进一步将企业的财务管理功能囊括进来，形成了以制造资源为核心的企业管理信息系统——制造资源计划（manufacturing resource planning，MRPII），实现了对企业产、供、销的全过程的动态监控和有效管理。

从 MRP 到 MRPII系统的发展，并没有突破性的技术进步，但是将企业生产经营中的部分资源整合到管理信息系统中实现有效组织管理的做法，在企业管理的思想方面和实际效果方面都实现了较大飞跃。

3）ERP 阶段

进入 20 世纪 90 年代，国际产业分工格局发生变化，对市场环境产生了一定影响，促使企业调整经营战略，对生产销售的组织模式提出了新的要求，传统的 MRPII 已经不能满足需要。在此背景下，美国计算机技术咨询和评估集团（Gartner Group Inc.）总结了 MRPII的发展趋势，提出了一套企业管理系统体系标准，即 ERP。

相比于 MRPII，ERP 除了加强原有的各项功能外，主要是面向市场的开放性与灵活性，将企业在市场活动中可支配、可影响、可利用的各类内部、外部资源，包括企业供应链和客户关系等方面，都整合纳入系统管理、协调之中，功能更为全面，支持的生产方式更为多样，所采用的技术也更加先进，形成了集成化的企业管理软件系统。

第三节　计算机网络

一、计算机网络的基本概念

当代信息技术革命中，最为突出的进展，就体现为计算机网络技术的快速发展及其应用的广泛普及。

计算机网络，简单地说，就是由通信线路互相连接的许多计算机构成的集合。

从逻辑功能的角度来看，计算机网络是以传输信息为基础目的，用通信线路将多个计算机连接起来的计算机系统的集合。这个集合包括传输介质和通信设备，通过计算机之间的数据交换和通信，实现多台计算机的信息共享和业务协作。

计算机网络系统不仅包括计算机和通信设备，还具备相应的网络操作系统。网络用户使用计算机网络时，就像使用一台计算机一样，是与网络操作系统进行交互的，网络操作系统负责管理整个网络系统，调用、组织、协调用户所需的资源，而对于用户而言，这些管理过程是透明的。

二、计算机网络的主要类型

关于计算机网络的类型划分，有很多种不同的标准。

（一）按照网络覆盖范围的大小分类

按照不同网络所覆盖的地理范围划分，可以把各种网络划分为局域网、城域网和广域网。顾名思义，局域网的覆盖范围仅限于局部区域，如一栋大楼、一个院子、一所学校等；城域网的覆盖范围则延伸到一个城市；原则上，覆盖范围超过城域网的网络，均可称为广域网。局域网、城域网、广域网之间并没有严格的划定标准，只是一个定性的概念。但是，网络覆盖范围的大小，决定了其用途以及组建方式、所用技术的不同，这一点比网络覆盖的地理范围的具体大小更具有现实意义。

下面简要介绍这几种计算机网络。

1. 局域网

局域网（local area network，LAN），是结构最为简单、组建最为快捷、应用最为广泛、生活中最为常见的一种网络。例如，很多单位、家庭都通过无线路由组建了自己的局域网，机场、学校乃至一般的饭馆、商场、书店等商业场所也都向旅客（师生、顾客）提供免费的 Wi-Fi，这就是典型的局域网的应用。

相对于覆盖范围更大的城域网、广域网而言，局域网所覆盖的范围较小，用户数少，配置容易，连接速率高。

2. 城域网

城域网（metropolitan area network，MAN），这种网络一般来说覆盖一个城市，用于向城市居民提供某些公共信息服务，这种网络的连接范围可以达到数十甚至上百平方公里，比局域网覆盖范围更大，服务对象更多，并且一般不限于特定单位或特定群体。

就城域网的结构而言，一般包括与国家骨干网相连的城市骨干网和与本地用户及其局域网络相连的城市接入网，通过接入网，城域网可以将城市中的各种局域网连接起来，如将政府机构、医院、学校、企业的局域网都连接起来。

3. 广域网

广域网（wide area network，WAN），也称为远程网，它所覆盖的范围比城域网更广，地理范围可达几百平方公里到几千平方公里。例如，读者所熟悉的互联网（Internet），就是一个覆盖全球的广域网。也有一些广域网专门服务于特定部门，如税务系统的广域网就是税务部门专用于处理税收管理业务的网络。

4. 互联网

目前常用的互联网是一种典型的服务于各种用户的开放的广域网，它的发展历程在一定程度上体现了现代计算机网络的发展。

20 世纪 60 年代美苏冷战期间，美国国防部下属的高级研究计划局（Advanced Research Project Agency，ARPA）出于避免整个军队指挥系统被苏联核武器一次性消灭的考虑，提出要为美军指挥系统研制一种在地理位置上相对分散，但是又能相互通信并交换数据，以实现核战争条件下可靠、有效、抗核打击的计算机网络的设想。相对于当时已有的电话通信网络，这个新型网络具备如下一些新的特征。

（1）该网络区别于有线电话网络，用于可靠地传输数据，而不仅是传输语音信号。

（2）该网络基于特定的通信协议，不同类型的计算机只要遵循该协议就可以接入。

（3）该网络能够为联网的计算机提供多条不同的路由，具备一定程度的抗毁伤性能。

基于以上要求，1969 年，美国国防部创建了第一个分组交换网 ARPANET（阿帕网）。ARPANET 投入使用后，其规模和范围迅速增长，随着连接入网的各种计算机越来越多、用途越来越广泛，ARPA 开始研究网络互联的技术。

1985 年，美国国家科学基金会（National Science Foundation，NSF）开始建立分为主干网、地区网、校园网三级结构的美国国家科学基金网络（National Science Foundation Network，NSFNET）。1989 年，由 ARPANET 分离出来的军事网络（Military Network，MILNET）和 NSFNET 连接后，开始采用 Internet 这个名称。20 世纪 90 年代初，商业机构开始联入 Internet，商业利益的介入和推动成为 Internet 在全球迅速发展的强大动力。

1990 年 11 月 28 日，钱天白教授代表中国正式在国际互联网络信息中心的前身 DDN-NIC（Defense Data Network Network Information Center，美国国防数据网络信息中心）注册登记了我国的顶级域名 CN。

1994 年 4 月 20 日，中国国家计算机与网络设施（The National Computing and Networking Facility of China，NCFC）工程通过美国 Sprint 公司连入 Internet 的 64K 国际专线，意味着中国大陆地区首次实现与 Internet 的全功能连接。

1994 年 5 月 21 日，中国科学院计算机网络信息中心完成了中国国家顶级域名（CN）服务器的设置，改变了中国的 CN 顶级域名服务器一直放在国外的历史，中国自己的域名服务器开始运行，在 NCFC 主干网开设了主服务器，并在美国和欧洲设置了四个副服务器。

（二）按照联网介质分类

计算机或智能设备接入网络，必须通过某种方式与网络建立连接，如手机接入 Wi-Fi

是通过无线信号连接的，电脑联网可以通过插接网线等，这些不同类型的连接方式，按照传输网络信号的介质分类，可以分为有线网络和无线网络两大类。

有线网络一般采用同轴电缆（如家里的有线电视信号线）、双绞线（如实验室常用的"网线"）和光纤来连接。相对无线网而言，有线网在线路有效传输范围内，信号稳定，不受地形、障碍物的阻隔和影响，抗干扰能力较强。

无线网则不需要通过有形的线路进行连接，一般通过电磁波、红外线等介质进行信号传输，常见的无线网应用有 Wi-Fi、蓝牙等。无线网有很多优点，如易于安装、连接方便、一般不需要专用设备和线路，但它也有许多不足之处，如受地形和障碍物影响较大（家中的 Wi-Fi 信号就很容易被墙壁所阻隔），在一定范围内开放的无线信号容易被窃听等。

近年来，无线蜂窝电话（也就是人人都在使用的手机）通信技术飞速发展，蜂窝式移动通信网络在网络基础设施建设和技术应用方面获得了来自市场需求的巨大动力，在网络、基础设施、用户和市场都相对成熟的情况下，人们很自然地希望移动通信网络接入互联网，实现通过移动无线终端对互联网的访问。移动互联网的出现，彻底改变了手机作为一种通信工具的单一用途，使得人们能够通过智能手机及其他移动联网设备随时随地访问互联网。

1. 无线局域网

无线局域网（wireless local area network，WLAN），顾名思义，就是不需要连接实体的线路就能在局部范围内组建的网络。在现实中，这种通过无线连接方式连接各种设备的方式已经很常见了，比如常用的无线耳机，能够与手机或平板设备实现无线连接。局域网，如上所述，就是覆盖范围比较有限的网络，例如，目前的冷饮店或餐馆一般都会向顾客提供 Wi-Fi 服务，顾客连接商家提供的 Wi-Fi 后，就接入了商家的局域网，再通过商家的路由接入互联网。由此可见，无线局域网的优势在于不需要专门的连接线路和专用联网设备，可以为用户提供灵活、便捷的接入。

根据连接方式的不同，无线局域网可分为两大类：一类有固定基础设施，比如手机就是通过移动通信服务商建立的大量固定基站来连接用户；另一类无固定基础设施的无线局域网，又称为自组网络，这种网络没有预设的基本服务接入点，而是由一些处于平等状态的移动设备之间相互连接组成的临时网络。比较简化的一种自组网络的例子是目前常用的无线耳机、智能手环与手机相互连接构成的穿戴设备网络。当然，目前的穿戴设备的功能还比较简单，而在军事领域，由于战场上不会有预先建好的网络接入点，所以各种设备就可以通过移动自组网络进行通信，甚至可能通过卫星与指挥机构建立连接，形成"数据链"，极大地提高战场的信息感知和传递效率。

近年来，属于移动自组网络范畴的无线传感器网络方兴未艾，这是一类由大量传感器通过无线连接自组的网络，各种传感器分别进行数据采集、处理和传输，可以以低功耗维持较长时间的持续运行，非常适合应用于环境监测与保护、战场或阵地监视、医疗监测和护理、高危环境的安全监测、城市交通管理等场景中。

2. 无线个人区域网

无线个人区域网（wireless personal area network，WPAN）是无线局域网的微缩版，也就是以用户个人为中心，将其生活或工作所使用的各种电子设备通过无线技术连接起来自组网络，不需要使用专门的接入点。WPAN 既可以供一个人专用，也可以是若干人（当然不会很多）在小范围内共用。

3. 无线城域网

与无线个人区域网相反，无线城域网（wireless metropolitan area network，WMAN）是无线局域网在城市范围内的拓展版本。在人们已经逐渐习惯于使用手机接入互联网的情况下，建立无线城域网就可以为城市的公共服务机构提供一个新的服务平台。近年来，我国一些城市已经开展了无线城域网的宽带无线接入服务，在一些情况下，可替代现有的有线宽带接入。

三、计算机网络性能的衡量指标

作为网络用户，人们常常会从"信号好不好""下载速度快不快""打开网页卡不卡"等方面来对使用的网络进行评价。上述问题，体现了一个网络的技术性能。

性能指标从不同的方面来度量计算机网络的性能。

（一）速率

对于用户而言，使用计算机网络最直观的感受，就是"网速快不快"了。所谓"网速"，就是网络传送信号的速度，也就是单位时间内有效传输/接收的信号。计算机可处理的信号是以数字信号，一般以二进制数字的形式存在。二进制数字的数据量以"bit"（比特）来计量，bit 来源于英文单词 binary digit，即"二进制数字"，一个比特（bit）就是二进制数字中的一个 1 或 0。一个网络传输二进制数字信号的速率，称为数据率（data rate）或比特率（bit rate），也就是日常所说的"网速"。速率的单位是 bit/s（比特/秒），是计算机网络最重要的性能指标。现在人们常用更简单的并且是很不严格的说法来描述网络的速率，如 10G 光纤，它省略了单位中的 bit/s，意思是速率为 10Gbit/s 的以太网。

（二）带宽

当一些新技术迅速推广普及到新的应用领域时，常常由于应用领域来不及拓展、消化新技术的内容，导致一些概念的混乱或模糊。例如，计算机网络的"带宽"这个术语就在推广应用中产生了歧义。

作为通信领域的专业术语，带宽的原意是指某种信号的"频带宽度"，即该信号所占

用的频率范围。例如，传统的有线电话线路上传送的语音信号的标准带宽就是 3.1kHz（从
300Hz 至 3.4kHz，包括了语音的主要频率范围），在这个含义下，带宽实质上是关于频率
的范围，所以其单位与频率相同，即"赫兹"（或千赫、兆赫等）。

在计算机网络的推广普及中，由于网络的带宽意味着在单位时间内网络传输的"最
高数据率"，所以人们常常将其简单直观地理解为表示网络传输数据能力的指标，并且在
商业化的推广应用中成了一种约定俗成的说法。这种意义上，带宽作为描述网络速率的
指标，其单位是"比特/秒"，记为 bit/s。

（三）非性能特征

人们在选择网络接入服务时，在考虑其性能指标能否满足自己的使用需求之外，往
往还需要考虑到一些其他因素，如成本费用、质量等，这些非性能特征与前面介绍的性
能指标有很大的关系。

1. 成本费用

成本费用，即组建网络所需购置的各种软硬件设备的成本，已经运行、使用该网络需要
支付的价格，其中既包括设计和实现的费用，也包括向网络服务提供商支付的服务费用等。

2. 质量

网络的质量是一个含义广泛的概念，包括网络的可靠性、管理和使用的便捷性、访
问网络的效果等。其中，最直接的方面是网络的可靠性，可靠性与网络的质量和性能都
有密切关系。但是，网络的性能与网络的质量并不是一回事，前者是指网络可能提供的
最优表现，而后者则是指网络长期使用中的持续性表现。

3. 可扩展性和可升级性

由于计算机网络技术的快速发展，网络在建立时就应当考虑到今后可能会需要扩展
（即规模扩大）和升级（即性能和版本的提高）。可扩展性越好的网络，其可有效使用的
寿命就越长，适用的业务就越多。

4. 易维护性

网络的使用需要长期的维护，如果没有良好的管理和维护，很难达到和保持所设计
的性能，但是网络维护需要人力和其他资源，维护成本是网络成本的重要组成部分。

四、网络协议

（一）网络协议的基本概念

语言是人与人之间进行交流的基本信号，两个人必须使用一种双方都能理解的语言

才能进行交流。同理，通过网络相互连接的所有设备（网络服务器、计算机及交换机、路由器、防火墙等）之间要实现相互通信，也必须使用某种双方都能遵循的通信规则。在计算机网络中要做到有条不紊地交换数据，就必须遵守一些事先约定好的规则。这些规则明确规定了所交换的数据格式以及有关的同步问题。这里所说的同步不是狭义的（即同频或同频同相）而是广义的，即在一定的条件下应当发生什么事件（如发送一个应答信息），因而同步含有时序的意思。这些为实现网络中的数据交换而建立的规则、标准或约定称为网络协议，网络协议也可简称为协议。

网络协议是计算机网络不可缺少的组成部分。

（二）网络协议的要素

网络协议由三方面要素构成。

（1）语义。语义是解释控制信息每个部分的意义。它规定了需要发出何种控制信息，以及完成的动作与做出什么样的响应。

（2）语法。语法是用户数据与控制信息的结构与格式，以及数据出现的顺序。

（3）时序。时序是对事件发生顺序的详细说明，有时也被称为"同步"。

简而言之，这三个要素在网络协议中的基本含义可以理解为：语义表示要做什么，语法表示要怎么做，时序表示做的顺序。

（三）网络协议的结构

由于网络节点之间联系的复杂性，在制定协议时，通常把复杂成分分解成一些简单成分，然后再将它们复合起来。最常用的复合技术就是层次方式，网络协议的层次结构如下。

（1）结构中的每一层都规定有明确的服务及接口标准。

（2）把用户的应用程序作为最高层。

（3）除了最高层外，中间的每一层都向上一层提供服务，同时又是下一层的用户。

大多数网络都采用分层的体系结构，每一层都建立在它的下层之上，向它的上一层提供一定的服务，而把如何实现这一服务的细节对上一层加以屏蔽。一台设备上的第 n 层与另一台设备上的第 n 层进行通信的规则就是第 n 层协议。在网络的各层中存在着许多协议，接收方和发送方同层的协议必须一致，否则一方将无法识别另一方发出的信息。

（四）开放系统互联参考模型

为了使不同计算机厂家生产的计算机能够相互通信，以便在更大的范围内建立计算机网络，国际标准化组织在 1978 年提出了"开放系统互联参考模型"（open system interconnection/reference model）。它将计算机网络体系结构的通信协议划分为七层，自下而上依次为：物理层（physical layer）、数据链路层（data link layer）、网络层（network layer）、传输层（transport layer）、会话层（session layer）、表示层（presentation layer）、应用层（application layer）。

其中第四层完成数据传送服务，上面三层面向用户。对于每一层，至少制定两项标准：服务定义和协议规范。前者给出了该层所提供的服务的准确定义，后者详细描述了该协议的动作和各种有关规程，以保证服务的提供。

（五）目前常用的网络协议

1. TCP/IP

TCP/IP（transmission control protocol/Internet protocol，传输控制协议/互联网协议）是互联网的基础协议，也是目前最流行的网络协议，但 TCP/IP 在局域网中的通信效率并不高，使用它在浏览"网上邻居"中的计算机时，经常会出现不能正常浏览的现象。此时安装 NetBEUI 协议就能解决这个问题。

2. NetBEUI

NetBEUI，即 NetBIOS enhanced user interface，或 NetBIOS 增强用户接口。它是 NetBIOS（network basic input output system，网络基本输入输出系统）协议的增强版本，曾被许多操作系统采用，如 Windows for Workgroup、Win 9x 系列、Windows NT 等。NetBEUI 协议在许多情形下很有用，是 Windows98 之前的操作系统的缺省协议。NetBEUI 协议是一种短小精悍、通信效率高的广播型协议，安装后不需要进行设置，特别适合于在"网上邻居"传送数据。所以建议除了 TCP/IP 之外，小型局域网的计算机也可以安上 NetBEUI 协议。

3. IPX[①]/SPX[②]协议

IPX/SPX 协议原本是专用于 NetWare 网络中的协议，但是也常用于联机游戏，比如星际争霸、反恐精英等。虽然这些游戏通过 TCP/IP 也能联机，但是通过 IPX/SPX 协议更方便。

第四节　工作流与群件系统

一、工作流的概念

在办公活动中，需要许多人的共同参与、协作，在不同的阶段，不同的参与者分别完成相应的工作项目，直至任务完成。这称为一个业务流程，包括若干工作环节以及业

---

① Internet work packet exchange，互联网络数据包交换。
② sequenced packet exchange protocol，序列分组交换协议。

务从起点到终点的"流动"的过程。例如，一份公文的发布，由起点（如拟文人员或收文人员）发起流程，经过本部门内部（内部审核、签署）以及其他相关部门的处理（会签），最终到达流程的终点（如发出文件）。这个过程，由特定的发起人发起，遵循公文办理的相关规则，在各环节间流动、转移，最终完成，就是一种典型的工作流。工作流涉及的内容主要是工作任务的整体处理过程、工作组成员间依据一组已定义的规则及已制定的共同目标所交换的文本书件、各种媒体信息或与任务相关的信息。

相应地，当使用计算机系统处理业务工作时，按照相关规定，设定业务软件的运行过程，以规范、标准的工作流为基本模式，在各项业务环节、岗位之间进行文档、信息或者任务传递，这称为"工作流技术"。这种技术的主要特征是在一定程度上实现业务流程的自动化，是近年来在计算机应用领域发展较为迅速的新技术之一。

二、工作流系统技术

在不同的技术平台、业务背景下，工作流技术采用的任务项传递机制不同，主要包括以下四类。

（1）基于文件的工作流系统——这是最早出现、发展最成熟，产品种类也最多的一类工作流系统，其主要特征是以共享文件为核心处理对象，通过文件在各个业务环节的传递和处理来完成业务。

（2）基于消息的工作流系统——有的情况下，在一些业务工作中，没有必要使用、传递文档，只需要进行简短的消息传递就可以达到目的，这种模式被称为基于消息的工作流系统。

（3）基于 Web 的工作流系统——万维网（World Wide Web，WWW）应用成熟后，通过标准的客户端就可以进行访问，而不必安装专用的客户端软件，还可以实现应用模块之间的无缝连接，所以 1995 年以后，许多供应商纷纷开发新产品或在原有产品的基础上增加对 Web 的支持。

（4）群件系统——这一类系统与前面三种有相当程度的重叠，但该类产品的主要特征在于其自有的包括消息传递、目录服务、安全管理、数据库与文档管理服务等应用架构，构成了一个相对完整的应用环境。

群件（Groupware）系统，就是由一群用户使用的应用程序。目前常用的微信、QQ等应用就是很好的群件例子。事实上，目前很多企业、单位的非涉密业务工作，都在诸如微信、QQ 等群件平台上进行。

第五节　现代信息技术前沿

一、大数据

2008 年，*Nature* 首次推出"Big Data"专刊，*Science* 于 2011 年推出"Dealing with Data"专刊，围绕科学研究中大数据的重要性展开讨论；2011 年，麦肯锡研究院发布了《大数据：创新、竞争和生产力的下一个前沿》（Big data：The next frontier for innovation，competition，and productivity）报告，系统分析了大数据的影响、关键技术和应用领域，提出大数据将会是带动未来生产力发展和创新以及消费需求增长的指向标；2012 年，美国政府发布了《大数据研究和发展倡议》，启动"大数据发展计划"，希望利用大数据技术在科学研究、环境、生物医学等领域保持领先优势。在国内，"大数据"不仅成为学术界研究的热点，也成了舆论关注的焦点，各地更纷纷掀起了发展"大数据产业"的热潮。

　　然而，目前学术界对于"大数据"的概念尚未形成一致意见，但是基本认同 IBM 提出的"3V"特征，即认为大数据之"大"体现在其规模（volume）、多样性（variety）和高速性（velocity）三个方面；在此基础上，诸如国际数据公司提出大数据在前述"3V"的基础上还应当具有价值性（value），构成了"4V"特征；维基百科进一步指出，大数据是指难以用常用的软件工具在可容忍时间内抓取、管理以及处理的数据集。针对各种不同的定义，孟小峰和慈祥提出："在面对实际问题时，不必过度地拘泥于具体的定义之中，在把握 3V 定义的基础上适当地考虑 4V 特征即可"①。

（一）"大数据"与数据库、数据仓库的区别与联系

　　"大数据"作为一种能够通过某些方法从中获取信息或知识的数据集，其提供数据访问的作用类似于数据库或数据仓库。但是，"大数据"与后两者之间存在着巨大的差异。

　　数据库与数据仓库都是遵循比较成熟的技术架构，利用高效、可靠的技术手段建立并应用的数据组织，其效果就是能够有效管理数据并提供访问、分析等功能。"大数据"则不然，即以其"3V"特征而论，"大数据"之"大"，不仅可能在数据的数量规模方面超出了当前常规的数据存储、管理、分析工具的处理能力上限，也可能由于其数据结构、形态、口径等方面的多样性超出了常规数据处理技术所能有效识别、管理的范围，还有可能由于其过高的流量导致常规技术难以对其进行有效的采样、留存。在现实应用中，上述差异主要体现在以下几个方面。

1. 构建/形成的目的性

　　从其产生的原因、构建的目的性来看，数据库和数据仓库是人们为了有效管理数据而专门设计的、面向特定应用的数据组织，其中，数据库一般而言面向某种特定的事务性应用，数据仓库则面向某种特定的数据分析主题（或主题集），两者的建立和应用都具有明确的目的性。大数据则是各领域应用信息技术过程中所积累的数据资源的泛指，在某种意义上可以认为是业务处理的"副产品"，其形成并非有意使然。

2. 数据的同构性

　　数据库作为面向专门目的而构建的数据组织，是具有严格组织结构、遵循明确约束规则的数据组织。例如，关系数据库中的数据组织必须严格遵循关系范式规则，满足数

---

① 孟小峰，慈祥. 大数据管理：概念、技术与挑战[J]. 计算机研究与发展，2013，50（1）：146-169.

据完整性的约束，数据库管理系统才能够有效管理其中数据并向用户提供数据服务。一个数据集中，如果其数据结构是一致的，称为"同构"，与之对称的概念是"异构"。数据仓库在结构方面相对于数据库可以比较灵活，但是其内部结构也必须符合其所面向的数据分析主题的业务需要以及预先设定的数据管理和访问的技术要求，而且其底层的数据管理、访问等功能一般就是由数据库提供。

而"大数据"则完全可能取自于各种互不相同的技术结构下的数据组织，所以其数据结构的有序性和一致性是不明确的，一个"大数据"可能是同构的，也可能是异构的。如果某个"大数据"完整复制于某个数据库或数据仓库，则它在内部结构方面是同构的，但是这些原有结构是否符合新的应用条件下的规范性要求，仍然是不确定的。

3. 数据内容的关联性

作为面向特定应用的数据库或数据仓库，其中的数据必然与其所服务的业务及其应用系统存在直接或间接的关联性，并表现为数据之间基于相关业务的逻辑联系，在一个具体的数据库或数据仓库中，所有数据在逻辑上都关联于其服务的业务主题。

尽管大部分"大数据"都来源于某种或某些业务应用的积累，其中的数据也在一定程度上具有指向相关业务的关联性。但是，由于"大数据"在数据边界、获取范围、应用目的等方面的不确定性，所以，某个"大数据"与其预期要服务的业务主题之间是否存在明确的关联性也是不确定的。

4. "大数据"的归宿

上文所述"大数据"与数据库、数据仓库之间在各方面的主要差异，意味着一个处于初始状态下的"大数据"，在面向某种业务主题展开应用之前，必须根据该应用主题的具体需求以及拟采用的具体技术的要求进行深入的整理和准备，使之从难以利用的"3V"状态转化为便于访问和处理的有序状态。这种可利用的有序状态，应该面向具体应用主题、有明确边界、内部逻辑一致、数据结构规范，也就是某种数据库或数据仓库。

（二）大数据的应用

大数据作为一种新型的社会资源，具备多方面的应用价值。安小米等将大数据的价值划分为生产价值、决策价值和资产价值，并指出："大数据的生产价值不仅指数据技术应用带来的生产效率提升，更指数据处理技术引发的生产关系及产业发展模式变革；大数据的决策价值主要指不同决策主体利用大数据分析结果提升决策制定效率及决策准确度的程度；而大数据资产价值不仅指大数据生产及决策价值所附带的商业价值，更指大数据采集者、处理者、所有者及使用者等角色对数据资产的权利义务分配关系。"[①]

大数据的应用，就是其价值在各个领域的实现过程，目前，大数据在经济领域的应

① 安小米，宋懿，郭明军，等. 政府大数据治理规则体系构建研究构想[J]. 图书情报工作，2018，62（9）：14-20.

用已经规模化为大数据产业，在管理决策领域的应用推动数据治理模式走向成熟，在社会生活中的应用则深入地改变了人们的生活方式。

二、云计算

随着互联网的迅速发展，近年来，云计算应用逐渐兴起。云计算是一种通过网络平台共享某些信息资源的应用和服务的新型服务模式。从云计算供给方的角度，这是一种将各种信息资源（包括软件、平台、基础设施、存储等方面的应用服务）通过网络平台进行整合、集成，并根据用户的需求，通过网络向用户提供在线的应用和服务，并能够对这些应用服务进行准确计量（作为对用户计费的依据）的服务交付模式。从用户的角度，云计算是一种通过网络以便利的方式获取信息技术资源，并按需计费的资源使用模式。云计算引发了软件开发部署模式的创新，成为承载各类应用的关键基础设施，并为大数据、物联网、人工智能等新兴领域的发展提供基础支撑[1]。

（一）云计算的技术原理

云计算技术体系结构分为四层：物理资源层、资源池层、管理中间件层和面向服务的架构（service-oriented architecture，SOA）构建层。物理资源层包括计算机、存储器、网络设施、数据库和软件等。资源池层是将大量相同类型的资源构成同构或接近同构的资源池，如计算资源池、数据资源池等。构建资源池更多是物理资源的集成和管理工作。管理中间件层负责对云计算的资源进行管理，并对众多应用任务进行调度，使资源能够高效、安全地为应用提供服务。SOA 构建层将云计算能力封装成标准的网络服务，并纳入到 SOA 体系进行管理和使用，包括服务注册、查找、访问和构建服务工作流等。管理中间件层和资源池层是云计算技术的最关键部分，SOA 构建层的功能更多依靠外部设施提供[2]。

云计算的管理中间件层负责资源管理、任务管理、用户管理和安全管理等工作。资源管理负责均衡地使用云资源节点，检测节点的故障并试图恢复或屏蔽之，并对资源的使用情况进行监视统计；任务管理负责执行用户或应用提交的任务，包括完成用户任务映象（image）的部署和管理、任务调度、任务执行、任务生命期管理等；用户管理是实现云计算商业模式的一个必不可少的环节，包括提供用户交互接口、管理和识别用户身份、创建用户程序的执行环境、对用户的使用进行计费等；安全管理保障云计算设施的整体安全，包括身份认证、访问授权、综合防护和安全审计等[2]。

云计算的实现机制是：用户交互接口允许用户从目录中选取并调用一个服务。该请求传递给系统管理模块后，它将为用户分配恰当的资源，然后调用配置工具来为用户准备运行环境。

① 工业和信息化部. 关于印发《云计算发展三年行动计划（2017—2019 年）》的通知[DB/OL]. https://www.miit.gov.cn/jgsj/xxjsfzs/zlgh/art/2020/art_fb1e14b54f234fc7b4f52c062b9d3d08.html[2019-07-20].
② 刘鹏. 云计算技术原理[DB/OL]. http://www.360doc.com/content/10/0716/16/1206606_39450383.shtml[2023-07-20].

（二）云计算的服务类型

作为一种共享服务模式，目前云计算可以通过网络向用户提供的信息资源主要有软件服务、应用平台服务和基础设施服务。

1. 软件服务（software as a service，SaaS）

顾名思义，这种类型的云计算为用户提供了某些软件的在线应用服务，用户既不必购买自己所需的软件产品，也不必在本地安装这些软件，只需用浏览器打开云计算服务供应商网站的软件应用界面，在线提交软件所需参数或需要处理的数据，就可以运行该软件。

2. 应用平台服务（platform as a service，PaaS）

应用平台服务是软件服务的拓展，服务提供商向用户在线提供由某些软硬件资源组合而成、具备一定的应用功能的应用平台服务，向用户提供应用软件的开发、测试、快速部署等服务，帮助用户快速实现更多应用功能。

3. 基础设施服务（infrastructure as a service，IaaS）

通过互联网向用户提供计算、存储、网络等基础设施资源，目前许多中小型企业和个人用户都购买这类基础设施服务，节省了直接购买这些设备的投资。

（三）云计算的优势

云计算供应商提供的信息资源可以多次重复使用，极大地提高了资源利用效率；而用户只需按照在线使用的计费标准向云计算供应商付费，这种费用一般而言远远低于直接购买这些资源的价格，所以用户也节省了成本。

三、人工智能

人工智能（artificial intelligence）是计算机科学的一个分支，它是研究、开发用于模拟、延伸和扩展人的智能的理论、方法、技术及应用系统的一门学科。

（一）人工智能的出现与发展

1949 年，加拿大心理学家唐纳德·赫布（Donald O. Hebb）在其著作《行为的组织》中，提出了后来被称为"Hebb 学习规则"的基于神经心理学的学习机制，这一成果被认为是人工智能领域的奠基之作。

1956 年，麦卡赛、明斯基、罗切斯特、申农等一批年轻学者聚会，共同研究和探讨用机器模拟智能的一系列有关问题，并首次提出了"人工智能"这一术语，它标志着"人工智能"这门新兴学科的正式诞生[①]。人工智能发展至今，已经成为一门体系庞大、与其他学科广泛交叉的前沿科学。

（二）人工智能研究的基本问题

人工智能的基本目的就是让计算机能够像人一样思考，具备类似于人的智能，从而能够像机械代替人的体力劳动那样，由计算机系统代替人的某些脑力劳动。由此出发，如果希望做出一台具备智能的机器，那就必须定义什么是智能，并通过逻辑计算实现这一过程。因此，从这个意义上说，人工智能研究的基本问题就是：什么是智能？它是如何实现的？

当人们面对一个计算机系统时，如何判断该系统是否具备智能呢？1950 年，阿兰·图灵提出了著名的"图灵测试"作为判定计算机系统是否具备智能的标准。图灵指出，如果一个人与一个计算机系统在互不见面的情况下（通过电传设备）进行有限次数的对话，而对话者不能根据对话的内容辨别对方是人类还是计算机，则这个计算机系统就具有智能。

2014 年 6 月，英国雷丁大学在伦敦皇家学会举办了一场"图灵测试"，一个俄罗斯团队开发的一款名为"尤金·古特曼"（Eugene Goostman）的软件系统成功让人类相信它是一个 13 岁的男孩，成为有史以来第一个通过"图灵测试"的计算机系统[②]。

（三）人工智能技术的主要应用领域

1. 人机对弈

棋类作为历史悠久的智力游戏，很早就被作为人工智能研究和应用的领域。1952 年，IBM 公司的亚瑟·塞缪尔开发了一款跳棋软件，该软件对棋局具有一定的分析和学习能力，其积累的"经验"会随着对弈次数的增加而越来越丰富。由此，塞缪尔驳倒了当时一些学者认为机器无法超越人类的说法，还提出了"机器学习"的概念，即"需要显式编程就可以为计算机赋予新的能力的研究领域"。

1997 年 5 月 11 日，IBM 公司开发的计算机系统"深蓝"以 3.5∶2.5（1 负 2 胜 3 平）的比分战胜了国际象棋世界冠军加里·卡斯帕罗夫[③]。

2. 模式识别

在人工智能领域，同一类对象客体所具有的某些可以与其他类型的对象相互区别的共性特征被称为该类对象的"模式"，例如，我们可以从不同的距离、不同的角度、在不

① 彭瑞敏，周建设. 语言智能的领跑者[J]. 教育家，2017，(36)：8-11.

② 古天龙，李龙. 伦理智能体及其设计：现状和展望[J]. 计算机学报，2021，44（03）：632-651.

③ 莲玉. "深蓝"：IBM 的骄子[J]. 科学中国人，1997，(9)：26-29.

同的光照环境下认出同一个人；我们可以听懂以不同口音、不同腔调说出来的同一句话。这种在不同情况下对对象特征进行识别的依据，就是该对象的"模式"。这个识别的过程，就是"模式识别"。一个计算机系统如果具备一定的模式识别能力，也就具备了一定程度的环境感知和对象识别能力，可以在很多场合中代替人工。

目前，模式识别的主要应用领域包括但不限于指纹识别、人像识别、语音识别、文字识别等，并进一步应用于诸如自动工程、自动驾驶等。

3. 知识工程

目前，在人工智能领域的研究和实践中，存在着一些具有共性特征的、关于知识的基本规律或问题，知识工程就是以此为主要研究对象的一门新兴学科，它以人们在智能研究领域中形成的一些关于知识的挖掘、归纳、应用等方面的共性特征为核心，凝练成为指导具体研制各类智能系统的一般方法和基本工具，形成了一门具有方法论意义的科学。

目前，知识工程的主要应用包括但不限于：专家系统、智能搜索引擎、计算机视觉和图像处理、机器翻译和自然语言理解、数据挖掘和知识发现等[①]。

以上介绍的一些人工智能领域的技术成就，说明该领域的一些技术成果已经或即将具备在某些方面替代甚至超越人工的能力，这也就意味着当前和未来，越来越多的人工智能技术应用将广泛进入现实生活之中，例如，目前智能手机普遍具备的人脸识别、语音识别与文字转换等常用功能，就是人工智能技术应用的例子。

四、物联网

（一）物联网的基本概念

互联网的出现，使得人们不需要见面就可以通过互联网进行信息交换、业务处理，从而极大地改变了传统的生活、生产模式。但是，传统互联网本质上是"人联网"，即通过互联网相互连接的主体是人，互联网的主要作用还是服务于人与人之间的沟通和联系。

在现代生产、生活中，还有大量的工具、设备、设施需要人们去操作、控制。在现代技术条件下，很多设备已经实现了一定程度的自动化控制，操作人员只需要通过控制设备输入控制参数，设备就可以根据指令自动运行。在此基础上，通过互联网在人与智能设备甚至智能设备之间进行信息交换，实现"人-物联网""物-物联网"，提供远程智能感知、远程操纵控制、联网协调等功能，就自然地成为互联网未来发展的方向。

物联网将极大地拓展网络技术的应用范围，推动物联网产业的形成与发展，深刻改变当代社会的生活、生产模式。未来的物联网将真正覆盖全球的各个角落，它对人类社会的影响将远远超过现有的互联网，成为支撑全球经济社会系统运行的重要平台，也将成为国际经济、技术竞争的制高点。目前，具备竞争实力的国家已经蓄势待发。围绕物联网的竞争很有可能引发新一轮的技术革命，进而传导到社会经济的各个方面，深刻改变世界经济格局。

① 徐磊之. 人工智能基本知识的一些了解：你我都能了解到的一门科学[J]. 科技致富向导，2011，（36）：72.

（二）物联网产业

物联网产业是物联网技术对传统产业进行改造、升级的产物，它使制造业的原有产品智能化并通过网络与其他设备、用户或服务提供商建立直接的联系，借此实现对产品的在线检测维护、操纵控制以及设备功能的协调配合、智能制造等功能，在很大程度上拓展了原有产品的功能以及与之相关的服务，从而提高了产品的效用，增加了产品的附加值，并进一步开拓新的应用与服务市场，将原有产品的终端消费市场延伸到物联网平台。与目前移动电话产品市场格局中具备移动接入互联网功能的智能手机独占鳌头的情况类似，未来支持接入物联网的各类智能化产品将在同类产品中占据市场优势地位。对于各类产品原有的产业链而言，与物联网相关的产品加工制造、零配件生产、基于物联网的销售及服务、物联网应用等新兴的经济活动构成了它的新环节。从价值链的角度看，物联网将使得供应商价值链从以质量保障为中心的售后服务延伸至以产品在线检测、应用升级、功能拓展等领域的售后再销售、再服务环节；将企业价值链从产品销售出厂延伸至产品全生命周期的维护与管理；将渠道价值链延伸至物联网平台；将买方价值链从单一产品的固定功能延伸至一个不断扩展的产品、企业、服务互联的网络。

可以预见，未来具备支持接入物联网功能将成为许多产品进入市场的必备条件，这就要求这些产品不但必须在入网功能方面符合相关的技术规范，而且还要满足与其他联网产品相一致的控制特性和功能要求。因此，物联网将在客观上对各行业产生市场控制和技术约束作用，物联网产业潜在的经济价值不仅包含物联网服务和产品本身，还包括通过它所连接的各行业的利益。

五、区块链

（一）区块链的基本概念

在现代经济活动中，特别是基于互联网进行的各类交易中，交易双方往往缺乏了解，一般需要借助双方均信任的第三方机构（如银行、电子商务平台、大型企业等），通过某种授信或认证机制以保障交易的顺利进行。但是，在这种交易模式下，承担着多方信任的第三方机构可能成为风险聚集的中心，一旦某种风险爆发，就可能由信用中心迅速扩散、波及所有相关各方，造成巨大损失。例如，美国在当代国际金融市场中占据着中心地位，而金融业在现代市场体系中又居于核心地位。2007年在美国爆发的"次贷危机"在严重打击美国金融业的同时还迅速波及全球，从金融行业蔓延至其他行业，对世界经济产生了巨大的破坏性影响。就危机产生的原因而言，参与某项经济行为的各方之间往往存在着关于该项行为的信息的不对称，可能导致部分参与者遭受损失。"次贷危机"正是美国金融监管制度缺失，金融投机者弄虚作假、营造次级贷市场泡沫所致。基于对上述现象的反思，人们意识到，"去中心化"和信息透明可能是解决上述问题的一种方案。

2008 年 11 月 1 日，一篇署名为"Satoshi Nakamoto"（中本聪）①的论文《比特币：一种点对点的电子现金系统》（Bitcoin：A peer-to-peer electronic cash system）发表在"metzdowd.com"网站的密码学邮件列表中，文中描述了如何创建一套去中心化的电子交易体系，而且这种体系不需要建立在交易双方相互信任的基础之上。以此为基础，2009 年，中本聪发布了首个基于区块链技术的"比特币"（Bitcoin）。

（二）区块链技术的基本原理

区块链本质上是一种在互联网环境下、不需要第三方中介参与就能够进行可靠交易的技术机制。

在一个区块链系统中，基本的交易运行步骤具体如下。

（1）交易发起者向全链广播将要进行的交易相关信息。

（2）每一个节点都将收到的广播信息记为一个区块。

（3）每个节点都通过某种机制证明自己的工作量（算力）。

（4）当一个节点找到了一个工作量证明，它就向全网进行广播。

（5）当且仅当包含在该区块中的所有交易都是有效的且之前未存在过的，其他节点才认同该区块的有效性。

（6）其他节点表示它们接受该区块，在链条末端制造新的区块。

（三）区块链技术的主要特征

1. 去中心化

通过去中心化来分散风险的设计思想并非始于区块链，如上文所述，现代互联网的原型"ARPANET"就是美国国防部为避免其军队指挥中心被核武器一次性摧毁而设计的一种去中心化的通信网络。

中本聪在《比特币：一种点对点的电子现金系统》中提出的比特币系统的去中心化特征具体表现为："这样一种电子支付系统，它基于密码学原理而不基于信用，使得任何达成一致的双方，能够直接进行支付，从而不需要第三方中介的参与。"

2. 信息共享

区块链技术在本质上是一种通过冗余存储实现信息共享的机制，通过"全网见证"实现所有信息的"如实记录"，在一个链的内部，每一笔记录的增加、删除、修改都是由所有用户见证、参与的，所有的信息都是在用户之间共享的。由此，用户之间不存在信息不对称的问题，也不需要进行相互间的信息交换、查询。当区块链技术应用于公共服务领域时，可以提高各部门之间信息共享的程度，减少由于部门之间的信息不对称而产生的各种不必要的社会成本。

---

① "Satoshi Nakamoto"（中本聪）是一个化名，其真实身份众说纷纭，究竟是一个人还是一个团队也尚不为人所知。

3. 保存证据

区块链技术通过数据的分布式存储和共同协商的数据处理机制，在很大程度上提高了信息的透明度。原则上，只有经过一半以上用户的认同和集体见证，才能对某项记录进行修改、删除，使得区块链数据在一定程度上实现了"不可篡改"，为经济社会领域很多需要留存证据或需要公证的问题提供了解决方案。一方面，此种机制可以有效确保信息的真实性、有效性；另一方面，也在一定程度上确保了数据所记录的相关行为的可追溯性和不可抵赖性。

4. 公共信任

中本聪提出区块链技术的初衷，就是建立一种不需要依赖第三方中介的"去信任化"的技术机制。而事实上，"信任"依然是现实世界中各项社会经济行为的心理基础，只不过在特定的条件下，人们对第三方中介的信任转化为对特定技术机制的信任，即人们基于对区块链技术的了解及其所具备的上述特征的认可，形成对基于这种技术构建的某种系统的信任，从而参与其中。从这个意义上，区块链技术从技术的角度，提供了一种公共信任的供给机制。区块链创造了信任，因为存储于其中的信息和数据不可篡改并全网见证，从而使得信任不需要第三方机构背书，能够通过点对点自动完成。

第二部分　信息化建设

第四章　信息化建设项目管理

第一节　项目管理简介

项目管理是管理主体为达到某种具体任务目标，运用系统的理论和方法，对有限的资源进行集中、整合并统一运用，对该项任务的工作进行自始至终的全过程计划、组织、指挥、协调、控制、评价和改进的一种管理方法。项目管理的理念诞生于第二次世界大战后期，在系统工程和优选法这两大理论体系的基础上发展起来。[①]

一般情况下，企业组织或行政机构的常态是部门分设、职能分工，这样的管理模式有利于各部门分别处理各自职能分工范围内的事务，便于大量事务性、日常性工作的顺利开展。但是当面临一项需要多部门协调配合才能完成的、工作量较大、配合环节较多、协调机制复杂的任务时，常规的部门分工就可能影响工作的效率。在这种情况下，就需要对有限的资源进行整合，建立面向任务需求的组织模式，即项目管理。

项目管理的具体做法是：根据项目工作的需要，打破部门划分，从不同职能部门抽调精干成员组成项目团队；打破职务的限制，任命项目团队的负责人；打破日常工作的分工，根据任务需求、工作计划和人员专长对项目团队成员进行重新分工；打破常规工作的程序，根据任务需要，建立项目团队的工作制度、规程和要求；以项目需求为工作目标。在管理方式上，项目的管理团队参与项目的需求确定、项目选择、计划直至收尾的全过程，对项目（各环节）的时间、成本、质量、风险、合同、采购、人力资源等各个方面进行全方位的管理。这样的组织管理模式可以充分发挥管理团队成员的积极性和专业能力，实现对有限资源的高效运用和团队成员之间的高效协调，特别有利于处理诸如大型工程项目这样包括多领域专业问题、需要多方面协调配合的复杂问题，提高项目的建设或实施效率。

目前，项目管理已经成为信息化建设领域通行的管理模式，在包括财政、税务部门在内的政府部门信息化建设中，广泛应用于诸如应用系统开发及推广、网络建设等阶段性任务的管理中。对于建设主体单位而言，此类任务并非该单位的常规业务，在建设过程中对于内部各部门的工作要求、协调配合机制也不同于日常工作，而且还需要业务部门（用户）与技术部门（开发方）持续、有效地协调。在这种情况下，就有必要从各相关职能部门抽调人员，组成专门的工作团队（如果存在外购的情况，一般还应包括开发、供应商的相关人员），以项目管理的模式开展此项工作。

在现代，一些规模较大、结构复杂的项目常被称为"工程"，以区别于规模较小的项目。例如，我国20世纪90年代开始进行的"金税工程"。在金税工程的建设过程中，就

[①] 夏征农，陈至立. 辞海：缩印本[M]. 上海：上海辞书出版社，2014年9月第9次印刷.

运用了项目管理的思想和方法,具体参见国家税务总局于 2009 年印发的《金税三期工程管理办法》(国税发〔2009〕143 号)及相关规程,包括:《金税三期工程资金管理规程》(试行)、《金税三期工程项目管理规程》(试行)、《金税三期工程采购管理规程》(试行)、《金税三期工程后勤管理规程》(试行)、《金税三期工程档案管理规程》(试行)和《金税三期工程资金支付审批流程》(试行)等。

第二节　软　件　工　程

　　软件,是指存储在特定介质上、按照特定方式组织、能够为计算机所识别并遵循、运行的计算机数据和指令的集合。一般情况下,为某一目的而开发的一系列程序构成一个系统,服务于特定的应用,这样的一组程序,一般被称为一个软件系统。如果这种软件系统是作为商品而开发出来的,就成为一种特殊的产品或商品。这种专门为顾客进行软件产品开发的行业,就是软件行业。软件行业是计算机程序设计发展到一定规模并且逐步产品化的结果,该行业经历了程序设计阶段、软件设计阶段和软件工程阶段的发展过程。

　　软件工程作为一个学科,是研究如何将成熟的管理模式与技术方法相结合,以系统的、规范的、可定量的过程化方法开发和维护软件的方法论体系;在实践中,可以认为是项目管理的理念及方法在软件系统的开发领域的具体应用。

　　软件工程涉及系统平台、数据库、软件开发工具、网络环境、开发标准、设计模式等多方面的因素,不同专业领域的人往往从各自的专业视角和实践过程认识软件工程,《计算机科学技术百科全书》将其定义为:"软件工程是应用计算机科学、数学、逻辑学及管理科学等原理,开发软件的工程。软件工程借鉴传统工程的原则、方法,以提高质量、降低成本和改进算法。其中,计算机科学、数学用于构建模型与算法,工程科学用于制定规范、设计范型、评估成本及确定权衡,管理科学用于计划、资源、质量、成本等方面的管理。"[1]

一、软件工程的发展

(一)程序设计阶段

　　20 世纪 40 年代中期至 50 年代中期,随着第一代通用计算机的出现,计算机程序设计也随之出现。但在这一时期,一方面,计算机程序还与硬件设备紧密联系,采用密切依赖于计算机的机器代码或汇编语言,不构成一种相对独立于后者的"软件";另一方面,计算机在这一阶段基本用于科学计算,程序设计只是服务于计算目的的一个工作环节,程序规模比较小,程序设计追求存储空间的节省和运行效率的优化,基本上没有可复用的文档。总之,在这一阶段,还谈不上软件的开发。

① 张效祥. 计算机科学技术百科全书[M]. 3 版. 北京:清华大学出版社,2018.

（二）软件设计阶段

20世纪50年代末至70年代初，计算机在发达国家的一些行业的应用已经比较普及，用途已经不仅限于科学计算，而是延伸到各行业的业务领域，通过强大的计算能力处理各种涉及计算、分析的领域问题。相应地，一些掌握计算机程序设计技能的人员开始向各类计算机用户提供程序开发的专业技术服务，并以独立于计算机硬件的软件产品的形式向用户交付其劳动成果，由此产生了"软件产品"的概念以及专业开发此类产品的行业。这是传统的计算机技术行业的一次重要的分工，计算机硬件的生产者、软件的开发者和用户有了明确的分野。但软件开发的模式还没有重大变化，开发的效率和产品质量还不高，导致了"软件危机"的爆发与"软件工程"的提出。

"软件危机"的爆发与"软件工程"的提出

20世纪60年代中期，随着计算机硬件处理能力的不断提高，计算机的应用范围也迅速扩大到各行各业。在应用范围拓展的同时，越来越多的用户希望将计算机应用于解决各自专业领域及行业应用的具体问题，而不必花费大量的时间和精力去理解计算机运行的底层逻辑并在此基础上学习计算机程序设计。为此，在用户与硬件设备之间发挥桥梁作用的操作系统、为用户管理数据的第一代数据库系统以及独立于硬件系统而专注于过程的高级语言都已出现。上述发展又促进了各行各业对计算机应用的需求，促使软件开发的数量急剧增长，软件系统的规模越来越大，复杂程度越来越高，软件开发的成功率、可靠性等问题也越来越突出，原来带有强烈个人风格的程序设计模式越来越难以适应大规模软件的协同开发和持续维护的需要，计算机软件行业迫切需要改变软件生产方式，即所谓的"软件危机"。

1968年，北大西洋公约组织召集了一批计算机行业的专业人员、科学家和业界企业家，在联邦德国召开会议，寻求解决"软件危机"的对策。在这次会议上，"软件工程"的概念被作为解决软件危机的方案设想提出，并作为正式的术语被确定下来。

（三）软件工程阶段

如上，"软件危机"迫使人们研究、改变软件产品生产的组织模式和管理方法，在此期间，计算机硬件也分别向着巨型化、微型化、网络化和智能化等发展，数据库技术已成熟并广泛应用，新的程序设计语言和方法也已出现。在此基础上，软件开发进入了工程化阶段。软件工程主要包括以下环节。

1. 需求分析

需求，是指软件用户对软件在功能、性能、使用等方面的具体要求，主要解决：用户要求该系统处理哪些业务（即"做什么"的问题）、对每一项业务如何处理（解决"怎么做"的问题）、对各项业务处理的具体要求（解决"做到什么程度"的问题）以及相关的非功能性要求，如软件的可用性、可移植性、完整性、效率和健壮性等各种非功能特性，系统界面，系统设计与实现的各种约束条件等。

需求分析，就是划清正在开发的软件系统的功能边界、明确软件的各项业务处理流程、确定各项性能要求的过程。这一阶段，也是软件开发技术人员与软件产品未来用户之间交换关于该软件产品的想法、意见并形成共识的阶段，由于双方（甚至可能是多方）在专业领域、所属行业等方面存在着巨大的差距，这个过程可能会比较漫长而持久，甚至可能成为软件开发过程中最为耗时的环节。

需求分析阶段的成果，是形成书面的需求分析报告和软件开发方案。

2. 软件开发

软件开发，是程序员在软件开发工具的支持下，基于软件开发方案，将用户需求实现为软件系统的过程。这一阶段的成果，就是初步完成开发的软件产品。

经过数十年的发展，软件开发领域形成了一些比较成熟的开发模式，如生命周期法、原型化方法、面向对象方法等。

1）生命周期法

生命周期法也被称为结构化开发方法、面向功能或面向数据流的系统开发方法，是20世纪80年代广泛使用的开发模式。顾名思义，这类开发模式基于用户提出的功能需求，以系统的基本结构为出发点，采用结构化、模块化的开发思想，自顶向下开展系统设计和开发。生命周期法的主要优点是开发过程强调整体性和全局性，与用户需求紧密贴合，这种设计思想也符合人们基于功能需求进行系统开发的常规思维模式。

生命周期法的核心思想是按结构将问题分解、化简，将功能的实现与设计分开，便于分工协作，即采用结构化的分析与设计方法将逻辑实现与物理实现分开。在具体的开发方法上，将开发过程划分为前后衔接的几个阶段，每个阶段有各自相对独立的任务和目标，从而降低了系统开发的复杂性，提高了各个环节的成功率。例如，作为结构化开发方法典型代表的瀑布模型就将软件生命周期划分为制订计划、需求分析、软件设计、程序编写、软件测试和运行维护等六个前后衔接的阶段，各阶段自上而下如瀑布流水，故此得名。

但是，这种线性的开发模式导致其开发周期较长，各阶段不能同时进行，前一阶段发生的问题、错误还会带入后一阶段，难以适应软件功能需要经常调整的要求，也不支持重复开发。整体而言，这种开发模式效率相对较低，一般只适合于一些规模较小的系统开发。

2）原型化方法

如上所述，生命周期法是一种与用户需求紧密结合的开发方法，这种方法的应用，要求用户能够基于自己的业务，对软件系统提出明确、系统、完整的需求，并且能够预见到该软件在未来的应用过程中可能发生的各种主要问题，否则该软件就很可能经受不住现实业务的考验。对此，在软件开发过程中，有必要强化开发人员与用户之间的交流，并且使之成为软件开发过程中的一个不可缺少的过程。在此类开发方法中，原型化方法比较有代表性。原型化方法是用户和软件开发人员之间进行的一种交互过程，适用于需求不确定性高的系统。由于用户深度参与了系统的开发过程，所以软件开发完成后，用户已经对该软件相当熟悉，减少了试运行阶段的磨合成本，有利于软件产品的成功应用。

然而，在现实中，很多潜在的软件用户虽然很熟悉自己的业务，但是他们未必认真思考过自己需要什么样的软件，而且每个潜在用户的想法也未必一致，同行的设想之间还可能存在较大的差异。对于此类需求不明的用户，很难采取结构化的开发模式。对此，软件开发行业采取了一种灵活的"开发＋推销"模式：根据潜在用户提出的比较模糊的需求，或者在已有的软件产品基础上，开发一些比较小规模的、只具备部分演示功能的软件"原型"或者"示范"（在 IT 行业，这种用于展示、推销的软件常常被称为"DEMO"，即"demonstration"的缩写），使用户能够基于一个模型来思考、分析自己的业务需求，而开发商则在此基础上，根据用户提出的设想，不断对该模型进行修改、调整，逐步完善，最终完成软件产品的开发。这种开发模式，被称为"快速原型法"，即在一组基本需求的基础上，通过分析构造出待建的原型版本，然后根据用户在使用原型的过程中提出的意见对原型进行修改，从而得到原型的更新版本，上述"修改—试用—反馈"的过程反复进行，直至得到满足顾客需求的系统。

3）面向对象方法

面向对象方法是建立在"对象"概念基础上的软件开发方法学，其核心概念"对象"是由数据和容许的操作组成的封装体，可以看作一种预先设计好的模块。对象与客观实体相对应，一组具有相似性质的对象构成一个对象"类"。每一个（类）对象具有确定的属性和操作（可以是预先设定的，也可以在开发阶段进行设定），这些属性和操作描述了该对象所对应的实体的特征。

面向对象方法是一种把面向对象的思想应用于软件开发过程中，指导开发活动的系统方法，其开发过程是：开发者根据需要，从开发平台提供的或自己积累的各种对象中选取适用的，作为开发原型，结合具体需要进行调整，设定对象之间的业务逻辑和行为逻辑，即可基本完成开发。20 世纪 80 年代以来，面向对象的开发方法和理念广泛应用于程序设计、形式定义、设计方法学、操作系统、分布式系统、人工智能、实时系统、数据库、人机接口、计算机体系结构以及并发工程、综合集成工程等，在许多领域的应用都得到了很大的发展。

3. 测试阶段

软件产品的开发基本完成后，还需要通过一系列的测试以确认其是否能满足用户的需求。软件测试的基本方法有"黑盒测试"和"白盒测试"。

1）黑盒测试

顾名思义，黑盒测试，就是把软件系统看作一个不透明的盒子，在不考虑其内部逻辑的前提下，从用户的角度，从输入数据与输出数据的对应关系出发，对其每个功能是否都能正常使用进行验证，所以黑盒测试也称功能测试。

2）白盒测试

与黑盒测试相对应，白盒测试是在软件内部逻辑的基础上进行的测试，所以也被称为结构测试或逻辑驱动测试。

二、软件工程的基本目标

相对于小作坊式的程序设计而言，软件工程是一种更为规范、严谨、高效，并强调协调配合的软件开发过程，其追求的基本目标是：在给定成本、进度的前提下，开发出符合用户提出的各项性能要求的软件产品，这些要求主要包括：软件的适用性、有效性、可修改性、可靠性、可理解性、可维护性、可重用性、可移植性、可追踪性、可互操作性等。

第三节　系　统　维　护

一个软件产品经过开发、测试，投入实际应用后，在其生命周期的运行过程中，还需要维护、更新，以满足用户的需求。为了纠正软件系统运行中发生的故障和错误，维护人员要对系统进行必要的修改与完善；为了使系统适应用户环境的变化，满足新提出的需要，也要对原系统做些局部的更新，这些工作称为系统维护。一个软件系统的生命期短则 1～3 年，长则可达 10 年以上，在信息系统的整个使用寿命中，都将伴随着系统维护工作的进行。系统维护的目的是要保证软件系统正常而可靠地运行，并能使系统不断得到改善和提高。因此，系统维护的任务就是要有计划、有组织地对系统进行必要的改动，以保证系统中的各个要素随着环境的变化始终处于最新的、正确的工作状态。对该软件产品应用期间所发生的各种问题、故障及其处理情况，用户的反馈、意见和建议等，形成软件问题报告和软件修改报告等文档，记录发现软件错误的情况以及修改软件的过程。这些文档是对该软件持续改进的主要依据，也将成为下一代软件开发的重要参考。

随着信息系统应用的深入，系统使用寿命的延长，系统维护的工作量越来越大、维护工作的复杂程度也随之上升。在整个软件系统生命周期中，用于系统维护的费用往往会超过开发费用。有人以"冰山"来比喻系统开发与维护的关系：系统开发工作如同冰山露出水面的部分，容易被人看到而得到重视；而系统维护工作如同冰山浸在水下的部分，体积远比露出水面的部分大得多，但由于不易被人看到而常被忽视。系统维护工作的目标就是为用户提供一个能够正常使用的软件系统，而且在系统维护过程中还要尽量避免对软件正常运行的干扰，所以，在某种意义上，最好的系统维护对于用户而言应该是"透明"的。然而，这种"透明"特性也使得系统维护工作常被一般用户所忽视，往往导致这项工作分配不到充分的资源。另外，相对具有"开创性"的系统开发而言，系统维护工作属于"守成性"工作，创新性不强，工作成绩不显著，但系统维护是信息系统可靠运行的重要技术保障，必须给予足够的重视。

一、系统维护的主要内容

系统维护是面向系统中各个构成因素的，按照维护对象不同，系统维护的内容可分为以下几类。

（一）应用软件维护

应用软件是软件系统发挥功能的核心部分，也是在实际运行中与硬件设备、数据资料、操作人员、服务对象以及环境因素直接接触的部分，发生错误、故障的可能性较大，所以应用软件维护是系统维护的主要内容。应用软件维护的主要内容是对相应的应用程序及有关文档进行的修改和完善。

（二）数据维护

数据是软件系统处理的基本对象，也是软件系统运行中处于不断流动、变化的部分，业务标准差异、处理逻辑错误、人员操作失误、传输故障等会造成数据错误，进而导致系统运行错误。因此，数据管理的质量和效率，直接影响着系统能否正常运行。现代软件系统中，数据库是数据管理的核心部分，是支撑业务运行的基础平台，需要定期检查运行状态。业务处理对数据的需求是不断发生变化的，除了系统中主体业务数据的定期正常更新外，还有许多数据需要进行不定期的更新，或随环境或业务的变化而进行调整，以及数据内容的增加、数据结构的调整。此外，数据的备份与恢复等，都是数据维护的工作内容。

（三）编码维护

在软件系统中，编码是对系统处理的业务对象的标识，也包括了对象的一些基本信息，如学生选课系统中，学号就是每一名学生的唯一标识，课程编号就是每一门课程的唯一标识，而一所大学可能有若干开课单位（学院），所以在课程编码中一般需要用某几位表示开设该课程的单位。在软件系统运行中，随着业务范围、工作环境等因素的变化，原来设置的编码系统及其与对象的对应规则可能需要进行增加、删除、修改等处理，例如，当某些大学实现了校际课程互选，学生可选修课程的范围从本校内部所开课程扩展到外校的课程时，选课系统中的课程编码可能就需要进行相应的修改，增加开课学校等原来所没有包括的信息。所以，编码维护工作的主要内容就是对原有的编码进行的扩充、添加或删除等。

（四）硬件设备维护

硬件设备是软件系统运行的物质基础，也是系统中容易发生故障的部分，硬件的老化、氧化、烧蚀等原因都可能引起设备故障，导致系统不能正常运行。所以，在系统运行中，需要对主机及各类其他设备进行清洗、润滑、检修或更换易损部件等，这些工作都应由专人负责，定期进行，以保证系统正常有效地工作。

二、系统维护的类型

根据软件维护活动的工作目的，可以将软件维护分为五个基本类型：纠错性维护、适应性维护、完善性维护、预防性维护和其他类型的维护。

（一）纠错性维护

由于软件的设计、开发和测试过程基本上不可能穷尽该软件在未来应用中可能遇到的所有问题，所以一个软件产品在投入应用后常常需要针对此前尚未发现或未考虑到的问题进行修改，以纠正其功能、流程等方面的错误。

（二）适应性维护

适应性维护是指使应用软件适应应用环境变化、信息技术升级和管理需求变化而进行的修改。根据著名的"摩尔定律"[①]，计算机硬件价格不断下降，计算性能则不断提高，人们常常为改善系统硬件环境和运行环境而产生系统更新换代的需求。与此同时，软件用户的外部环境和管理需求的不断变化也使得各级管理人员不断提出新的信息需求。这些因素都导致适应性维护工作的产生。

（三）完善性维护

完善性维护是在纠错性维护、适应性维护的基础上，为扩充软件功能和改善性能而进行的修改，主要是指对已有的软件系统增加一些在系统分析和设计阶段中没有规定的功能与性能特征。另外，还包括对处理效率和编写程序的改进。

（四）预防性维护

对于一个正在运行中的软件系统，为使之适应可预见的未来可能发生的应用需求、应用环境或其他方面的变化而进行的维护，称为预防性维护。预防性维护可以改进应用软件的可靠性和可维护性，适应未来的软硬件环境的变化，主动增加预防性的新的功能，

---

① 1965年4月19日，*Electronics*杂志第114页发表了时任仙童半导体公司工程师、此后的英特尔公司创始人之一戈登·摩尔的文章《让集成电路填满更多的组件》，文中预言半导体芯片上集成的晶体管和电阻数量将每年增加一倍。1975年，摩尔在电气与电子工程师协会（Institute of Electrical and Electronics Engineers，IEEE）国际电子组件大会上提交了一篇论文，根据当时的实际情况对摩尔定律进行了修正，把"每年增加一倍"改为"每两年增加一倍"。人们由此演绎出"摩尔定律"，但说法不一，主要有以下三种版本：一是集成电路芯片上所集成的电路的数目，每隔18个月就翻一倍；二是微处理器的性能每隔18个月提高一倍，或价格下降一半；三是用同一个价格所能买到的计算机性能，每隔18个月翻两倍。

以使应用系统适应各类变化。例如，杀毒软件更新病毒特征库，以预防计算机可能遭遇的新型病毒的攻击。

（五）其他类型的维护

在软件的开发、运行过程中，除了上述各类维护外，有时候还需要进行一些其他类型的维护，例如，为使用户单位操作人员掌握新软件的操作而进行的操作培训，就属于支援性维护。

第五章　数据治理

第一节　数据及其客观存在方式

一、关于"数据"概念的探讨

读者不妨将数据理解为描述事物的记录符号。这里讨论的数据，除了包含一般意义上的数字、数值之外，还包含其他描述事物的形式，如计算机技术领域最基本的表达方式：代码，生活和学习中经常应用的文字、数据表格、图像、音频、视频等，也可以是记录和符号的集合，这些数据经过数字化处理后可以存储到计算机系统中供用户进行加工和利用。在现实应用中描述一个事物时，除了以适当的记录符号来构成数据的形式以外，还要以适当的方式给出对数据的解释。例如 001 这个数据，如果不加说明，不同的人就会对它有不同的理解，谁也不知道它描述的对象是什么，从而失去了描述事物的功能，而当这种描述具备了时空统一性、有具体的含义时，就成为"信息"。例如一户纳税人的登记资料就由税务登记证号、名称、地址、经营范围、电话号码和法人代表等从不同方面描述该纳税人的信息资料集合而成，其中的每一个数据都遵循特定的形式规范，包括采用的符号系统、编码规则、语法等，同时，每个数据都有明确的语义及其识别规范，使之在同类数据集中与同类数据相互区别。所以，信息是形式和含义的统一，缺一不可。某一领域的某些相互关联的信息经过一定程度的整理、归纳、抽象和系统化，并经过验证，就成为该领域的"知识"。

然而，在现实语境下，人们所说的"数据"含义则比较模糊，有时候指各类不同形态的信息或知识的载体，如图书馆的藏书、行业数据库、上市公司公布的财务报表等；有的时候，在诸如"数据产品""数据服务"等说法中，"数据"又被直接用于指称某种信息或知识；在当代，"大数据"一词被用于描述互联网环境下的新思维、新方式、新能力、新权益、新资源和新基础设施，[①]具有了更为丰富的内涵。

从信息化建设的现实需要出发，本章"数据治理"中的"数据"是指信息系统的工作对象，也就是现实环境中以各种形式存在的数据资源。

二、数据的流动性特征

在现实世界中，不论是在时间维度上，还是在社会经济运行的进程中，数据都处于运动状态之中，我们称之为流动特征。数据的流动特征可以从以下几个方面来理解。

首先是数据在经济社会活动中的流动。数据被使用的过程，也就是其流动的过程。

---

① 安小米，宋懿，郭明军，等. 政府大数据治理规则体系构建研究构想[J]. 图书情报工作，2018，62（9）：14-20.

在现代科学技术条件下，如果抽象掉各类管理业务的内容差别，管理部门天天面对、人人面对的处理对象，或者说劳动资料，主要就是信息流。

其次是数据在时间维度上的流动。事物总是随着时间的推进处于不断的运动、发展、变化之中，当社会经济活动、人们的生活随着时间的推进而发展变化时，数据作为对事物的客观描述，必然会发生相应的变化，从而在时间维度上表现为流动的状态。人们对某一事物当前状态的描述是发生在当前时间的，相对于该事物的某一既往状态，这个描述的出发点是沿着时间维度不断向前推移的；而人们对事物以往某一状态的描述，虽然相对于时间维度是静止的，但相对于随着时间不断前进的当前状态而言，这个描述正沿着时间轴向后推移。此外，人们所采用的描述对象的模式（包括标准、方法、角度、粒度、量纲等）可能会随着社会的发展而发生一些变化，如某些统计口径的变化等，由此会造成对同一对象不同时期的描述的变化。数据随着时间的推移而发生的相对运动现象是尽人皆知的，但它绝不是一个因为显而易见就可以忽略的问题。例如，在软件开发中经常会遇到的系统中工作数据的积累、历史数据的管理和利用、新老系统之间的数据迁移等都是数据在时间维度上发生的变化所带来的问题。

总之，无论数据是在业务工作各个环节间流动，还是其自身与时俱进地运动，都是其流动性的具体体现。正如人们必须了解"水往低处流""水满则溢"这样一些水的运动规律才能因势利导地修堤筑坝、蓄水分流，有效地利用水资源一样，人们探讨数据的流动性的目的，就在于以运动的观点来看待数据，在深入理解其运动特性、把握其运动的客观规律的基础上更加合理、有效地管理和利用数据。以运动的观点看待数据的处理过程，归根结底就是对信息流的重新审视、高度组织和深度利用，一切外在设备、技术和应用系统不过是信息流的运动载体[①]。因此，应该凸显信息流在现代管理和服务上的核心作用。从这个意义上来说，数据的客观存在方式不仅指数据的物理分布或逻辑分布方式，也不仅意味着孤立地或静态地看待每一个或每一类数据，还涵盖了数据所处的客观环境及其在此环境中的产生和运动的规律。

三、大数据环境和大数据资源

本书认为，信息技术的广泛应用与信息经济的快速增长已经成为当代社会经济系统的主要特征之一，在经济意义上，"大数据"总括了当代各类可供开发、利用的信息资源，以及在此基础上提供各类信息产品和信息服务所构成的信息经济；在社会意义上，"大数据"描述了当代社会活动中的信息交流越来越频繁、信息量越来越大、信息内容越来越丰富的现象，以及由此引起的社会结构、社会行为的变化所形成的信息社会。

（一）大数据成为经济资源

从宏观经济视角出发，大数据之"大"体现在信息经济在经济系统中占据了越来越

---

① 谭荣华，蔡金荣. 涉税信息流管理是核心：针对税务大集中建设的探讨和建议[J]. 每周电脑报，2004，（12）：24-25.

大的比重。20 世纪 60 年代，波拉特在马克卢普提出的信息经济的概念基础上，进一步指出，在经济系统中，不仅存在直接向市场提供信息产品和服务的信息产业部门（第一信息部门），在各类传统行业内部，还存在着为本企业/行业提供生产/服务所需的信息服务的部门（第二信息部门），信息经济包括上述两个信息部门的产出/服务的价值。现代信息技术的高速发展、信息基础设施的不断完善，极大地降低了人们在经济活动中为搜寻、交换、处理信息而支付的成本，不仅使得传统行业可以在生产、管理过程中比较充分地利用信息技术、信息产品和信息服务提高生产效率，而且出现了以信息为主要加工对象、向市场提供信息产品的新兴信息产业，普通人也可以消费各种信息消费品或服务，形成了庞大的信息消费市场。信息技术和信息产品及服务在现代经济中所占比重的不断增加，使得作为当代信息资源的代表的大数据成为当代重要的经济资源。

（二）大数据成为基础设施

从微观经济活动的视角，信息技术在当代经济系统中的广泛应用，首先是通过对传统经济业务各环节的技术改造，提高了生产经营的效率。其次，通过对传统经济活动的业务重组和流程再造，改变了经济活动的形态和模式。互联网的产生，则进一步降低了经济活动中商品信息搜寻、产品信息发布、商品价格比对、交易双方信息交换等方面的交易成本，并极大地拓展了传统市场的空间，一方面为传统经济活动提供了交易成本更低的交易平台，另一方面还在很大程度上释放了过去由于市场条件的制约而无法进行的生产和服务能力，大量新兴业态依托互联网平台迅速发展。现代信息技术对于微观经济主体的现实意义，在于通过以互联网为主的平台为之提供廉价、高速、海量的信息产品和信息交换服务，用以取代传统经济活动中需要微观主体付出巨大交易成本的环节（例如消费者可以在网络购物平台上获得该平台所有销售商的产品信息，从而极大地节省了消费者搜寻商品的成本，也节省了销售商发布产品广告的成本），而且其中大部分信息服务和产品具有非竞争、非排他的性质，从而在一定程度上具备了公告品的属性，成为现代信息社会必不可少的基础设施。

（三）大数据对社会行为的影响

从社会功能的角度，大数据之“大”体现在当代社会生活中，对信息交换、存储、扩散、传承、处理、利用（本书统称为信息活动）的依赖越来越显著。社会，是以一定的物质生产活动为基础而相互联系的人类生活共同体，人与人的信息交流与互动是社会协作、分工进行生产以及各类社会活动的基本条件。各个不同历史时期的信息交换效率，在很大程度上影响甚至决定了社会行为的模式。

信息技术对当代社会生活的影响，主要在于互联网应用的普及。现代互联网的发展，迄今已经经历了“主机联网”和“人联网”两个阶段。在以手机为移动终端的移动互联网成熟之前，用户必须通过相对固定的计算机才能接入互联网，而当时的各类计算机并不能由用户日常随身携带，所以互联网的终端还仅限于位置相对固定、使用时间和目的相对有限、用户可能变化的联网主机，但是在用户无法或不便携带计算机的业务或生活范围，互联网也就难以触及。而当手机作为一种日常生活必需品得以普及，以智能手机为终端的移动互联网形成之后，互联网的联网终端就延伸到了人们在日常生活中随身携带的手机设备，相应地，互联网的应用场景也就延伸到了人们的日常工作、生活之中，并进一步衍生出各类社交、网购、娱乐等不同应用领域的亚平台。

第二节　数据管理的技术要素

一、应用主题

（一）明确应用主题

所谓应用主题，简单地说，就是数据应用工作要干什么？达到什么目的？开展一项数据应用工作，首先要确定的就是应用主题。

当然，每一项有关数据应用工作的主题的确定，势必服务于现实的需求。而这个现实需求不论来自工作任务还是研究课题，它本身是如何提出来的并不在本章所讨论的范围以内。然而此后的一切相关工作都要服从和服务于这一主题，所以用户必须为下一步工作的开展树立一个明确的目标，具体而言，就是消除对应用主题的描述可能产生的误解或歧义，为这项数据应用工作划定清晰的边界，必要时采取某些形式化的做法来规范对应用主题的描述。

例如，税务机关要开展一项税收效应分析，至少就需要从任务的目标和边界两个方面回答以下的一些问题。

首先，税收效应分析的是税收对纳税人的经济选择或者经济行为产生的影响，那么本项工作的目的是要分析某个税种还是所有税种对纳税人的经济选择或者经济行为产生的影响？分析的时间跨度是1个月、1年还是50年？分析的空间跨度是一个县、一个省还是全世界？纳税人由家庭和企业组成，本次分析是针对家庭还是针对企业？……

其次，税务机关通过这样一次税收效应分析需要了解税收对纳税人哪一方面的经济选择或者经济行为产生的影响？工作要求的是定性的分析结论还是定量的分析结果？……

类似以上的问题还可以提出很多，这样的问题越多、越细，它们的解答所描述出来的任务目标也就越清楚、越完善，任务的边界也就被勾画得越清晰。当然，提问题也要适可而止，否则分析用户就会被问题所纠缠而迟迟不能转入下一步的工作，这个尺度因具体任务而异，基本的要求是：不要因为这一环节的疏忽造成后续环节的工作没有依据而被迫返工。还以税收效应分析为例，假如用户确定了是要分析过去10年内个人所得税对本省某个特定行业内所有职工家庭的经济选择或者经济行为产生的影响，这个任务描述看起来已经很详细了，但是如果用户到了数据收集的阶段突然发现，10年之内，很多职工已经退休、改行或者下岗，他们的家庭与这个行业的关系已经脱离或者改变了，而这个情况当初没有考虑到，就会给这次分析工作带来很大的麻烦。

（二）收集和分析业务需求

明确了应用主题，接下来就要收集和分析业务需求。所谓业务需求，也就是围绕这个应用主题，用户需要在什么局限条件下沿着何种路径去解决哪些问题。

一项数据分析工作可以利用的人力、财力、物力、时间、理论框架、方法模型等各类资源都是有限的，这就构成了资源的局限条件；现实的行政体制、各部门之间的协调配合机制、项目组织的管理等方面的制约构成了制度的局限条件；参与项目的人员的能力又构成了能力的局限条件；如此等等。总之，任何工作都是在各类局限条件的制约下进行的，不考虑局限条件的工作计划必然会在实施时四处碰壁，而考虑了局限条件之后，工作的开展就不能天马行空，而必须是在各种局限条件的约束之下选择和分析可行的工作步骤，或者说，选择实施该项工作时可能碰到的困难最小、最少的路径。选定了路径的工作仍然不会一帆风顺，达到目标之前，还要克服一系列的困难，这就是需要用户去解决的问题。

沿着以上思路，将局限条件、路径和问题整理出来，就形成了数据应用的业务需求。

（三）选择数据分析的方法和工具

针对业务需求中提出的需要解决的问题，用户还要选择适用的方法和工具。本书的后半部分详细介绍了一些目前比较成熟的、常用的数据分析方法和工具，读者可以根据自己的任务目标和自身的资源状况选择适合的工具，这里就不再赘述了。需要说明的是：工具服务于目标，而不是目标去配合工具。特定的数据分析方法和工具都有一定的适用领域和层次，目前还没有哪一种数据分析工具可以满足所有领域、所有层次的数据分析需求；另外，有的数据分析工具虽然功能强大、适用范围广，但是它们所要求的数据量、工作量也可能很大。

二、数据的提取

（一）确定数据来源

在明确了数据分析任务目标，划清了任务边界，确定了解决问题的方法和步骤之后，就已经把完成该任务的逻辑框架搭建起来了。下一步要根据用户的任务需求，整理出所有分析工作所需的数据，并确定它们的来源以及获取它们的方法。

以税收数据分析为例，数据有税务系统内部和税务系统外部两类来源。对于系统内部的数据，在实现了数据大集中的前提下，数据的获取基本上只涉及在系统内的数据分配机制下的组织协调工作；而对于系统外部的数据，各系统之间相互配合的数据交换机制是对数据获取主要的影响因素。

如果数据源是某个数据库系统，或者用户需要将数据存储到数据库中，总之，如果需要使用计算机来获取和管理数据，还可能牵涉到许多具体的技术问题，例如不同网络之间的相互访问、异构数据库的访问、不同数据结构的转换等。对于需要从数据库或数据仓库获取数据的情况，目前也有一些成熟的数据抽取工具，根据用户的需要，从各种数据存储文件中将符合需要的数据提取出来，并进行必要的清洗、转换、整理，再加载到用户指定的数据库或数据仓库之中。数据清洗，是指对提取到的数据集进行检验，剔除其中不符合用户数据标准，或者不符合相关业务逻辑的部分"脏数据"，留下"干净"的数据进行转换。数据转换的目的主要是使数据符合用户提出的数据在结构方面的要求，主要包括：删除对决策应用没有意义的数据段、转换成统一的数据名称和定义、计算统计和衍生数据、给缺值数据赋缺省值、把不同的数据定义方式统一等。在数据仓库领域，这些获取数据的工作被称为"数据抽取"，有兴趣进一步了解数据抽取技术的读者，可以参阅有关的技术资料。

关于数据来源，需要注意的问题主要有：第一，每一个分析所需的数据都要落实来源，如果某个必需的数据无法找到直接的来源，那就要想办法找到间接获取这个数据的途径；第二，落实了数据的来源之后，还要落实获取该数据的途径，比如通过部门之间的协调去获取其他部门的工作数据、通过与纳税人的协商访问他们的数据库系统等，总之要为每一个必需的数据落实至少一条可行的获取途径，并解决其中可能发生的法律、机制、技术等方面的问题；第三，还要考虑到数据的质量问题，将在下文中分别进行讨论。

（二）制定数据标准

在确定了数据的来源和获取途径之后，还有一项非常重要的工作，就是制定数据标准。所谓数据标准，直观地说，就是某项数据应用工作对于所需数据在形式、结构、量纲等方面提出的具体要求。

例如，众所周知，对于税务部门来说，纳税人填报的纳税申报表是获取纳税人信息的一个非常重要的渠道。纳税申报表是由税务部门根据有关的业务需要设计的，对于这种表格的填报也制定了相应的规范，例如表格中必须填写的项目，表内、表间的逻辑关系，填报的时限等方面都有严格而具体的要求。从数据质量控制的角度来看，这些对数据结构、形式、约束条件的规定就是税务部门根据税收工作对于企业申报数据的要求而提出的一套关于纳税申报的数据标准。

数据质量的衡量标准，称为数据标准，是数据用户根据业务需求制定的数据相关管理工作的规范性要求。一份科学合理的数据标准，除了对数据的完整性、形式规范性及其与业务逻辑的符合性等方面的规范性要求外，一般还包括关于数据采集、录入等方面的操作规范性要求，这样全面的标准有利于将包括数据采集在内的所有相关环节都纳入数据质量监控流程之中，也便于其他用户进行数据交换和信息共享。通过以上关于纳税申报表的实例，已经可以体会到数据标准的意义和作用了。那么，在获取数据分析所需的数据时，应该从哪些方面入手来制定有关的标准呢？

首先，数据的来源不同，数据的口径、单位、格式等方面也有可能不同。要根据数据分析任务的具体需要，在以上这些方面制定对数据的统一要求。

其次，数据分析工作可能需要将原始数据进行初步的整理、分类，并以某种比较适合于下一步工作需求的、规范化的结构形式来组织这些数据，例如将它们分类填写到相应的表格中。这样的规范化的数据结构也需要事先根据分析的工具和方法对数据结构的具体要求进行约定、细化，并逐一落实。

再次，围绕数据和有关信息的描述方式也需要制定一致的规范，如大写、小写、字体、字号，哪些信息需要加以注释等。

最后，整理上述三个环节所形成的各项规范性要求，结合一些可预见的其他方面的要求，制定出统一的数据标准。

数据标准应该是可操作的，也就是在现有资源条件下可以进行实际检验的，无法检验的标准等于没有标准；数据标准还应该是切合实际的，能够满足现实的数据应用任务的需求即可，过高、过细的标准既会占用制定标准的时间，也会增加检验数据的工作量；一般情况下，数据标准对于一项具体的数据应用任务而言应该是统一的，虽然在某些情况下不得不在不同的应用层次和工作环节中采用不同的标准，但尽可能制定和遵循统一的数据标准必然是事半功倍的。

当然，这样形成的数据标准实际上是一个数据采集的标准，仅靠入口环节的标准控制并不能完全确保数据的质量，准备进入最终的数据集的数据还需要进行规范化、结构化的处理，在此基础上进行进一步的检验，这就是下一部分所讨论的数据管理的任务。

三、数据的审核

涉税数据分析中所使用的数据的质量对于分析结论的准确度和可信度起着决定性的影响，数据质量面临的最大挑战是各类源数据的异构性和低质量，对涉税数据的分析往往因为数据的质量不高而难以达到预期效果。

在实际工作中（以税务信息系统为例），信息系统可能产生数据质量问题的原因主要有以下几个方面。

首先，税务系统外部的数据源，也就是税务系统以外的其他部门，由于数据采集方式、途径、范围、口径等方面的原因，它们所提供的一些数据与税务系统掌握的数据可能会有所不同，主要的问题在于计算依据的和数据交换过程中的数据标准不一致，不同的部门在交换数据时也可能因为交换技术、交换机制等方面的原因形成错误数据。

其次，税务系统内部的信息系统所提供的数据有时也会出现问题。由于信息系统需求来源于税收业务，在系统需求的形成过程中，如果相关法律、法规、政策或工作制度发生变化，相应的业务规则就会变化，容易导致信息系统原有的表证单书需要更新、修改、补充，进而可能导致相关数据填报的关联性、逻辑性要求的变化，对新出现的业务环节互相制约的关系没有系统权衡，或者新情况导致不同业务环节同一数据描述不一致等问题[①]。

---

① 沈春慧. 关于加强税收征管业务数据管理的实践与思考[C]. 北京：2008 中国管理科学大会暨改革开放 30 年经济社会发展高层论坛，2008.

再次，在税务信息系统的现实应用场景中，有时会遇到诸如纳税人提交的申报数据缺项、部分企业存在一些特殊情况或特殊困难导致部分数据缺失等意外情况，如果这些情况没有严重到影响了税收业务必须重新补充填报的程度，税务机关一般会接受这些不完整的申报资料。但是，数据的缺失可能影响到数据的有效性、一致性、逻辑性等方面的质量，进而对相关应用程序在数据采集、校验等环节产生影响。但是，也正是由于上述不确定性的现实存在，考虑到税收管理效率和成本的现实需要，在现有的信息平台基础条件下往往需要有所取舍，从而也导致了数据质量的部分"牺牲"。

最后，历史上会计、统计制度的变迁，行政辖区的变化，部门的撤、改、并等因素对一些历史数据的质量也会造成很大的影响。

总之，建立严格的数据审核机制，对纳入数据分析工作的数据施以规范化的质量控制、进行必要的数据清洗、保持数据的完整性，是确保数据分析工作质量的必不可少的步骤。

（一）数据的质量控制

1. 数据的准确性

数据的准确性主要指数据与其所描述的客观事实的符合程度。符合程度，是一个相对的概念，同一个数据，在某一种衡量标准或参照系下可以被认为是准确的，并不意味着它在另一套标准或参照系中还是准确的。

所谓参照系，是指计量数据的参考对象。谈到税收收入，必须说明是哪个时期、哪个范围内的税收收入，例如本市1月的营业税税收收入，在时间维度上计算的起点是1月1日，在税种维度上计算的边界是以营业税为限，在地域维度上计算的范围是本市的辖区。不在同一个参照系的数据是不可比的。

再如，某一税种收入相对于去年的增长额跟同一税种收入相对于前年的增长率就不是一个数据，以万元为单位记录的一笔收入和以元为单位记录的同一笔收入也不是一个数据。

因此，讨论数据的准确性首先要基于一定的数据标准和参照系，否则是没有意义的。

事实上，在大多数情况下，用户既无法对收集到的数据的准确性逐一直接进行验证，也无法直接检查每一个数据来源自身的数据集，只能通过对不同来源的数据进行比对、相互参照的方式来进行间接检验，或者对数据的来源的可靠性进行分析、比较，接受来自较为可靠的数据源的数据，将数据准确性的要求变为对不同来源数据之间的一致性和数据来源的可靠性的要求。

2. 数据的一致性

数据的一致性主要指在数据集中，描述相关对象的数据之间的符合程度。在管理比较混乱的数据集中，或者在不同来源的数据之间，数据不一致的情况都有可能发生。其中一部分可以通过将在后文中讨论的数据完整性约束来解决，而另一部分则超越了数据完整性约束的范畴，需要在数据来源的层次上进行分析。

在数据来源层次上的数据一致性问题，主要是不同数据来源对数据编码、命名、统计口径、计算依据等方面的差异造成的。这样一些问题都是在选择数据来源时需要认真考虑并为之做好相应准备的。

另外，由于各种原因，同一来源的数据也可能存在数据不一致的问题，例如过去的"税收收入"总数中，就会包含一些目前已经停征的税种收入的情况，这样构成不同的数据在时间维度的某些应用层次上是无法直接比较的，这也是数据不一致的表现。

3. 数据的可靠性

数据的可靠性涉及数据来源的可靠性、数据获取手段的可靠性等方面的问题。比如国家统计局出版的统计年鉴和互联网络上流传的数据相比，当然是更为权威的数据来源；来源于实地考察的、有充分客观事实为依据的数据自然也要比根据经验估算的数据更可靠一些。

形象地说，在数据分析的过程中，数据的可靠性具有"遗传"的性质，每一个环节得出的结论的可靠性都依赖于该环节所使用的数据的可靠性，原始数据的可靠性会通过每一个环节最终影响到分析结论的可靠性。因此，在使用数据开展分析的过程中，实事求是地记录数据来源和获取手段并以适当方式加以说明，可以为用户评价分析结论的可靠性提供事实依据，也是一种有效保障数据分析工作质量的通行做法。

可靠的（权威的）数据来源可以保证其提供的数据的准确性，更直接地说，权威的数据来源为其数据的准确性承担了相应的责任，从而避免了数据用户的风险。对于不好比较可靠性的多个数据源，通过对它们相互之间数据一致性的检验，也可以在一定程度上对它们的可靠性做出评价，并在此基础上选择相对可靠的数据源。这就是用户选择数据源并尽可能保障数据准确性的一个基本的思路。

（二）数据清洗

以系统的数据标准为参照，不符合标准的数据会"污染"系统数据集的整体质量，所以在数据应用领域，一般形象地把这种不符合数据标准的数据称为"脏数据"。"脏数据"的"脏"的具体表现可能是多方面的，包括：数据格式错误，数据不一致，数据重复、错误，数据取值不在预先给定的范围内，业务逻辑的不合理，违反业务规则或对于实际业务毫无意义，在源系统中存在不规范的编码和含糊的业务逻辑等各种情况[①]。比如不符合编码规则的身份证号码，明显违背常识或逻辑的金额、价格、数量、日期或时间，不存在的操作员人员编码，相关人员的年龄超过正常范围等。此外，在现实应用中，还可能由于某些外部因素，应用系统管理者放弃了外码约束，从而导致数据不一致的结果。

---

① 臧其事. 基于神经网络的上海车牌价格预测模型[J]. 科技情报开发与经济，2008，（2）：94-96.

那么，对于含有"脏数据"的原始数据，应该如何处理呢？

就像日常生活中通过清洗来净化被弄脏的衣物一样，被"脏数据"污染了的原始数据也需要进行清洗，这个过程被称为"数据清洗"。

数据清洗需要遵循一定的标准，也就是说，需要首先制定一个数据"好"或"坏"的规范。在上文已经讨论过关于数据标准的问题了，这个标准是否够用了呢？

这就涉及在哪一个环节进行数据清洗的问题了。一般来说，清洗发生在数据获取之后，一些清洗工作也可以在数据获取的同时去做，这个阶段所依据的就是数据采集的标准。然而，在数据采集阶段制定和执行的数据标准，主要是面向数据来源的，例如税务机关发给纳税人填写的纳税申报表，其内容、结构就是面向纳税人的，纳税人就是税务部门的数据来源。但是纳税申报表并不能作为开展税收征管工作的全部依据，因为它没有包含完整的税收管理信息。税务部门还需要在此基础上添加税务部门内部的相关业务信息以及纳税人提供的其他信息，在一定的业务和技术框架内，基于一定的原则和方法对数据集进行优化、实施管理，才能构成税务部门自己的管理信息系统。在构成并使用税务管理信息系统的过程中，同样需要对数据质量进行控制，与数据采集阶段不同的是，这个阶段的工作是面向具体的业务应用而不是数据来源的。

上文介绍过的威廉·荫蒙把数据清洗的过程分为六个步骤。

步骤一：元素化，将非标准的数据统一格式化成数据元素。这项工作主要依据规范化的数据模式进行。

步骤二：标准化，将元素标准化，根据数据字典消除不一致的表述方式。

步骤三：校验，对标准化的元素进行一致性校验，即修改内容上的错误。

步骤四：匹配，在其他记录中寻找相似的记录，发现重复异常。

步骤五：消除重复记录，根据匹配结果进行处理，可以删除部分记录或者把多个记录合并为一个更完整信息的记录。

（步骤四和步骤五实际上是下文将要讨论的完整性控制的一个方面。）

步骤六：档案化，将经过清洗的数据及重要的清洗记录写入数据集中[①]。

以上只是对数据清洗的简要介绍，其中涉及数据整备不同环节的工作，在实际工作中，用户完全可以在相应的工作环节中分步实施数据清洗。

（三）数据完整性

在以上"数据的质量控制"和"数据清洗"两个部分，主要讨论的是如何确保作为孤立个体的数据的质量问题。

依靠有限的人力、物力和技术资源建立起来的税收管理信息系统本质上永远只是现实业务简化的（有时也是经过了优化的）抽象模型，既不可能包含所有的涉税信息，更不可能将相关信息之间的所有逻辑关系都呈现给用户。从这个意义上来说，税收数据分

---

① 周宏广. 异构数据源集成中清洗策略的研究及应用[D]. 长沙：中南大学，2004.

析的任务就是找出那些被有限的信息系统所忽略或不能表达出来的信息之间的相关性。因此，用户不仅需要审核和控制单个数据的准确性、一致性和可靠性，还需要按照统一的标准对数据进行清洗，更要确保用户所探寻的数据之间的客观联系不会被人为地破坏或丢失，也就是确保数据的完整性。

数据完整性就是在数据分析中，要保证分析应用需要的基础数据来源表对应主码的唯一性、数据采集的有效性、参照数据和被参照数据之间数据的一致性。数据完整性的提出，是为了有效防止数据集中存在不符合语义规定的数据，避免因错误数据的输入而导致数据集向信息系统提供的数据产生无效操作或错误信息。

数据完整性分为：实体完整性、域完整性、参照完整性和用户定义的完整性等四个方面。

1. 实体完整性

所谓实体，是指数据集中，用数据描述的对象。例如学生信息数据库中，每一名学生作为一个实体，用学号、身份证号、姓名、性别、所属院系、所属专业、入学时间等数据来描述。实体完整性，就是要求一个数据集中所记录的每一个对象实体是唯一的，并基于这种唯一性特征，来保障整个数据集中，不会存在对同一对象的重复记录。具体到关系表中，实体完整性规定表的每一行在表中是唯一的实体。在关系模型中，一张二维表用一行来记录一个实体，简单地说，实体完整性就是要求同一张表中不能存在重复的记录。

例如，财务人员不能将同一笔开支重复记账。同时，如果需要查询某一笔开支，那么财务账簿中对每一笔开支的记录应该有唯一而且确定的标识，比如日期和记账凭证号的结合，这样的标识作为一个整体是不能跟同一表中其他的记录发生重复的。

在为数据分析收集数据的过程中，由于数据来源的多样性，难免发生数据重复的情况，尽管这有利于数据的可靠性对照验证，但同时也要注意同类数据集中实体完整性的约束，避免因数据重复造成后期分析的偏差。

2. 域完整性

所谓域，是指数据集中用于描述对象实体的各个属性，如上文所举例子中，用了学号、身份证号、姓名等属性来描述学生，其中的每一个属性，就归为一个"域"，可以从字面意义上理解为"领域"。基于每一个域的描述，不仅在角度和形式上受到这个"域"所应有的状态的约束，而且在具体的数据取值、操作等方面，也要根据不同的域和具体业务要求，进行约束。例如，描述一个人的出生日期，原则上就不能变化，也不能随意修改；描述一个人的年龄，只能增加不能减少，而且要与客观真实的时间变化同步。具体到关系模型的表中，每一列被称为一个域，所以对于二维表中列的数据约束被称为域完整性约束，用户一般会将同一类型的数据记录在一张表中，那么表的每一列的数据必须满足某种特定的数据类型或约束，其中约束又包括取值范围、精度等规定[①]。

---

① 黄辉，于爱军，李永生，等. 黄金地质勘查项目数据仓库模型数据完整性的实现[J]. 黄金，2011，32（9）：36-39.

这个要求对于由计算机处理的数据表来说是非常重要的，因为计算机只能根据事先设定的数据结构来识别和处理数据项，每一种数据类型都对应着一个可行的操作集，比如对实数型的数据项，可以进行加、减、乘、除、乘方、开方等数学运算，这就是实数型数据的操作集，而这些操作应用在字符串类型的数据项（如"名字""cat"）上是没有意义的。对没有数据类型和相应操作规则约束的数据，计算机是无法处理的。所以，当用户用某种结构化的数据来描述一个对象时，除了定义这个数据结构外，还要定义出该结构中每个属性——在二维表中表现为一列——的数据类型，以及相应的操作规则约束。例如表 3-2 所示的几个表格，除了设计各个表格的结构以外，还需要定义每一列的数据类型和操作约束，比如"税务登记证号"都由数字组成，可以选作这一列数据的类型有：实数型、字符串型、整数型等，但是实数型数据包括小数，而税务登记证号不需要小数，所以没有必要使用实数型数据类型；字符串类型的数据则包含了数字、字母和一些特殊符号，税务登记证号中如果不需要字母和其他特殊符号，也完全不必使用这个类型；因此，一般选用整数类型作为税务登记证号的数据类型，这样做可以避免除了数字以外的其他符号由于操作人员的失误而进入"税务登记证号"数据项中。同时，还要根据需要对"税务登记证号"这一列的数据操作加以必要的约束，如规范的长度、取值的范围等。这就是域完整性约束的一个实例。

域完整性约束并不仅仅作用于数据化、程序化的计算机世界里。在一些需要数据量不太大的数据分析工作中，部分甚至全部的数据管理工作可能会由人工来完成，但这并不意味着用户可以摆脱域完整性约束而随心所欲地设计和构造自己使用的数据结构，理由在于：首先，如果用户要让别人了解和承认自己的数据分析工作及其结论，那么其用于进行分析的数据、分析的过程、分析方法都应该是别人可以重复使用以验证得出相同的结论的，所以数据结构必须是规范化的，有严格的约束条件的；其次，一项数据分析工作往往需要多个部门、很多人员的合作，需要经历一些步骤，在这个过程中，不同用户相互之间交换的数据应该具备统一、严格的结构约束，否则，每个人凭自己的理解去使用数据很可能导致整个数据集的混乱，分析也就无法进行下去了；最后，下文介绍的各种数据分析工具对于使用的数据结构也都有相应的具体要求，为了满足分析工具对数据的要求，用户就必须从数据的来源开始严格控制数据的结构约束。

3. 参照完整性

参照完整性，是指在存在对象可参照的前提下，相互关联的两个表之间的约束。简单地说，用户可能用到的一些数据表可能会存在相互关联的关系，它们的关联关系由它们之间共同的属性或属性集（由一个特定列或列组合构成）体现出来，例如在一项数据分析中用到了以下两项数据。

纳税记录：（记录编号，税务登记证号，税种代码，应缴税额）

纳税人档案：（税务登记证号，名称，法人代表，经营地址）

带有下划线的属性是各自表的主码，也就是可以唯一标识表中每一条记录的属性。显然，"税务登记证号"是双方共有的一个属性，它是"纳税人档案"表的主码，但不是

"纳税记录"表的主码，因为每一户纳税人在"纳税人档案"表只能有一条记录，而它可以有很多条纳税记录。那么，在向"纳税记录"表中添加一条新记录时，用户就需要检查新记录的税务登记证号是否在"纳税人档案"表中已存在，如果存在，则允许新记录的加入，否则就认为这个税务登记证号无效而拒绝它，这就是参照完整性。在这样的表间关系中，把"税务登记证号"称为"纳税记录"表的"外码"，即它在本表以外的某个表中担任了主码；称"纳税记录"表为"参照表"，因为它的部分属性的取值要参照别的表的内容；"纳税人档案"表则被称为"被参照表"。

参照完整性还体现在对被参照表中内容的删除和修改操作，在上例中，如果删除"纳税人档案"表中的一条记录，则"纳税记录"表中凡是含有与"纳税人档案"表中被删除的那条记录中的税务登记证号的记录也会被同时删除，这被称为级联删除；如果修改"纳税人档案"表中的税务登记证号的值，则"纳税记录"表中相应记录的税务登记证号也随之被修改，这被称为级联修改。

进行数据分析应用所需的基础数据之间的关系应该是完备和充分的，存在关联关系的数据项之间应该是可以相互印证的，它们之间的关系应该是没有缺失的。对不同数据表之间的参照完整性的约束，可以确保表与表之间数据的一致性，避免某些情况下对同一数据没有进行同步修改导致的错误。例如，某个学生由于某种原因，经过适当程序调整了自己所学专业，从甲学院 A 专业转入了乙学院的 B 专业。假如学校的学籍管理系统和教务管理系统之间没有建立参照完整性约束机制，就可能产生该生在学籍管理系统中的记录已经更新为乙学院的 B 专业，而在教务管理系统中，其信息仍然是甲学院 A 专业的情况，这就会导致后续管理工作的混乱。

现实工作中常用的报表，一般都有严密的表内、表间逻辑关系的约束，这就是一种对于数据参照完整性的具体要求的体现。然而，涉税数据分析工作的对象一般不会局限于一张或一套报表的内容，如果逻辑上相关的数据来自不同的报表、不同的渠道，特别是来自不同部门的数据，对它们之间关系的参照完整性进行检验还是必要的。当然，对参照完整性的检验涉及各种相关业务和数据之间逻辑联系的具体情况，这里无法逐一探讨。但是，以数据之间的逻辑联系、业务关系为线索对数据质量进行检查的方法以及对参照完整性的要求是具有普遍意义的。

4. 用户定义的完整性

一般而言，在现实应用中，由于各行各业、各个单位的具体情况的差异，不同的数据集根据其应用环境的不同，往往还需要根据具体用户的需求建立一些特定的约束条件。用户定义的完整性就是针对某种特定需求的约束条件，它反映某一具体应用所涉及的数据必须满足的特殊要求。

一个简单的例子是纳税申报数据中，"税率"一项就应该根据税收法规的规定进行设置，而不能在这个范围之外任意取值。还有，比如税务机关要求某次数据分析所涉及的对象是一批可能涉嫌偷漏税的企业，也就是一些数据的逻辑关系与众不同的企业，这样的要求也属于用户定义的约束条件。

第三节 元数据和数据模型

本节主要从数据组织的角度介绍元数据和数据模型以及它们在面向应用主题的数据分析工作中的作用。

一、元数据

（一）元数据的基本概念

本章开头部分说过，数据是描述事物的记录符号，是形式和内容的统一。元数据也是一种数据，只不过它描述的对象比较特殊，它描述的是特定数据对象"应该怎么样"或者"应该符合什么标准"，因此，也可以说，元数据是"关于数据的数据"。在各种数据应用中，对于数据对象都存在或多或少的规范性要求，所以元数据是广泛存在的。

元数据的内容，主要包括关于管理对象（数据单元和数据组织）的分类、每一类数据的具体规范、描述方法和检索工具。类似于上文列举的图书馆的检索系统，在一个数据管理系统中，元数据描述了数据资源的逻辑体系和形态结构。对于各类在物理上分布的，或者由多种数据资源构成的数据组织（如数据仓库）来说，元数据是必不可少的工具与纽带。

（二）元数据的功能和类型

建造一栋建筑物，必须具备必要的建筑设计图以及各种管道、线路图纸，在该建筑完工交付使用后，这些图纸以及用户的门牌编号等信息仍然是维护、维修必不可少的资料。与此类似，元数据就是一个数据组织的"图纸"。元数据记录、描述了数据组织内数据的组织结构、数据组织的建立方法，并为用户访问这些数据组织提供了有效的索引。元数据详细记录了数据组织的分类依据、具体的分类情况及其层次、其中保存了什么数据、这些数据的来源和访问的方法、权限等信息。这些信息构成了数据组织运行和维护的基本依据，数据管理系统依靠元数据来存储和更新数据，用户通过元数据来检索和访问数据。

具体而言，在数据组织的建立和数据的管理中，元数据的作用主要表现为：定义数据源及其属性、描述和规范从源数据到目标数据的对应规则、描述相关的业务逻辑以及在数据实际加载到数据组织前的其他必要的准备工作等，贯穿数据整备的提取、转换、清洗、加载等各个环节，这些过程也必须有效地利用元数据，才能得以顺利实现[①]。

按用途的不同，可将元数据分为技术元数据和业务元数据两类。

技术元数据是数据组织（如数据仓库）的设计和管理人员用于开发和日常管理数据组织所使用的数据，包括：数据源信息；数据转换的描述；数据组织内对象和数据结构的定义；数据清理和数据更新时用的规则；源数据到目的数据的映射；用户访问权限，

---

① 强磊，丁晓燕. 数据仓库技术的系统应用[J]. 中国数据通信，2004，6（6）：87-89.

数据备份历史记录，数据导入历史记录，信息发布历史记录①。在有的文献中，技术元数据又被细分为描述型元数据和管理型元数据两类，分别在技术和管理层面执行描述和管理数据对象的功能。

而业务元数据则是为特定的应用而设立的元数据。

例如，为了便于通过"一户式"信息系统来访问纳税人的数据对象，税务机关就需要根据一户式管理应用的需求——金税工程（三期）总体设计方案中就明确提出了基于"一户式"数据存储数据库的"一户式"查询、征管质量考核率、增值税报表查询等应用需求——来特别设立一户式信息系统元数据项，用来描述纳税人数据对象的时间、地域以及有关涉税业务分布的属性。

与技术元数据的不同之处在于，这样的"一户式"信息系统元数据是服务于"一户式"数据应用需求的，它可能会打破生产数据中各个税务部门管辖范围的限制（如一个纳税人分别在不同地区发生涉税业务），也可能打破统计数据中行业分类的束缚（如跨行业经营的纳税人），如此等等。"一户式"的业务元数据不一定是适合于诸如按税种或地域分类以及其他任何应用需求的，它更多地体现了"一户式"应用与其他各种应用之间对数据描述的区别而不是共同之处。

回到涉税数据分析的话题，显然，在设计、开发和管理一个各种应用通用、共享的数据组织（比如数据库）时，主要是和技术元数据打交道；而在执行一项具体的数据分析任务时，就要考虑到该项应用的具体需求并设计与之相适应的数据描述模式，也就是业务元数据了。

从更一般的意义上来说，元数据是描述数据的符号，是对数据对象某些方面的属性的抽象，也是人们整合数据资源、管理数据组织并在此基础上研究数据的重要工具，在各类信息资源处理领域中得到了广泛的研究和应用。

随着信息共享范围的扩大，元数据也存在着标准化的问题。目前，不同领域的元数据还处于不同的标准化阶段：如在政府信息方面，美国政府大力推动并以有关法律、标准保障其实施的政府信息定位服务（the Government Information Locator Service，GILS）已经成为其政府信息描述标准，并在世界若干国家得到相当程度的应用，与此类似的还有地理空间信息处理的美国联邦地理数据委员会（Federal Geographic Data Committee，FGDC）数字空间元数据内容标准（Content Standard for Digital Spatial Metadata，CSDGM）②。而在网络资源描述方面，Dublin Core③已经成为一个被广为接受和应用的事实标准。但在其他一些领域，由于各种原因，在不同的地域、行业中仍然存在多个方案，如数字图像的元数据，现在提出的许多标准都处于实验和完善的阶段②。

由于元数据是"关于数据的数据"，而数据是对业务的描述，业务又是千变万化互不相同的，所以在现实应用中，很难用一个统一的模式来规范各个不同领域的元数据，这就使得元数据在形式、内容、描述对象等方面都存在着极大的差异。即使在同一个行业、

---

① 陈氢. 跨部门政府信息共享协商系统研究：基于元数据[J]. 情报杂志，2014，33（7）：188-193.

② 杨周南，胡仁昱. 会计数据信息资源的元数据研究[C]. 太原：中国会计学会第四届全国会计信息化年会，2005.

③ Dublin Core 是国际组织 Dublin Core Metadata Initiative 拟定的用于标识电子资源的一种简要目录模式。

同一个领域，由于业务的多样性，也可能为了不同需要建立不同的元数据。从这个意义上，元数据的规范统一的过程，实际上就是业务的规范统一的过程。在一些应该统一业务的领域，元数据也可以建立在这一基础上。当然，在不同的领域之间，应该充分考虑到不同标准的互操作问题，如必要时在某种程度上的相互转换。而在同一领域——例如税收管理业务中——在税法约束下实现税收管理业务的标准化或规范化是必要的，特别是在目前涉税数据的异构性与来源多样性越来越普遍的情况下，统一的元数据就愈发重要了。正因为如此，国家税务总局才在《金税工程（三期）总体实施方案》中提出了"逐步形成统一的元数据"的要求。

二、数据模型

数据是用来描述事物的符号，但是，单个的或离散的数据只能描述事物某些方面的属性，例如按照某种标准进行度量的数值或者属于某种分类等，都不足以系统、全面地展现事物的全貌。为了系统地分析、利用数据资源，人们需要用数据组织的形式来描述数据之间的关系，把各种杂乱无序的数据统一组织到合理的、关联的、分析型的新结构中去，以形成某种整体结构化的数据集合，满足面向应用主题的需要。那么，什么是数据的整体结构化？怎样的整体结构化才能有效描述数据之间的联系？对数据组织进行整体结构化的原则和依据又是什么？这就是本节所要回答的问题。

（一）数据模型的基本概念

读者都熟知盲人摸象的故事，不同的盲人从不同的部位和角度对大象的描述都是局部的、面向个体（盲人）的，如果把某个盲人的说法告诉别人，不论其对细节的描述如何准确精细，都难以令人将它与一头大象联系起来；反之，人们常见的漫画家笔下的大象，尽管多是富于夸张、修饰或简化的笔墨，却让人一望而知那是一头大象。这个对比至少可以得到以下提示。

首先，对客观事物的描述不一定需要面面俱到，但要将对象与众不同的主要特征和用户需要重点关注的方面准确表达出来，还要把握好对象各个特征之间的关系——比如大象同时具备的长鼻子、大耳朵和庞大的身躯就使之与其他动物有了明显的区别；其次，描述方式应该是易于为人所理解和接受的；最后，如果要用计算机来记录和处理用户对事物的描述，当然还要使用便于在计算机上实现的方式方法。

对于客观事物按照以上三个要求所做的描述，可以称为数据模型（data model），它是对客观事物特征的抽象和模拟，或者说，是用计算机能够处理的，而且人们也能够理解的数据以及数据的组织结构对现实事物进行的模拟。以这样的方式对数据进行的整体结构化就是本节开始时所提到的第一、第二个问题的答案。

数据模型是数据组织结构的基础，它是描述数据、数据联系、数据语义以及一致性约束的概念工具的集合。数据模型的构造分为两个阶段：由现实世界经历信息世界到计算机世界，完成整个过程的转换。这三个世界之间的联系如图 5-1 所示。

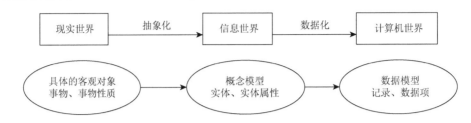

图 5-1 三个世界与数据模型的关系

现实世界（real world）：就是人们身边的一切现实的事物，为了某种需求，人们需要将客观世界中的一部分进行描述，这样，人们所见到的是客观世界中的划定边界的一部分环境，称为现实世界。

信息世界（information world）：通过将现实世界抽象为一组概念的刻画所构成的逻辑模型称为信息世界。这样的概念化的描述是为人而不是为计算机服务的。

计算机世界（computer world）：将信息世界的逻辑模型转化为能够用计算机处理的数据结构的描述，也就是通常意义上的"数据化"，从而形成的数据模型称为计算机世界。

设想一下人们使用计算机来对某个事物构造这样一个数据模型的过程：首先，用户通过各种认识手段对事物的特征进行考察，并分析这些特征之间的联系，将具体事物的信息抽象为某种信息结构，这种信息结构不依赖于任何一种计算机系统，并且是人们可以理解的，也就是概念上的模型，属于信息世界的范畴；然后，再以计算机可以处理的信息结构方式将这种概念描述转化为计算机支持的模型［准确地说，是某种数据库管理系统（database management system，DBMS）所支持的数据模型］，它的结构依赖于某种具体的 DBMS，属于计算机世界的范畴。这样，就在用户和计算机两个不同的应用层次上分别建立了两种不同类型的模型：前者面向用户，称为概念模型；后者则是供计算机使用的数据模型，它一般被称为结构模型。

数据模型是数据库系统的核心和基础，但使用数据模型来描述客观事物的数据管理思想也并非数据库系统所独有。本书后半部分的篇幅所介绍的数据分析模型尽管在形式和内容上和这里所说的数据模型有所不同，但本质上都是通过特征抽象来模拟事物。因此，了解计算机世界中数据模型的一般原理和方法，对于深入理解数据分析模型以及组织和管理用户自己的数据组织都有一定的帮助。

（二）数据模型的组成要素

数据模型——不论是面向用户的还是面向计算机的——都是由一组被严格定义的概念所组成的，虽然面向的对象和使用者不同，这些概念的内容区别也很大，但它们都要从描述对象的静态特征、动态特征和完整性约束条件这三个方面去说明对象，因而这三个方面也就被称为数据模型的三个要素。严格地说，这三个要素分别是：数据结构、数据操作和数据的完整性约束条件。

1. 数据结构

数据结构是所研究对象的集合,它主要描述对象的性质、内容、性质和对象之间的关系,数据结构是刻画一个数据模型最基本的方面。例如,税务机关用纳税申报表来描述和记录涉税信息,这样的一个或一组表格其实就是一种数据结构。

同时,也要注意到,以这样的形式描述对象并不全面,因为数据结构只是对系统静态特征的描述,还没有说明描述对象的动态特征。在实际应用中,与数据模型相关的一些要素可能会随着外部环境的变化而变化,当数据模型描述的对象发生变化时,用户应该设置一些方法和规则来对这个数据结构进行操作以适应描述对象的变化。

2. 数据操作

所谓数据操作,从字面意义理解,就是用户或管理人员对数据集中所存储的数据进行业务或管理相关的各项操作,数据库主要有查询和更新(包括插入、删除和修改)两大类操作,基本上包括了用户正常访问数据的各种情况。在现实的业务访问中,还要考虑到包括误操作、恶意破坏等非正常操作的可能性,所以在关于数据操作的规则设计中要对用户有所限制,以防止人为原因或其他方面的因素造成数据模型的失真甚至崩溃。这样一个对数据结构允许的操作的集合,一般被简称为数据操作。

当数据结构和数据操作的规则都确定下来之后,数据模型就可以对描述对象的动态特征进行数据模拟了。

3. 数据的完整性约束条件

一个数据模型除了能够描述对象静态和动态特征以外,还需要具有一套对其中的数据及其联系进行制约的规则,例如用户在建立单位的人事档案数据模型时,就有必要考虑对人员的年龄有所限制,比如在职人员的年龄应在 18 岁至 65 岁之间,当操作人员由于疏忽录入了不当的数据时,系统就能根据用户制定的约束条件进行提示或拒绝数据进入数据库,这样就能有效保证数据库中的数据及其相互关系不会发生混乱。这一类的规则,被称为数据的完整性约束条件。

关于数据的完整性,前文已经详细介绍过了,在此不再赘述。所谓完整性约束,是指数据模型为确保进入数据集中的数据的完整性而设定的相关规则的集合,通过这些具体的规则,才能确保数据模型中数据及其联系所具有的制约和依存关系不被破坏,并且用这些规则对符号数据模型的数据库状态以及状态的变化进行限制,如果系统中发生了某些可能破坏数据完整性的情况时,还要有相关规则明确当被约束的事件出现时模型的工作机制,以保证数据的正确性、有效性和相容性。

(三)数据模型的类型

前文已经提到,根据数据模型应用的不同目的,可以分为面向用户的概念模型和面向计算机的结构模型两类。

1. 概念模型

从系统实现的角度来看，概念模型可以当作从现实世界到计算机世界的一个过渡阶段。但是，从数据分析的角度来看，用户可以在概念的层次上对模型所模拟的对象开展很多有意义的定性的分析和研究，然后再根据研究的结果有针对性地在计算机系统中付诸定量的分析。所以，概念模型的方法在数据分析领域具有非常重要的意义。

概念模型，从字面意义上，意味着为相关用户提供纷繁复杂的现实业务中的具体对象与计算机所处理的枯燥数据之间的一种概念化的联系，而这种概念化的描述，也意味着对对象信息的某种程度上的抽象。例如，人们常常用"长鼻子、长牙、大耳朵、大个头的动物"来描述大象，这些可以将大象与别的动物相区别的特征描述，就构成了关于大象这种动物形象的概念。假如一个关于动物的数据库的数据模型使用"鼻子、牙齿、耳朵、体型"等属性来描述对象动物外形时，这一组外形属性就可以用于描述很多不同的动物，而且在人们的常识中，通常也是基于这些属性来区分各种动物的，就构成了关于动物的概念模型。

从技术层面来讲，概念模型是一种信息结构，用于对信息世界的建模，给出数据的概念化结构。概念模型的表示方法有很多，其中最常用的是陈品山于 1976 年提出的实体-联系（entity-relationship）方法，简称为 E-R 方法，也称为 E-R 模型。该方法比较直观地反映了现实世界中需要的信息以及它们之间的基本联系，也值得读者在数据分析工作中借鉴。

E-R 模型涉及如下一些基本概念。

实体（entity）：客观存在的，可以相互区别的事物称为实体。可以是具体的人、事、物，比如张二、税务局、文件等；也可以是抽象的概念或联系，比如领导与职工的领导关系。现实世界中的事物用实体来表示，实体是概念模型中的基本单位。性质相同的同类实体的集合，称为实体集（entity set）。

属性（attribute）：现实世界中的事物都具有一些特性，这些特性在概念模型中用属性来表示。实体所具有的某一特性称为属性。一个实体通常由若干个属性来刻画，如纳税人实体可以由税务登记证号、名称、法人代表、经营地址等属性组成。在概念模型中表述属性需要明确它的值域，也就是用什么样的数据类型来表示它，如营业收入可以用实数来记录，纳税人名称则需要用字符串来表示。

实体标识符（identifier）：在若干同类实体中，能唯一标识每一个特定实体的属性或属性集称为实体标识符。有时也称为关键码，或简称为键。例如，在纳税人登记档案中，税务部门一般用纳税人税务登记证号来唯一标识每一户纳税人，因为纳税人税务登记证号是根据国家有关规定和标准制定并赋予每一户纳税人的，理论上不会重复，从而纳税人税务登记证号就成为纳税人登记档案中纳税人实体的实体标识符；而在征收台账中，对于每一笔征收记录实体，用纳税人税务登记证号来作为它们的实体标识符就不合适了，因为每一户纳税人通常都会有很多次纳税记录，所以税务部门需要采取额外编号或者其他属性（如发生日期）与纳税人税务登记证号相结合的方式来作为征收记录实体的实体标识符。

联系（relationship）：现实世界中的事物间的关联称为联系，如主任与职工的领导关系等。在概念模型中，这些联系反映为实体内部的联系和实体之间的联系。实体内部联系通常是指组成实体的各属性之间的联系；实体间的联系指不同实体之间的联系。两个实体集之间的联系可以分为以下几种。

一对一（one to one）联系（1∶1）：对于实体集 A 中的每一个实体，实体集 B 中有且只能有一个实体与之联系，反之亦然。如税务局与局长之间的联系等。

一对多（one to many）联系（1∶n）或多对一（many to one）联系（n∶1）：对于实体集 A 中的每一个实体，实体集 B 中有多于或等于 1 个的实体与之联系，反之，对于实体集 B 中的每一个实体，实体集 A 中有多于或等于 1 个的实体与之联系。如一个税务局由多个部门组成，一个税务所管理多个纳税户等。

多对多（many to many）联系（m∶n）：这是一种复杂的联系，对于实体集 A 中的每一个实体，实体集 B 中有多于或等于 1 个的实体与之联系，反之，对于实体集 B 中的每一个实体，实体集 A 中也有多于或等于 1 个的实体与之联系。如一户企业一般要缴纳几个不同的税种，而一个税种一般由多个企业缴纳。

总之，概念模型的基本概念可以归纳为实体、联系和属性。由三者结合起来才能表示现实世界。

实体是概念模型中的基本单位，属性附属于实体，它本身并不构成独立单位。一个实体可以有若干个属性，实体以及它的所有属性构成了实体的一个完整描述，因此实体与属性间有一定的联系。例如，在纳税人基本情况登记表中每一个纳税人实体可以有税务登记证号、名称、法人代表、电话号码、经营地址等属性，它们组成了一个有关纳税人实体的完整描述。

每一类属性有其特定的属性域，一个实体的所有属性取值组成了一个值集叫元组，唯一标识实体的属性集称为码。在概念模型中，可以由元组表示实体，也可以用它区分不同的实体，如在表 3-2 所示的纳税户基本资料表中，每一行表示一个纳税户实体，这个实体可以用一组属性值表示。比如，（1，A 企业，张三，……），（2，B 公司，李四，……），这就是两个表示不同实体的元组。

实体有类型和取值之分，一个实体的所有属性构成了这个实体的类型，如在纳税人基本情况登记表中的实体由税务登记证号、名称、法人代表、经营地址、经营范围、电话号码等属性组成，而实休中属性值的集合构成了这个实体的值，或者说，对这个实体的描述。

联系也可以附有属性，联系和它的所有的属性构成了联系的一个完整描述，因此，联系与属性间也有连接关系。

实体集之间可通过联系建立起连接关系。

概念模型可以用一种非常直观的图的形式表示,这种图称为 E-R 图。在 E-R 图中分别用不同的几何图形表示概念模型中的实体集、属性和联系之间的关系。如图 5-2 所示。

实体（集）的表示方法：在 E-R 图中用矩形表示实体集，在矩形内写上该实体集的名字。

属性的表示方法：在 E-R 图中用椭圆表示属性，在椭圆内写上该属性的名称。并用

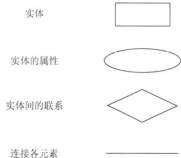

图 5-2　E-R 图的图示

无向边将其与相应的实体连接起来。

联系的表示方法：在 E-R 图中用菱形表示联系，菱形框内写明联系名，并用无向边分别与有关的实体连接起来，同时在无向边旁标上联系的类型。

E-R 图举例：有三个实体集以及附属于它们的属性，它们分别是职工实体集、企业实体集和税种实体集。

职工实体集：身份证号码、姓名、性别；企业实体集：编码、名称、法人代表；税种实体集：税种编号、税种名称、税率。用图示的方法说明实体集之间的联系。

职工与企业间的法人代表联系是 1∶1 的联系，如图 5-3（a）所示。

企业与职工间的组成联系是 1∶n 的联系，如图 5-3（b）所示。

税种与企业间的缴税联系是 $n∶m$ 的联系，如图 5-3（c）所示。

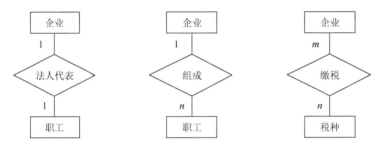

(a) 两个实体集间的1∶1联系　(b) 两个实体集间的1∶n联系　(c) 两个实体集间的m∶n联系

图 5-3　两个实体集之间的联系

联系可以有多种，也可以是多个实体集之间的联系，叫多元联系。一个实体集内部可以有联系，如单位职工间的上、下级的领导关系。实体集间可有多种联系，如税务局与企业之间可以有征管联系也可以有服务联系。将以上三个实体集以及它们的属性，用 E-R 图来表示，如图 5-4 所示：职工实体集（Personnel）：身份证号码（ID）、姓名（Xm）、性别（Xb）；企业实体集（Enterprise）：编码（Bm）、名称（Mc）、法人代表（Fr）；税种实体集（Revenue）：税种编号（Bh）、税种名称（Sz）、税率（Sl），用图示的方法说明实体集之间的联系。

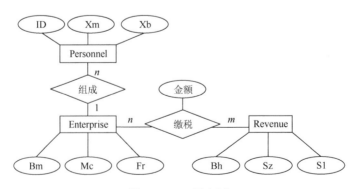

图 5-4　E-R 图实例

由矩形、椭圆形、菱形以及按一定要求相互连接的无向边构成了一个完整的 E-R 图。用 E-R 图表示的概念模型独立于具体的 DBMS 所支持的数据模型，它是各种数据模型的共同基础，因而比数据模型更一般、更抽象，更接近现实世界。

在概念上，概念模型中的实体、属性与联系是三个有明显区别的不同概念。但是在分析客观世界的具体事物时，对某个具体数据对象，究竟它是实体，还是属性或联系，则是相对的，所做的分析设计与实际应用的背景以及设计人员的理解有关。这是实践中构造 E-R 图的难点之一。

2. 结构模型

目前，数据库领域采用的结构模型有层次模型、网状模型和关系模型，其中应用最广泛的是关系模型。

1）层次模型

层次模型是数据处理中最早出现的一种数据模型，它的特点是用树形结构来表示实体和实体间的联系。层次模型由处于不同层次的各个节点以及它们之间的从属关系组成一个有一定层次的结构。在层次模型的结构中，节点代表数据记录，连线描述位于不同节点数据间的从属关系（只有一对多的关系）。层次模型反映了现实世界中实体间的层次关系，层次结构是众多空间对象的自然表达形式，并在一定程度上支持数据的重构。该结构的特点是：除了位于顶端的根节点以外，其余各节点均以某一个位于其较高层级的节点作为其"父节点"，而且每个节点只有一个"父节点"，但是每个节点可以同时拥有多个位于其较低层级的"子节点"。需要说明的是：这种上下级之间的联系，在某些情况下可以跨越一定的层级，也就是说，在同一个模型中，位于同一层级的节点可能拥有不同层级的子节点，或是它们的父节点不在同一层级。由于现实中存在着很多具有层次、层级联系的事物，如行政管理系统、学校的组织结构等，所以层次模型可以直接描述这些对象，从而得到了广泛的应用。例如，大学各级机构的从属关系就很适合用层次模型表示，如图 5-5 所示。

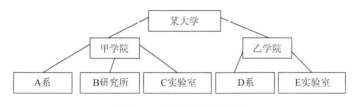

图 5-5　大学的层次模型

但层次模型应用时存在以下问题。

首先，由于层次模型对于现实中的层级结构的模拟，存在层次结构的严格限制（各节点之间只有一对多的关系），因此，当用户需要对基于层次模型的数据集进行查询时，每一次都必须从根节点，也就是层级结构的顶层开始，这就使得对低层次对象的查询和处理的效率都比较低，而且也很难从底层向高层进行反向查询。在实际应用中，由于除根节点外的每个节点数据的更新还可能牵涉到许多相关节点及其之间联系的改变，所以其数据处理的操作比较困难，而且容易导致连带的影响。例如，当用户需要删除某一个非最底层的节点时，除非其所属的子节点都可以一并删除，否则将该节点删除的操作就可能导致其子节点都被连带删除，必须慎用删除操作。与此同时，由于层次模型在描述对象时存在差异，对层次结构的数据进行操作要求用户了解数据的物理结构。

其次，由于层次模型无法直接模拟实体间多对多的联系，只能以一种冗余的方式来表达这样的联系，例如企业和税种之间的联系，用层次模型进行模拟就会形成：企业（1）：税种（n）、税种（1）：企业（n）两种层次并存的情况，造成数据的冗余存储和应用上的不便。因此，层次模型在模拟对象和实际应用两个方面都有明显的局限性。

2）网状模型

在现实社会中，人与人之间、社会主体之间存在着比上述层级关系更为复杂的联系，比如人类社会中的人际关系。此类联系已经很难用层次模型来描述，人们必须寻求能够表达更为错综复杂的联系的数据模型，网状模型由此出现。网状模型的基本特征是：各节点之间没有明确的层级或从属关系，任何一个节点都可以与其他节点建立联系，有时两个节点之间甚至可以有多重联系。例如，两人之间，既可以存在同学关系，也可以存在兄弟或者姐妹关系。

在技术上，网状模型是具有多对多类型的数据组织方式，将数据组织成有向图结构。结构中节点代表数据记录，连线描述不同节点数据间的关系。网状模型在一定程度上支持数据的重构，具有一定的数据独立性和共享特性，并且运行效率较高。如上所述，这种有向图结构比层次结构具有更大的灵活性和更强的数据建模能力，其优点是可以描述现实生活中极为常见的多对多的关系，其数据存储效率高于层次模型，从而可以适应更为广泛的应用领域。

但是，其结构的复杂性也限制了其应用领域和数据规模，主要存在以下问题：首先，网状结构相当复杂，而且随着数据量的增大，其结构会变得越来越复杂，用户操作很困难。例如，在现实中，每一个人出生伊始，就与自己的所有亲人建立了亲戚关系，而其所属的家庭中，所有人都会增加了一名亲戚。相应地，在描述这个家庭关系的网状模型中，每增加一个节点，就要为之添加与其他节点的联系，而且随着节点数量的增多，这种联系在数量规模上会迅速增长。而与此同时，假如要删除一个节点，也会对大量的节点联系造成影响，导致数据库的操作极其复杂。其次，由于上述复杂性的客观存在，网状模型的操作非常复杂，其操作控制语言也相应复杂，给用户学习和使用带来诸多不便。

当然，网状模型的劣势主要体现在数据量较大的情况下导致的联系过于复杂，当数据量不是很大时，它在结构方面的特殊灵活性仍然具有相对优势，在某些应用领域中可以发挥别的模型难以取代的作用。特别是在某些整体数据量不大，但是数据对象之间联系非常复杂的情况下，采用网状模型就是一种明智的选择。

3）关系模型

以上介绍的层次模型与网状模型，节点之间的联系都是通过概念上的"指针"来实现的，虽然在技术上可能采取某种链表结构，但是总需要以某种确定的方式予以描述和记录才能建立节点之间的联系，关系模型对于节点之间的联系则采取了一种更为简洁的方式。

1970 年，IBM 公司的研究员埃德加·弗兰克·科德博士发表了《大型共享数据库的关系模型》，首次提出了关系模型的概念，开创了数据库的关系方法和数据规范化理论的研究，他因此获得了 1981 年的图灵奖。关系模型建立在关系代数的基础上，有严格的数学基础，它把数据的逻辑结构归结为满足一定条件的二维表形式，实体本身的信息以及实体之间的联系都表现在二维表中，这样的表就称为关系，而关系表的集合就成为关系模型。

在形式上，关系表现为一些二维表，与我们日常使用的二维表别无二致，而表中行列之间的纵横对应，就形成了实体之间的联系。例如，一个班级的学生名单就是一张二维表格，其中的每一列为一项属性，如学号、姓名、身份证号、性别、年级等，分别从不同的角度描述学生对象，每一行记录一名学生。这样一来，人们就可以很方便地通过表中的行列对应，查询每名学生的每一项属性。因此，关系模型不需要人为设置指针，而是由二维表中的横列对应关系自然地建立数据之间的联系，并且用关系代数和关系运算来操纵数据，这就是关系模型的本质。

日常工作、生活中常用的各类统计报表、交易单据、名单记录等大多都是二维表，这种记录数据的同时还可以规范、自然、简洁明了地表达数据之间的多种联系的记录方式的起源虽不可考，但是它确实是人类文明发展中的一项重要成就，而关系模型则是建立在这一基础上的数学工具。

在关系模型中，每一份二维表表示同一类实体及其属性描述的集合，在关系代数中把这种二维表格叫作关系。二维表的表头，即描述实体对象的各项属性及其格式构成了关系内容的框架，这种框架叫作模式，关系由许多同类的实体所组成，每个实体对应于表中的一行，叫作一个元组。表中的每一列表示同一属性，叫作域。例如，上文提到的学生名单表格就是一份二维表，表头的个域构成了模式，表中的每一行记录（也就是每一名学生的记录）就是一项实体。

关系模型是现代应用最广泛的一种数据模型，目前绝大多数数据库系统都采用关系模型，它具有以下优点。

第一，它能够以简单、灵活的方式表达现实世界中各种实体及其相互间的关系，使用与维护也很方便，并且符合人们对事物描述、记录的习惯。关系模型通过规范化的关系为用户提供一种简单的用户逻辑结构。所谓规范化，实质上就是使概念单一化，一个关系只描述一个概念，如果多于一个概念，就要将其分开。

第二，关系模型具有严密的数学理论基础和方法体系，如关系代数、关系演算等，可对关系进行相应的操作，使对数据的管理具有高度灵活性的同时还具备坚实的理论依据。

第三，在关系数据模型中，数据间的关系具有对称性，因此，关系的寻找在正反两个方向上难度程度是一样的，而在其他模型如层次模型中从根节点出发寻找叶子的过程容易，相反的过程则很困难。

当然，关系模型在应用中也存在着如下一些问题。

首先，实现效率不够高。由于概念模式和存储模式的相互独立性，按照给定的关系模式重新构造数据的操作相当费时。另外，实现关系之间联系需要执行系统开销较大的链接操作。例如，当人们需要用关系模型描述一个大学中的不同专业的学生及其所选修的不同课程，以及执教各门课程的教师之间的关系时，为避免不必要的数据冗余，就必须将上述关系转化为好几个关系表：学生名单、学生选课表、教师上课表，等等，否则就可能出现冗余数据。

其次，二维表内只存在行列对应关系，并无特殊的关系描述方法，所以关系模型的语义描述功能比较弱，而且较难区分事物之间不同类型的联系。现实世界中包含的数据种类和数量繁多，许多对象本身具有复杂的结构和含义，为了用规范化的关系描述这些对象，需对对象进行不自然的分解，从而在存储模式、查询途径及其操作等方面均显得语义不甚合理。

第六章　信息安全体系建设

在信息安全行业，流传着一个笑话。

问：如何才能保障信息系统的绝对安全？

答：唯有以下三点可保无虞——不拥有信息系统，不启动信息系统，不使用信息系统。

第一节　信息安全的概念

信息包括人类的一切知识，关于各种社会经济活动、自然现象、情况趋势的描述，以及各种心理活动的反映，对于人类社会具有重要的意义。某些信息如果被非合法授权用户获取或者被以非合法授权的方式使用，可能会导致国家、社会、经济、政治、集体及个人的某种价值或利益的损失，由此产生了信息安全问题。

一、信息安全内涵的历史演变

自古以来，信息安全问题就备受重视。随着信息与国家、社会、个人利益的联系的拓展，信息安全的内涵也经历了一个漫长的历史演变过程。

早期的信息安全需求，主要集中在信息传递的安全性方面，即通信安全。我国战国时代（公元前 257 年）发生的著名的"窃符救赵"事件，就反映了当时各诸侯国为保障军事命令的安全性而采用"兵符"作为验证手段的历史事实。[①]根据现存古代兵符的铭文及相关历史记载，"符"是中国古代常用的一种信物，一般分为两半，两半相合，就能作为办理某类事务的定约和践约的凭证。[②]——这就是汉语中"符合"一词的来源——我国古代兵符多制成虎形。

如图 6-1 所示，1973 年西安一位农民发现的这件"杜虎符"为左半符，背面有槽，颈上有一小孔。虎符铭文大意是：右半符掌握在国君手中，左半符在杜地军事长官手中，凡要调动 50 人以上的带甲兵士，杜地的左符就要与君王的右符相合，才能行动。[②]

当然，兵符只能作为一种信物，不能承载具体的信息，在实践中还需要记载具体命令的诏书。但是，如果用明文书写的诏书被敌方获取，就会导致泄密。对此，在我国古代的军事实践中，很早就出现了对文字进行加密处理的"阴书"。据《六韬·龙韬·阴书》

---

① 窃符救赵，是我国战国时期著名的历史典故。根据司马迁所著《史记》记载，魏安釐王二十年（公元前 257 年），秦军围困赵国都城邯郸，赵求救于魏，魏王派将军晋鄙率十万军队赴赵，但魏军只在战场外围观望，并不出战。情急之下，赵平原君夫人向其弟魏信陵君求救，信陵君听取侯嬴之计，托魏王宠妾如姬窃取了向军事将领传递军令的兵符，赶赴赵国前线，击杀晋鄙，夺取了魏军指挥权，击败秦军，救援了赵国。

② 陕西历史博物馆. 杜虎符[DB/OL]. https://www.sxhm.com/collections/detail/518.html[2024-03-15].

图 6-1　杜虎符（现藏陕西历史博物馆）

记载："武王问太公曰：'引兵深入诸侯之地，主将欲合兵行无穷之变，图不测之利，其事繁多，符不能明，相去辽远，言语不通，为之奈何？'太公曰：'诸有阴事大虑，当用书，不用符。主以书遗将，将以书问主，书皆一合而再离，三发而一知。再离者，分书为三部；三发而一知者，言三人，人操一分，相参而不知情也，此谓阴书。敌虽圣智，莫之能识。'"[①]即将一份书信参差分离为三份，分别由不同的信使送出，敌方即使抓住其中一人，也无法读懂其所持书信的内容，在一定程度上解决了远距离通信保密的问题。

近代无线电报技术的发明极大地拓展了远程通信的距离并提升了效率，但也带来了一个安全隐患，即理论上，任何具备适合的接收设备的人都可以接收到无线发报机发出的电磁波并对其内容进行破译，所以需要对涉密的电文进行加密，己方人员收到密电后按照预先约定的密码进行解密。但是，密码的使用总是要遵循一定的规则（算法），这就为对方破译密码创造了条件。为避免己方的密码被对方破译，各国竞相增加密码运算规

---

① 陈曦. 六韬[M]. 北京：中华书局，2007，103-104.

则的复杂程度，最终，运算效率更高的加密/解密机替代了人工，成为现代通用计算机的主要技术渊源之一。

通用计算机出现后，越来越多的信息被转换为计算机能够处理的标准化、通用化的电子数据，存储在数据库中。随着互联网的普及，越来越多的用户能够相互交换、访问各自的信息并进行各种应用，新的信息安全风险也随之而来，万里之外的黑客足不出户就能对信息系统进行远程操控或窃取、修改信息，木马病毒感染系统后可以潜伏很久才被激活，个人使用的手机等电子产品成为新的信息安全"灾区"，很多传统的安全措施已经不足以应对当前网络环境下的信息安全风险，由此提出了信息的完整性、可用性、可控性的安全需求。信息的完整性，是防止对象信息被未经授权地篡改，确保该信息及其处理方法准确且完整；信息的可用性是确保合法授权的用户在需要时可以访问对象信息并有效使用该信息；信息的可控性是确保对象信息（或信息系统）的合法授权管理者可以有效控制管理系统和信息。

随着现代信息技术的广泛应用，大量信息活动与国家安全、经济利益、个人利益联系日趋紧密，如网上购物、网上纳税申报等。为保障利益主体的合法权益，依法追究违法信息活动主体的法律、经济责任，又提出了信息（及其行为）的不可否认性的需求，即确保信息行为人不能否认自己的行为。由此，信息安全的基本需求也从过去确保对象信息本身的安全，延伸到保障与对象信息相关联的国家、社会、个人利益或价值的安全。

为满足上述信息安全的要求，信息安全管理主体应实施一系列适当的控制措施，具体包括策略管理、业务流程管理、运行流程管理、技术产品选择和应用、人员管理、安全法律法规的制定和执行等方面的具体工作。

二、现代信息安全的完整内涵

以上关于信息安全的需求，是从用户的角度提出的。为满足上述需求，从信息安全管理者的角度出发，在现代社会环境和信息技术背景下，信息安全管理的完整内涵包括但不限于以下几个方面。

1. 物理安全

信息系统总有其物理的存在和正常运行状态，一旦这些物理设备、状态、环境被破坏，信息系统也就会随之被损坏。所以，保障信息系统的物理安全，是信息安全的基础性环节。物理安全是指信息系统及其所管理的信息不受物理攻击的破坏，这些物理攻击既包括人为的、蓄意的攻击，也包括自然的、无意的损坏，可能是直接摧毁对象系统，也可能仅仅使之失去正常功能。物理安全措施主要针对各类物理攻击，通过必要的监控、保安和灾难预防措施确保目标系统中各类设备的安全。

除了各种抵御物理破坏的措施以外，在信息化建设中，对于重要的信息系统、数据资料，最常采取的有效物理安全措施是"备份"。备份就是复制一份对象系统或信息，当保护对象被损坏时，这个备份就可以代替受损部分发挥作用。比较简单的备份措施是定期复制一份对象信息留存备用，但是这种措施不能满足有大量用户实时在线处理业务的场景（如用户在操作银行自动取款机取款时突然断电），于是又发展出建立镜像系统的模式。镜像系统与对象系统有足够远的物理距离，以确保物理攻击无法同时摧毁对象系统及其镜像。镜像系统与对象系统同步运行，数据同步更新。例如，某银行的业务处理系统配置在位于北京的总部，而其镜像系统则位于上海甚至广州，双方通过联网实现业务和数据的同步，任何一方出现故障，镜像系统都可以及时接管，保障业务的持续性。

2. 网络安全

现代信息系统离不开信息的交换、传输，信息通过网络传输的过程中，可能被非法截取、干扰、假冒、破坏；网络传输服务机制（包括但不限于地址解析、路由、网络管理等）可能遭到破坏或干扰；联网的信息系统可能遭到黑客、病毒攻击。网络安全的作用就是抵御上述各类来自网络的风险。

3. 数据安全

数据安全是确保用户的信息资源不被损坏、遗失、篡改、非法访问。主要的技术措施是通过数据加密、认证和备份对存储信息的机密性和完整性进行保护，通过访问控制、事务处理和残留数据处理等技术在操作系统或数据库层面上实现对数据访问的控制。

4. 系统安全

应用系统在运行过程中可能遭遇各种风险，导致其正常功能的丧失。系统安全就是通过安全策略对用户的访问请求进行授权，确保只有经过授权的合法用户才能使用系统资源，并通过入侵检测机制对各种来自外部网络的安全威胁进行识别、控制和监视。

第二节　常用的信息安全技术

一、数据加密

上文已经介绍过，数据加密是信息安全领域最传统、最基本的技术措施。数据加密的作用是伪装或隐藏真实的信息，其基本原理就是通过某种方法改变对象信息的表面含义或形象，将"明文"转变为"密文"，使非授权用户无法得知其真实含义。

目前最常用的加密技术主要有两种：对称加密和非对称加密。[①]

其中，对称加密，顾名思义，就是加密方和解密方使用的密钥是"对称的"，也就是一致的。只不过发信方是用其加密，收信方的操作则与之相反，所以用"对称"更为贴切。

非对称加密则比较复杂，一般而言，此类加密过程中包括两个分别用于加密和解密的密钥，即公开密钥和私有密钥。公钥与私钥相互匹配，用某个公钥对数据进行加密，只有用与之相对应的私钥才能解密。在这种模式下，由于收发信息的双方使用的是两个不同的密钥，所以这种加密方式被称为非对称加密。其基本过程是：甲方生成一对密钥

---

① Stallings W. 网络安全要素：应用与标准[M]. 潇湘工作室，译. 北京：人民邮电出版社，2000.

（包含公钥和私钥），将公钥公开，需要向甲方发送信息的乙方使用甲方的公钥对信息加密后再发送给甲方；甲方再用自己私钥对加密后的信息进行解密。甲方想要回复乙方时正好相反，使用乙方的公钥对数据进行加密，同理，乙方使用自己的私钥来进行解密。事实上，这个过程可以类比为：甲方制造了一把锁和与之匹配的钥匙，把打开的锁寄给乙方，乙方用这把锁把信息锁在箱子里之后再发给甲方，这样就只有甲方能够打开箱子取出信息了。

非对称加密的提出，是为了解决困扰对称加密的一个基本问题：密钥的安全交换。在对称加密的实际应用中，如果信息的收发双方长期使用一种密钥，该密钥就可能被第三方获取或破译，导致泄密，所以双方需要经常更换密钥。但是由于双方相距遥远，如果通过公用通信渠道进行密钥的约定或交换，还是容易被第三方截获。非对称加密方法的出现，解决了这一难题，成为现代最常用的数据加密方法。

二、访问控制

如果将需要保护的信息想象为收藏在某个资料室里的文件，那么访问控制技术就可以比喻为资料室大门外查验访客身份、确定是否允许其入内查阅资料的保卫人员，其现实作用也正是如此。访问控制机制根据访问者提供的身份信息，对照本系统设定的访问权限，来确定是否允许其访问系统，或允许其对系统的哪些部分进行访问。

各种不同的访问控制方案能够提供不同层次的安全性能，目前最为常用的主要是基于口令的访问控制机制，例如用户使用微信、QQ 等社交软件就需要提供口令。

三、认证机制

与访问控制技术密切联系的是认证机制，即对用户身份、权限的真实性进行确认的机制，类似于机场、高铁站的安全检查人员对乘客身份证的查验功能。

现代认证机制包括但不限于：数字证书、第三方认证等。

四、防火墙

信息系统中的防火墙通过对内部网络与外部网络的连接的控制来实现网络隔离、信息过滤、日志记录等功能，与访问控制、身份认证等技术配合使用。其作用与现实中某些建筑设施的围墙类似，使访问者只能由具有访问控制、身份认证的入口进入。

防火墙技术一直在不断发展，目前市场上约有上百种不同种类的防火墙。在网络的不同层上有不同类型的防火墙，从不同角度保护内部网络环境的安全。

五、入侵检测

对于一个藏有珍贵文物的博物馆而言，仅有围墙和大门口的安全检查、身份核验等设施是不够的，因为窃贼可能以合法身份进入博物馆，所以还应该在内部设置一些能够对已经进入该建筑的人的活动进行监控的设备，或者设置安全人员对内部进行巡视。在信息系统中，入侵检测系统就起到了类似的作用。

六、安全审计

博物馆应该经常对自己的藏品进行清点、核验，以及时发现藏品是否有损失。信息系统中，安全审计系统就具有类似功能。安全审计系统通过对系统访问日志以及其他各种访问、操作痕迹的审查，可以在一定程度上重现各个用户在系统中的活动轨迹，从而发现非法访问的情况（如果发生过的话）。安全审计不是一种事先防范的措施，但是可以在事后及时发现损失，起到亡羊补牢的作用。

第三节　信息安全体系架构及安全策略

信息安全面临着多种多样、层出不穷的风险，一个信息系统的建设，必须在充分考虑到各方面信息安全风险威胁的前提下，建立信息安全体系，综合采取各项有针对性的安全措施，保障系统的正常有效运行和信息资源的安全。

根据"木桶原理"，一个木桶是由若干木板拼接组合而成的，这个木桶能装多少水，取决于其最短的那块桶板的长度。根据现实，还可以延伸为：如果桶板之间的接合不紧密，那就会漏水。这个经过延伸的理论非常适用于信息安全领域：如上一节所述，各种信息安全技术、措施的作用方式、角度是不同的，它们对于风险的抵御能力也是有区别的，单独采用某一种安全措施，能够达到的效果都比较有限。而综合采用多种安全技术、措施时，还要考虑到它们之间的衔接配合，就好比用很多块木板箍木桶时，是否做到了每块木板之间不留缝隙。所以，综合采取多种安全措施，并不等于各种措施的简单堆砌或重复使用，而是要根据各种措施的针对性、可抵御风险的层级等因素，构建一个安全管理制度、技术措施密切衔接配合，能够满足目标系统的安全需求的安全管理体系，也就是信息安全体系。

一、信息安全体系的架构

信息安全体系主要由三部分构成：安全目标、安全措施体系和安全管理体系。

一个信息安全体系的构建，首先要对需要保护的信息系统的价值及其面临的安全风险进行评估，确定该系统可能面临的主要安全风险。

（一）信息安全风险分析

就财税部门目前应用的信息系统而言，面临的信息安全风险主要包括网络风险、软件系统风险、人员风险和其他风险。

1. 网络风险

我国财税部门目前均已开发、部署了各种基于网络的应用系统，系统内部也建立了业务网络，并主要通过互联网与管理对象——预算使用部门、纳税人等——进行联系，存在诸多安全隐患。

（1）监听。通过特制的工具和仪器，可以较容易地对税务系统广域网上传输的数据进行监听，进而获得有用的信息。

（2）信息流分析。通过对广域网信道数据流量监控、截获和分析，可以判断出某些有用的信息。所有的电子设备在运行时均会产生电磁辐射，现代电子侦听技术可以轻易地接收到计算机和网络设备操作的电磁辐射，通过分析就可以得到相关情报。

（3）数据篡改。通过对广域网上传输的数据进行拦截和修改，向合法用户之间传递错误信息。

（4）病毒侵入和传播。由于财税系统用户终端众多、覆盖面广，病毒有可能通过其中的某些终端入侵，并在网络平台中扩散，对应用系统、数据库和其他相关系统造成破坏。

2. 软件系统风险

（1）系统漏洞和后门。在操作系统和应用软件的开发过程中，开发人员为了进行技术调试，会主动留下某些后门；有的情况下，由于开发过程中的疏忽，也会给软件产品留下某些漏洞。这些漏洞和后门为非法入侵者提供了不经过正常入口即可访问系统资源的技术通道，也为某些病毒入侵系统创造了条件。

（2）应用功能风险。在某些应用软件的设计中，出于各种原因，应用功能的设计可能会存在某些易于被攻击者利用的通道，例如某些应用软件允许用户通过网络向应用服务器上传资料，这种合法访问的通道如果没有对用户上传的文件进行严格检查，就可能被入侵者上传破坏性代码或直接进行攻击。此外，系统容错功能的局限，也可能成为攻击者的目标，例如攻击者可以通过改变信息流的次序或方向，或者删改某些重要信息，使对方做出相应的响应，这样就可以达到对被攻击者进行持续干扰，使之总是在执行非服务性的操作、处于忙碌状态，而正常用户就无法访问、使用该系统了。

（3）越权访问风险

一个应用系统一般会有不同类型的用户，各类用户对系统资源的访问和操作权限是不同的。有时候，合法用户会超越其获得合法授权的访问权限对系统资源进行操作，造成某些损失。

（4）抵赖的风险。财税工作涉及国家、企业和个人的利益，有时候，某些用户为逃避责任或非法占有某些利益，可能会否认自己在系统中所进行的某些操作或诬陷他人，这有可能引起管理业务的混乱，权责不清，破坏信息系统的可用性。

3. 人员风险

在信息安全领域有一个基本常识："三分技术，七分管理"。这句话的含义是：信息安全管理的核心是对人的管理，人作为信息的控制者、使用者和受益者，是信息活动中具有主动性、能动性的方面，也是大部分信息安全风险存在的主导因素。很多信息安全事件的发生，都是由于用户没有严格遵守信息安全管理制度，为非法入侵者创造了可乘之机。

4. 其他风险

一个信息系统所处的运行环境，有时候会存在某些外部风险。例如，在沿海地区运行的信息系统，可能需要考虑海洋环境中的高温、潮湿、盐雾等因素可能对设备运行带来的影响；在供电不正常的地区运行的系统，还要考虑采用不中断电源和自备发电机以防停电。

（二）确定系统安全需求

在通过信息安全风险分析明确了信息安全体系需要解决的主要问题的前提下，还需要明确系统的安全需求，即一个信息系统需采取多少安全措施、达到什么安全程度才能保障系统的安全运行？

一个信息系统的安全需求，首先取决于该系统所承载的业务的重要性、处理的信息的涉密等级，以及其涉及的国家、社会、个人、企业利益或效应的规模与程度。这些要求决定了该系统的安全需求的下限，如果不能满足这个最低安全需求，该系统就无法安全运行了。

在最低安全需求的基础上，信息系统的所有者和用户往往希望获得更高的安全性能，以防患于未然。这就涉及信息系统建设中的资源配置问题。现实中，信息系统的建设是受到有限资源（预算）约束的，信息安全措施的采用、安全设备和软件系统的投入、安全制度的执行，意味着一部分资源被消耗或用于信息安全领域。要达到更高的安全性能往往需要投入更多的资源（尽管两者之间不一定存在正比关系）。所以，信息系统建设的有限资源，必须在信息安全需求与系统其他方面的需求之间实现均衡配置，不可偏废。配置于信息安全方面的资源份额，在很大程度上决定了信息安全需求的上限。

因此，一个信息系统的可满足的信息安全需求，基本上就局限于可投入资源所约束的上限与最低安全需求所决定的下限之间。

以此为基础，系统设计者就可以在预算范围内选择可以应对各类风险的技术工具和措施，并为之设计协调配合机制、准备相应的安全技术支撑体系。

二、信息安全体系的构建

（一）网络安全策略

从信息系统管理主体（如财政局或税务局）的角度看，在其信息系统连接、运行的网络覆盖范围中，一部分网络资源是管理主体可控的（如连接该管理主体内设的业务部门或下属单位的网络），其余的部分则是管理主体不可控的（如互联网）。显然，对于管理主体而言，在可控部分采取安全措施比在不可控部分要更加方便，成本更低，效果更好。因此，采取适当措施将可控部分的网络与不可控部分进行某种程度的隔离，建立可控的网络"安全区"，把安全需求较高的信息资源置于可控部分，就成为一种行之有效的网络安全策略。

基于这种策略，可以将整个网络划分为外网（不可控）和内网（可控）两部分，并根据信息系统的安全需求，对外网与内网采取隔离措施。内网与外网之间，可以采取物理隔离，也可以采用防火墙、入侵检测、安全审计等技术实现可控隔离。

对于内网，由于它是管理主体可控的，所以可以根据具体需要采用多种安全措施，甚至进一步进行安全等级的划分，实现敏感网段、重要网段与普通网段的相对隔离，根据网络性质的不同而采用相应的访问控制措施。还可以在内部局域网划分虚拟局域网，进行子网划分和访问控制，防止网内用户的越级访问。为避免内网受病毒入侵，保证网络系统中信息的安全，还可以在内网平台构建比较完整的防病毒体系。

对于应用系统可能延伸到的外网部分，除了采用防火墙等技术对内、外部数据传输进行控制以外，还可使用扫描和监控软件对于来自外网的异常访问等进行记录和报警，进一步确保内部网络环境的安全。此外，还可利用网站监控和恢复系统保证网站一旦遭到攻击时可以及时恢复。

（二）应用系统安全策略

用户用于处理业务的应用系统的运行需要操作系统、数据库、中间件等软件平台的支撑，这些软件平台一般是向软件开发商购买的通用软件产品，从应用系统开发、管理主体的角度来看，这些软件平台产品并非自行开发，其中可能存在后门、漏洞等风险，属于管理主体不可控的部分。对此，除了采取安装补丁程序、关闭不必要的服务和进程等措施以外，还可以从两个层次上强化其安全性：一是充分利用软件平台自身提供的用户身份识别、视图、使用权限控制和审计等安全机制；二是在自行开发的应用系统中设置针对软件平台的安全控制机制，如实体安全、容错备份和恢复技术，转储并建立日志记录、利用审计跟踪工具，记录用户活动情况和系统的服务功能等。

对于自行开发的应用系统，则可以根据安全需求采取各种安全措施，如对用户进行身份认证、资格审查和角色控制。

如前文所述，建立异地灾难备份中心是提高应用系统安全性的有效措施。为保证数据的安全，避免因灾难、系统失效等原因导致关键应用不能运行，在信息化建设方案中，还应考虑建立异地灾难备份中心。

（三）服务安全策略

税务部门与社会经济存在大量直接的接触，其核心职责在于提供各类纳税服务的业务。互联网在成为税务部门向社会提供纳税服务的主要平台的同时，也构成了外界入侵税务信息系统的通道。因此，税务部门在应用纳税服务平台做好纳税服务工作的同时，还要对服务过程中的安全风险进行防范。

互联网是一个开放的平台,所以对于税务部门而言,它属于不可控的网络平台。在这个平台上,税务部门既不能控制网络用户的行为,又很难验证其真实身份,更不能采取内网管理中以行政管理为基础、以工作制度为抓手的信息安全策略,而必须借助第三方(如公安、工商等部门或第三方权威机构)的信息资源,弥补自身对外网风险控制能力的不足。

对于用户身份的验证,目前比较有效的措施是利用第三方身份认证机制。公开密钥基础设施已成为业界标准,可以为信息提供高强度的数字签名和加密,支持交叉验证,并具有强大的密钥和证书管理机制,为证书在税务系统中的应用提供了完善的保障。通过采用证书与应用系统的无缝集成,为网上报税系统提供了身份认证、资格认证、保密性、完整性、不可抵赖性和信息的追认功能。在某些管理环节,还有必要采用时间印鉴来为业务记录提供完整的时间认定功能,规避由于时间因素带来的风险。在涉及资金转账的业务环节(如网上缴税),为保障税款和纳税人资金的安全,还需要申领中国金融认证中心签发的证书来实现安全转账。

三、安全管理体系

安全管理体系包括行政管理和技术管理。

行政管理的主要内容包括组织机构、人员安全管理制度、工作安全管理制度及相关规范等。技术管理的主要内容包括系统开发和运行各环节的安全管理,如开发环节的安全性能验收规范,开发文档及其他技术资料的管理、调阅制度,运行阶段的安全管理规定、设备和密钥的安全管理等。

安全管理法规体系是信息安全管理工作的根本保障,目前我国已制定并实施了《计算机软件保护条例》《中华人民共和国计算机信息系统安全保护条例》《中华人民共和国计算机信息网络国际联网管理暂行规定》《计算机信息网络国际联网安全保护管理办法》《商用密码管理条例》《中华人民共和国电信条例》《互联网信息服务管理办法》《中华人民共和国产品质量认证管理条例》等一批法规、条例,财税部门也结合自身管理工作的现实,制订了相应的信息安全制度和工作规范。

信息安全的核心问题是人的管理,需要大量的信息安全专业管理和技术人才,因此教育培训体系的发展至关重要,需要建立信息安全专业和从业人员的培养体系,通过培训、学习和宣传计划等多种形式普及和提高全员信息安全意识和基本安全技能。

四、支撑体系

信息安全体系除了上述各方面以外,还需要许多方面的支撑条件,为信息系统提供必要的安全设备、安全应用支撑,包括但不限于:①技术支持体系。信息安全风险管理的核心目的,并不是杜绝一切安全风险(因为成本过高且不现实),而是在尽可能防患于未然的前提下,对于即将发生或已经发生的风险及时采取管控措施,将其可能造成的损失控制在可接受的范围内。基于上述前提,为满足财税部门覆盖全国的信息系统的安全需求，应在系统覆盖范围内，建立技术支持体系（当然，技术支持体系不仅服务于信息安全的目的，还要负责大量日常的技术管理、运行维护等方面的工作，所以各级财税部门一般都设有相应的技术支持部门）。技术支持体系将各级财税机构的技术部门联系为一个有机的整体，实现系统内的技术资源共享和业务联动。例如，假设某基层单位的技术人员发现本单位的系统运行出现异常情况，但是本地技术人员难以判定问题属性，就可以在采取应急止损措施的同时，将问题向上级技术部门反映，请求上级提供技术指导。如果其上级技术部门经分析确定这是一起病毒感染事件，就会启动病毒感染响应预案，在及时指导该基层单位采取病毒感染响应措施的同时，按照相关规定向上级报告，并指导所有下属单位的技术部门开展针对该类病毒的排查、预防工作，可以有效避免病毒在本级辖区内的扩散和破坏。由此可见，技术支持体系在信息安全管理中，能够依靠专业技术人员保障风险管理和响应措施的有效性，通过就近部署保障风险应对的及时性，有效保证系统的高效、稳定、安全运行。②病毒防治体系，向系统提供计算机病毒的防御、扫描、预警和杀毒服务，确保信息系统的运行安全。③灾难备份系统，为系统提供关键数据或关键应用的备份服务，必要时接替发生故障的部分保持运行。④安全认证体系，为覆盖全国的财税信息系统内及网上申报等信息交换提供身份认证服务。

第七章　标准体系建设

标准，是指某个领域中，由于业务或技术的需要而建立并遵循的规范性要求。一个行业、领域的信息化建设，涉及多方面、多层次的需要予以规范化、标准化的因素，这些因素相互联系、相互依存、相互制约，构成了一个从多角度、多层次反映该领域相关规范的体系，即标准体系。

第一节　我国的标准体系[①]

我国的标准分为国家标准、行业标准、地方标准和企业标准四级。国家标准分为强制性标准、推荐性标准，行业标准、地方标准是推荐性标准。强制性标准必须执行。国家鼓励采用推荐性标准。

一、国家标准

（一）强制性国家标准

对保障人身健康和生命财产安全、国家安全、生态环境安全以及满足经济社会管理基本需要的技术要求，应当制定强制性国家标准。

国务院有关行政主管部门依据职责负责强制性国家标准的项目提出、组织起草、征求意见和技术审查。国务院标准化行政主管部门负责强制性国家标准的立项、编号和对外通报。省、自治区、直辖市人民政府标准化行政主管部门可以向国务院标准化行政主管部门提出强制性国家标准的立项建议，由国务院标准化行政主管部门会同国务院有关行政主管部门决定。社会团体、企业事业组织以及公民可以向国务院标准化行政主管部门提出强制性国家标准的立项建议，国务院标准化行政主管部门认为需要立项的，会同国务院有关行政主管部门决定。强制性国家标准由国务院批准发布或者授权批准发布。法律、行政法规和国务院决定对强制性标准的制定另有规定的，从其规定。

（二）推荐性国家标准

对满足基础通用、与强制性国家标准配套、对各有关行业起引领作用等需要的技术

---

① 中国人大网. 中华人民共和国标准化法[DB/OL]. 1988 年 12 月 29 日第七届全国人民代表大会常务委员会第五次会议通过 2017 年 11 月 4 日第十二届全国人民代表大会常务委员会第三十次会议修订. http://www.npc.gov.cn/zgrdw/npc/xinwen/2017-11/04/content_2031446.htm[2024-03-04].

要求，可以制定推荐性国家标准。

推荐性国家标准由国务院标准化行政主管部门制定。

二、行业标准

对没有推荐性国家标准、需要在全国某个行业范围内统一的技术要求，国务院有关行政主管部门可以制定行业标准，并报国务院标准化行政主管部门备案。

三、地方标准

省、自治区、直辖市人民政府标准化行政主管部门为满足地方自然条件、风俗习惯等特殊技术要求，可以制定地方标准。设区的市级人民政府标准化行政主管部门根据本行政区域的特殊需要，经所在地省、自治区、直辖市人民政府标准化行政主管部门批准，可以制定本行政区域的地方标准。地方标准由省、自治区、直辖市人民政府标准化行政主管部门报国务院标准化行政主管部门备案，由国务院标准化行政主管部门通报国务院有关行政主管部门。

四、企业标准

企业可以根据需要自行制定企业标准，或者与其他企业联合制定企业标准。

国家支持在重要行业、战略性新兴产业、关键共性技术等领域利用自主创新技术制定团体标准、企业标准。

五、强制性国家标准与推荐性标准的关系

推荐性国家标准、行业标准、地方标准、团体标准、企业标准的技术要求不得低于强制性国家标准的相关技术要求。

国家鼓励社会团体、企业制定高于推荐性标准相关技术要求的团体标准、企业标准。

第二节　标准化在信息化进程中的意义

信息技术作用于某一领域产生的直接效果可以归纳为三个层次：数据交换、信息共享和业务联动。例如，电话技术的发明，使得相距遥远的人们可以相互通话，也就是远程语音数据交换；互联网的出现，使人们可以将自己的照片、视频发布到社交平台，并阅读、观看别人发布的文字、语音、视频等内容，也就是多媒体数据共享；人们在电商平台购物时，只需要进行下单支付的操作，就会触发电商平台、银行、卖家、物流等多个环节的业务，这就是交易业务的联动。

上述三个层次的信息活动都离不开一个基础性的支撑条件——标准。仅以数据交换

为例：要实现数据交换，双方所使用的技术设备就应该遵循（或兼容）同样的技术标准，数据要遵循某种规范（比如在书信交流中，要使用对方能理解的语言文字、语法结构和书信格式），交换数据的过程要遵循双方的某种约定（例如打电话时，要拨打按照某种规定分配给用户的电话号码）。由此可见，人们习以为常的电话通话，就需要用户统一语言（或至少懂得对方的语言）、电话服务运营商统一分配的电话号码、电话通信系统在技术方面的规范性要求等大量技术、符号标准。上述各领域、各层次的各类标准、规范，构成了庞大、复杂、相互联系的标准体系。信息化建设，离不开标准体系的支撑。

但是，社会经济系统中某一领域的标准或规范，并不是生而有之的，而是一个逐步发展、融合、统一、规范的过程。某种标准的形成和发展过程，就是标准化。

标准化需要某种（或某些）因素的推动。在当代，信息化已经成为社会经济发展的重要动力，同时也是推动各领域标准化的重要动力。以税收征收管理软件的应用为例：税收征收是税务管理工作的核心业务，也是税务机关与广大纳税人之间发生大量数据交换，税务系统内部业务信息共享，征管业务发生联动的管理业务。税务部门考虑开发、应用税收征管软件系统时，需要根据税收法律、法规、制度、政策的规定，充分考虑具体征管工作中可能发生的各种情况，对各个征管环节、各项征管业务的具体内容、处理流程、工作要求进行规范化的设计，以此作为征管软件业务处理的依据。当该软件开发成功、投入实际应用时，其所提供的征管业务应用的内容、流程、要求等方面都已经遵循上述规范设计方案，进而约束操作人员按照这个规范开展业务，从而实现了征管业务的标准化。

归纳起来，信息化建设需要标准的支持，在信息化过程中，还可能根据软件开发的需要建立相关业务的某些标准，而当这个软件系统投入应用后，又会对用户处理业务的模式形成规范性约束——用户如果不按照软件的操作规范进行业务处理，系统就不会正常响应，该项业务也就无法处理——从而达到业务标准化的实际效果。因此，标准化与信息化之间，存在着相互支撑、相互促进、相辅相成的联系。信息化的进程，同时也是标准化的进程。

第三节　财税信息化建设中的标准体系建设

在财税部门的信息化建设中，标准体系与信息安全体系共同起到了支撑作用。

标准体系的建立，可以将系统内各层级、各部门所积累的业务经验、技能和行之有效的管理模式，以业务标准的形式予以固定，避免由于人员岗位的变化导致工作经验的损失，起到了知识积累的效果。与此同时，个人的知识、经验转化为业务经验后，可以向全系统进行推广、应用，可以提高工作效率。对于某些情况下产生的工作失误，经过分析、总结之后形成经验教训，再规范化为业务标准进行推广，就可以有效避免其他单位、个人发生同样的失误。融合了大量经验、教训的业务标准，也成为系统内教育培训的规范材料，有利于人员整体业务素质的提高。

从财税系统信息化建设的需求出发，标准化的主要内容包括：业务处理、业务数据、信息描述、接口、系统开发等方面。

一、业务处理标准

财税信息化建设服从和服务于财税管理的职能需要，财税管理职能通过管理业务得以实现，管理业务的标准化、规范化，是财税信息化建设中标准体系建设的出发点和落脚点。因此，标准体系的建设，以管理业务的标准化需求为起点。

在财税信息化建设中，财税管理业务的标准化有两个方面的含义。

第一，在人工处理业务的阶段，大量工作人员在业务技能、工作方法、工作条件甚至个人性格等方面的差异反映到工作实践中，就会表现为不同的工作人员在处理同样的业务时，在具体方式、流程等方面的差异性。当信息系统用于取代或协助传统的人工工作时，某些过去"因人而异"的业务处理的方式、流程和相关要求就会被规范化为统一的模式。

第二，信息技术作用于一个单位的业务，一般会产生"流程再造"的效果，形成效率更高、成本更低的新的业务处理模式。

因此，业务处理标准化，是依托信息技术平台和手段，对传统业务处理模式的改造和优化的过程，其目的是在符合有关法律、法规、政策和工作制度的前提下，通过标准化建设，提高管理工作的效率和质量，减少不必要的资源占用和消耗。

例如，税务机关对已实行"多证合一、一照一码"①登记模式的纳税人首次办理涉税事宜时，要求其填报税务机关依据市场监督管理等部门共享信息制作的《"多证合一"登记信息确认表》进行确认，对其中不全的信息进行补充，对不准确的信息进行更正。②上述规定是对过去在登记环节就要求纳税人提供完整信息的要求的调整，从而避免了纳税人在办理登记时由于携带资料不齐而必须专门往返办理，减轻了纳税人的负担。

上述业务规范修改的背后，是我国于2015年10月1日全面实施"三证合一、一照一码"登记制度改革③，从2016年10月1日起正式实施"五证合一、一照一码"④，有力地推动了相关部门工作整合归并和内部信息共享。

二、业务数据标准

财政、税务管理业务中，需要处理大量各类业务数据。在由人工处理数据的阶段，各种业务数据主要以表格的形式进行记录、处理和传递，如某市2018年税收收入分行业分税种统计年报表；有的情况下也以文字报告的形式出现，如某省2017年财政决算报告

---

① 一照一码是将过去由工商、质检、税务分别受理登记、核发不同证照的做法，改为"一窗受理、互联互通、信息共享"，由工商部门直接核发加载法人和其他组织统一社会信用代码的营业执照。

② "国家税务总局"微信公众号.开门做生意，一照一码户登记信息的确认和变更咋办理？[DB/OL].http://www.gov.cn/fuwu/2019-11/12/content_5451159.htm[2020-06-06].

③ 中国政府网.李克强：进一步打造法治化便利化营商环境 推动大众创业、万众创新在全社会蓬勃开展[DB/OL].http://www.gov.cn/zhuanti/2015-09/22/content_2944762.htm[2019-08-06].

④ 新华社.国务院办公厅印发《关于加快推进"五证合一、一照一码"登记制度改革的通知》[DB/OL].http://www.gov.cn/xinwen/2016-07/05/content_5088537.htm[2019-08-06].

及 2018 年上半年财政预算执行情况的报告，就是一份关于该市财政预算数据的资料。

业务数据的标准包括但不限于：数据口径（如数据含义、对象分类等）、数据规范（如以万元还是以元为单位、保留小数点后第几位等）、表格样式或报告模板的规范、表内数据的逻辑关系等。

业务数据的标准化，是管理业务标准化的基础，也是信息化建设中，信息描述标准化的基础。

三、信息描述标准

在财税信息系统开发过程中，来自管理业务的数据需要表示为计算机系统能够识别和处理的电子数据，对于业务数据描述的标准是应用软件设计的基础，是保证各地业务数据相互共享和兼容的基本前提，是财税信息化的一项基础性工作。随着财税信息化的持续深入，数据规模急剧增加，不同应用系统之间基于数据交换、信息共享达到业务联动的要求也越来越迫切。要实现各应用系统之间的"无缝"连接，首先就要站在财税管理的层面建立规范、统一的数据标准。

信息描述标准主要包括信息编码、信息结构等方面的规范性要求。

（一）信息编码

信息编码是根据业务处理的需要，为对象赋予有一定规律性的、易于计算机软件识别与处理的编号，如预算科目代码、纳税人社会信用代码。

信息编码一般需要遵循唯一性、规范性、合理性等编码原则，并根据业务发展需要考虑可扩展性、适用性。

信息编码按功能可分为有含义编码和无含义编码。比如我们的身份证号码就有一定的含义，属于有含义编码；而一些"流水码"一般就属于无含义编码。

（二）信息结构

在信息系统中，信息的逻辑组织结构本身就是一种信息的表达方式。例如，每门课程期末考试后都要填写一份学生成绩登记表，每一份这样的表格就代表了一门课程的考核情况；而该表中的每一行则记录了一名学生该门课程的考试成绩，等等。

财税管理信息系统中，数据的结构可以表达许多业务信息。但是，在很多情况下，这种基于数据结构的信息表达方式并无严格的规范，同一种信息可以用不同的结构表达，同样的结构也可以表达不同的含义。与此同时，不同用户对于同一个信息的需求不同，也可能导致数据结构的差异。而信息结构的差异，会导致相互之间无法直接进行数据交换，更无法共享数据。所以，信息结构标准的设计，是信息系统开发中非常重要的基础性工作，往往会占用相当比例的开发工作量。

四、接口标准

接口，是指信息系统内部或系统之间进行数据交换时所遵循的规则。在硬件层面，是指同一计算机不同功能层之间的通信规则；在软件层面，是指对协定进行定义的引用类型。

信息系统需要进行大量的数据传输、交换。显然，如果不同系统之间的接口不一致，就难以进行数据交换，也就是人们常说的"不兼容"。因此，接口的标准化是信息化建设中技术领域的基础性环节。

五、系统开发标准

早期的信息系统规模较小，开发工作量一般不大，往往由一名或几名程序员在较短时间内就能完成。这样的开发方式虽然有很高的效率，但是软件产品的后续修改、维护往往需要开发者自己才能进行，因为每个程序员的编程风格、代码设计、变量表达等方面都不可避免地带有个人色彩，别人很难读懂。但是，随着信息技术的发展，信息系统的规模越来越大，功能越来越复杂，传统的"手工作坊"开发模式很难满足大型软件的开发需求。于是人们开始研究规范的软件开发模式，并逐步形成了一系列规范化的开发方法，即软件工程。

现代大型财税信息系统的开发，不仅要求大量设计人员相互之间密切配合，还需要业务人员与技术人员进行有效沟通，在开发过程中，个别程序员的工作变动不应该影响到系统开发的进度，开发完成后，系统在长期的运行中所需要的维护、修改工作也不能完全依赖开发人员。所以，财税信息系统的开发，必须遵循规范的软件开发模式。

第三部分　财税信息化建设实践

第八章　我国财政信息化发展概述

第一节　我国财政部门信息化建设历程

根据信息化发展阶段理论，我国财政部门的信息化建设历程可以划分为初期阶段、普及阶段、发展阶段、系统内集成阶段和全社会集成阶段。

一、初期阶段

我国财政部门信息化建设发端于 20 世纪 70 年代末财政部组建计算中心并引进计算机系统。在这一时期，技术应用主要集中在文档和报表处理、数字运算等基础性的工作层面。但是初始阶段的应用，为财政管理业务与计算机技术的结合打下了基础，并为顺利推进二步利改税等财政改革与发展发挥了重要的作用[①]。

二、普及阶段

20 世纪 80 年代至 90 年代，我国财政信息化建设得到规范、有序的发展。在这一阶段，计算机技术已经比较深入地参与到管理业务之中，应用形式从数据、文档处理发展到收集上报财政决算数据、完成总预算会计记账和企业数据测算等，但是各项业务应用系统还处于分别建设的状态，相互间难以实现信息共享和业务联动，信息孤岛状态相当普遍，[②]缺乏整体规划和系统协调。

三、发展阶段

进入 21 世纪，随着党的十五届六中全会的召开，我国财政领域开始推行部门预算、国库集中支付、政府采购、"收支两条线"等一系列重大改革，对财政系统的网络和信息系统提出了更高的要求。部门预算编审、国库集中支付、非税收入、工资统发、会计集中核算管理等主要财政业务的应用系统都开始了规划建设，技术应用的层次从单项业务处理向覆盖全国的各级业务联动拓展。2002 年，国务院将财政部原先规划建设的"政府财政管理信息系统"命名为"金财工程"。2003 年，为了规范、加强"金财工程"系统软件管理，积极稳妥地推进"金财工程"建设，财政部制定了《"金财工程"系统软件开发、应用管理暂行办法》，明确了"金财工程"建设领导小组办公室（简称"金财办"，

---

① 毕瑞祥. 财政信息化研究：中青年经济学家文库[M]. 北京：经济科学出版社，2008.

② 马洪范. 统筹管理与财政信息化：新时期财政改革与管理创新的求索[M]. 北京：经济科学出版社，2007.

日常工作由信息网络中心承担）是"金财工程"系统软件的组织开发和管理机构，负责"金财工程"系统软件的统一规划、组织开发以及论证、评审、鉴定等工作；确定了"金财工程"系统软件开发应遵循的统一领导、统一规划、统一技术标准、统一系统平台、统一组织实施的"五统一"原则；并对"金财工程"系统软件的开发方式、申报和审批、开发和应用推广、开发经费管理等方面作了明确规定，我国财政信息化建设由此进入全面发展阶段。

四、系统内集成阶段

2007 年 11 月，财政部对财政信息系统建设提出了"一体化"的指导思想，要求在管理、业务和技术等三个方面实现一体化，财政信息化建设逐步走向整合和统一。这一时期，财政信息化建设取得的主要进展包括：实施统一应用支撑平台，构建一体化管理大系统；加强网络建设，构建统一的网络支撑；强化安全建设，实施统一的安全部署；建设统一运行维护体系，保障信息系统稳定运行；建立统一的数据中心，为财政决策提供有力支撑；制定统一的管理、业务和技术标准，推进标准化建设。2007 年，财政部下发了《信息化建设管理办法》，并制定了《财政部信息化应用系统需求管理办法》《财政部信息化建设项目合同管理办法》《财政部信息化应用系统组织实施管理办法》《财政部信息化建设项目验收管理办法》《财政部信息化网络建设管理办法》《财政部信息化建设项目资金管理办法》《财政部信息化建设项目监督检查管理办法》等一系列信息化建设制度。[①]

五、全社会集成阶段

2016 年 6 月，财政部下发《关于地方财政信息化建设的指导意见》，提出"横向一体化、纵向集中化、全国系统化"的财政信息化建设总体思路。其中，横向一体化，主要针对部门内部信息系统之间业务不衔接、系统碎片化、数据不共享等问题；纵向集中化，针对省级以下财政部门信息系统分散建设、系统林立、功能上各自为政的问题；全国系统化则主要解决全国范围内基础数据规范的统一、数据标准存储的统一、平台总账结构的统一、纵向交换机制的统一和信息安全体系的统一。[②]

2019 年，为满足中央各级预算单位在线处理非涉密财政业务的需求，财政部建设完成了基于电信运营商虚拟专用网络的财政业务专网安全接入平台，使各预算单位安全可靠、方便快捷地接入到财政业务专网，并下发了《关于中央预算单位接入财政业务专网有关事项的通知》。这一动向标志着我国财政信息化建设正进入全社会集成阶段。

---

① 中华人民共和国财政部信息网络中心. 刘祝余主任：加快推进财政信息化建设，促进财政科学化精细化管理[DB/OL]. http://xxzx.mof.gov.cn/zhengwuxinxi/lingdaojianghua/200910/t20091021_221833.html[2023-06-29].

② 中华人民共和国财政部信息网络中心. 彭艳祥主任：统一目标积极行动全力推动新时期财政信息化各项工作落实[DB/OL]. http://xxzx.mof.gov.cn/zhengwuxinxi/lingdaojianghua/201806/t20180612_2924401.html[2019-07-02].

第二节　"金财工程"简介

1999 年，财政部开始规划开发"政府财政管理信息系统"，于 2001 年初完成初步设计，下半年开始试点。2002 年初，国务院正式将该系统命名为"金财工程"。①

"金财工程"即政府财政管理信息系统，是利用先进的信息技术，支撑以预算编制、国库集中收付和宏观经济预测为核心应用的政府财政管理综合信息系统。政府财政管理信息系统覆盖各级政府财政管理部门和财政资金使用部门，全面支撑部门预算管理、国库单一账户集中收付、政府采购、宏观经济预测和办公自动化等方面的应用需求。

一、金财工程的建设目标

金财工程的建设目标包括两个部分，一个部分是财政业务应用系统，其中包含预算管理、国库集中收付、国债管理等核心财政业务的管理系统和宏观经济预测等子系统，构成了比较完整的财政业务管理应用体系；另一个部分是连接全国各级财政部门以及财政资金使用部门的网络系统，为以上业务应用系统提供了网络运行平台。

金财工程以覆盖各级政府财政管理部门和财政资金使用部门的大型信息网络为支撑，以细化的部门预算为基础，以所有财政收支全部进入国库单一账户为基本模式，以预算指标、用款计划、采购订单以及财政政策实施效果评价和宏观经济运行态势跟踪分析为预算执行主要控制机制，以出纳环节高度集中并实现国库现金有效调度为特征。②

二、金财工程的总体规划①

金财工程的系统规划，在借鉴金税和金关工程的经验基础上，确立了"五统一"的指导思想，即"统一领导、统一规划、统一技术标准、统一系统平台和统一组织实施"。

财政管理信息系统具有覆盖面广泛、业务流程复杂的特点，对系统的安全可靠性方面的要求非常高，是一个庞大复杂的系统工程，需要采取标准先行的建设策略。为此，金财工程的组织领导机构制定了《政府财政管理信息系统网络建设技术标准》，确保金财工程建设的统一规范。

三、金财工程的建设内容③

金财工程的建设内容包括：财政业务应用系统、网络系统、信息安全体系。

---

① 金财工程简介[J]. 西部财会，2006，（10）：61-64.

② "金财工程"启动[J]. 山西财税，2002，（9）：1.

③ 中国电子政务网. "金财工程"建设目标和总体规划[DB/OL]. http://www.e-gov.org.cn/article-115868.html[2019-07-07].

（一）财政业务应用系统

财政业务应用系统，由以下主要分系统组成。

1. 预算编制审核系统

该系统实现各级财政资金使用部门和各级财政管理部门的预算编制、预算审核、预算调整的规范化和科学化管理，支持基本预算支出和项目预算支出的部门预算编制，能完成预算控制数编制及预算批复，支持预算科目新体系，支持在线查询、汇总和审计。另外，系统通过数据库实现与国库支付管理、现金管理、收入管理、政府采购、宏观经济预测等系统的数据共享。其子系统包括：预算编审系统、预算单位基础数据库及预算定额管理系统、项目申报和项目库管理系统、财政收入测算系统、地方预算管理和汇总系统、预算日记账管理系统等。

2. 国库支付管理系统

该系统是政府财政管理信息系统的核心部分。包括资金计划审核控制系统、支付管理系统、采购订单系统、总分类账系统和预算执行报告分析系统，并实现与现金管理、预算管理、收入管理、国债管理、政府采购、宏观经济预测等系统的数据共享。

3. 现金管理系统

该系统对国库现金账进行实时管理，并实现与国库支付管理、收入管理、国债管理、政府采购等系统的数据共享。其主要功能包括：与人民银行国库局和与商业银行连接的支付对账系统、现金流预测系统，可实现按现金流总体控制支付授权。

4. 工资发放系统

该系统管理财政供养人员的基本信息、工资结构，通过国库单一账户管理和发放每个人的工资。通过系统的内部控制机制和财政、人事部门、编制机构的三方核对，有效防止个人工资虚增冒领的现象。

5. 收入管理系统

主要管理预算内收入和预算外非税收入，并实现与预算编制、国库支付管理、现金管理、宏观经济预测等系统的数据共享。该系统的预算内收入系统将与税务、海关连接，具有退税管理功能。

6. 国债管理系统

提供对国债发行计划、国债发行及清偿管理、国债风险评估、国债经济效益分析等功能，并实现与预算管理、国库支付管理、现金管理、宏观经济预测等系统的数据共享。

该系统包括：国债发行计划系统、国债发行及清偿管理、国债风险评估和国债经济效益分析系统等四个子系统。

7. 政府采购管理系统

该系统以网络化和电子商务的先进技术手段支持政府采购业务流程，并实现与预算管理中的政府采购预算、国库支付中的采购订单相连接，与固定资产管理等系统实现数据共享。主要包括：采购项目管理系统、政府采购信息发布系统、政府采购订单管理系统和政府采购审计监督系统等四个子系统。

8. 固定资产管理系统

建立固定资产总分类账，支持固定资产添置、折旧、重估、报废等管理工作，实时更新维护固定资产数据库，并实现与国库总分类账、政府采购等系统的数据共享。

9. 宏观经济预测系统

该系统以财政数据库的数据为基础，综合国内外宏观经济数据，建立财政收支分析预测模型、财政监测预警模型、政策分析模型、宏观经济预测模型、宏观经济景气与监测模型，科学、全面地掌握宏观经济和财政收支增减因素，合理控制债务规模，为政府财政预算编制、财政支出管理、财政政策调整提供辅助决策依据。

10. 与其他部门连接的接口系统

政府财政管理信息系统需要与税务、海关、人民银行国库、代理商业银行、银行清算系统进行信息交换和业务连接，需要与计委、经贸委、社保、卫生、民政、统计等综合经济部门和管理部门相连接，通过对外接口向国务院、人大财经委、各综合经济部门提供相关信息。

11. 标准代码库系统

以国家标准为基础，根据各业务系统和数据库的建立需求，建立政府财政管理信息系统全国统一的标准代码库。

（二）覆盖全国各个层次财政管理的信息网络系统

金财工程的信息网络系统的建设内容主要包括：连接财政部网络中心和各省、自治区、直辖市和计划单列市财政厅（局）网络中心的一级骨干网；连接省级财政网络中心和各市（地）级财政网络中心的二级骨干网；连接市（地）级财政网络中心和县级的三级骨干网；覆盖全部中央各部门的中央财政管理信息网络，该网络连接各部门财务司和部门所属的主要预算单位（包括京内外）、具有国家财政收入职能的部门，人民银行国库局、承担支付代理和非税收入代理的商业银行及驻各省的国库支付中心分支机构；覆盖省、市（地）级财政管理层次的财政信息网络以及连接全部本级预算单位、具有本级财政收入职能的部门，人民银行国库分支机构、承担支付代理和非税收入代理的商业银行和驻各地的国库支付中心分支机构；中央和各级财政管理信息系统的网络中心和备份中心；政府财政管理信息系统的安全体系。

（三）信息安全体系

信息安全体系是金财工程建设的重要方面，信息系统的安全、有效、可靠，是金财工程正常、顺利运行的基本保障，更关系着金财工程所承载的国家财政工作能否顺利、安全地开展，因而具有特别重要的意义。为此，金财工程建设中，对全系统的应用安全、系统安全、网络安全和物理安全实现了统一管理，重点建设以认证中心、数据加密为核心的应用安全平台，制定并完善了相应的安全管理制度。同时，按照高可靠性和高标准的故障恢复能力，建立完善的备份与恢复系统，采用实时模式灾难恢复技术，建立起一个高度可靠和高度可用的信息安全体系。

第九章 我国税收信息化发展历程

中国税务信息化建设起步于 20 世纪 80 年代，经历了从无到有、从小到大、从简单应用到复杂应用、从各自为政到规范管理的发展历程，取得了令人瞩目的成绩。税务信息化建设的发展使得税收征管、税收会统、行政管理以及税收决策等各个方面的工作发生了深刻变化。

第一节 我国税务信息化建设历程

一、20 世纪 80 年代

改革开放后，我国在 1979 年"利改税"试点的基础上，决定于 1983 年 1 月 1 日起实施第一步"利改税"改革，主要内容为：对盈利的国营企业部分利润改为征收所得税。小型国营企业按八级超额累进税率征收所得税税后企业自负盈亏，只对留利较多的企业征收一定的承包费。1984 年实行了第二步"利改税"改革，主要内容是：把原来的工商税按性质划分为产品税、增值税、营业税和盐税四种；对某些采掘企业开征资源税；开征城市维护建设税，恢复开征房产税、土地使用税、车船使用税；对有盈利的国营企业征收国营企业所得税，大中型国营企业按 55%的比例税率征收，小型国营企业按新的八级超额累进税率征收；对国营大中型企业还要征收国营企业调节税。此次改革实际上是工商税制的一次全面性改革，再加上 20 世纪 80 年代初建立的涉外所得税制，我国初步建立起适应当时国情的新的税制体系。[1]

新的税制体系对税收管理工作提出了新的要求，1982 年底，湖北省税务局购进了一台 Z80 计算机，用于对部分税收计会统报表的初步处理，它是我国税务系统购进的第一台计算机，它的购进与应用成为我国税务信息化建设步入萌芽阶段的重要标志。[2]1983 年，广东、福建等地税务机关开始将计算机用于计会工作中的报表处理与上报传送。[3]

1986 年，国务院发布了《中华人民共和国税收征收管理暂行条例》，税收征管工作开始逐步走上规范化道路。1988 年，国家税务总局成立了计算机管理处。[4]至 20 世纪 80 年代末，全国税务系统已有部分单位装备了微机，计算机应用人员队伍从无到有，逐步壮大，各地先后开发了会统报表处理、票证处理、电月报处理、征收管理、税收法规查询、重点税源管理、人事档案管理、涉外税收管理、海洋石油税收管理、工资计算、

① 王美涵. 税收大辞典[M]. 沈阳：辽宁人民出版社，1991.
② 高宏丽. 税收信息化：漫漫征程助"税"行[J]. 中国税务，2007，(4)：8-11.
③ 忻锡. 税收信息建设历程的回顾[J]. 中国税务，2002，(3)：15-16.
④ 许善达. 中国税务信息化回顾与展望[J]. 电子政务，2009，(10)：26-33.

财务管理等多种应用软件，并在不同程度上得到推广和应用。国家税务总局与省、自治区、直辖市和计划单列市局从 1987 年起实现了数据远程传送。

二、1990～1993 年

1990 年，国家税务总局召开了全国税务系统第一次计算机应用工作会议，税收电子化被提上重要议事日程。[①]1993 年，税务管理部门组织开发了"两单"（出口报关单和出口结汇单）查询系统，应用于出口报关单、出口结汇单、出口销售发票、出口产品购进发票等资料的对审工作中。[②]

1990 年，国家税务总局决定在全国范围内进行征管改革，逐步废除"一员到户、各税统管，征管查一人负责，上门收（催）税"的传统模式，提出了以"征收、管理、检查三分离"或者"征收管理、检查两分离"为主体的新的征管模式，变税务人员下户征税为纳税人主动上门申报纳税的改革思路。一些地区还在国家税务总局的组织指导下，进行了"两同步、三结合"（即征管改革与会计改革同步，征管、会计、计算机应用三结合）的试点工作，并取得了初步成效。

1990 年 4 月，国家税务总局在广州市召开了全国税务系统第一次计算机应用工作会议，首次提出了实现税务工作管理现代化的总体目标。1991 年，国家税务总局下发《税收会计改革方案》，在全国范围内进行计会改革。主要内容为扩大核算范围、收付记账法改为借贷记账法。1992 年，全国人大常委会颁布了《中华人民共和国税收征收管理法》，之后配套制定了《中华人民共和国税收征收管理法实施细则》，批准了《中华人民共和国发票管理办法》，国家税务总局据此制定了一系列税收征管规章，使我国税收征收管理的各个环节、各个方面实现了有法可依。

1991 年，国家税务总局下发《税务系统计算机应用软件评测标准》和《税收征管软件业务规范》，确定了税务系统应用软件的技术规范和税收征管软件的业务规范。1992 年，国家税务总局经过全国第二次计算机应用工作会议讨论，制定了《税务系统计算机应用管理工作规则（试行）》（国税发〔1992〕183 号），确立了税务系统计算机应用管理"统一领导、统一规划、统一标准、分级管理、分步实施"的工作原则，明确了软件开发项目、软件应用、硬件设备和系统运行等方面的管理制度。1992 年，国家税务总局还制定发布了《税收业务分类代码》，对税收管理软件中的业务代码进行了统一规范，此后，在各地应用的基础上，又于 1996 年和 1999 年进行了修订。

上述工作的开展，初步构建起包括工作制度、技术和业务规范、标准体系、组织机构等方面的我国税务系统信息化建设的体系架构。

三、1994～2000 年

1994 年，我国实行了分税制改革。1996 年 7 月，国家税务总局在重庆召开了全国税

---

① 许善达. 中国税务信息化回顾与展望[J]. 电子政务，2009，（10）：26-33.
② 忻锡. 税收信息化建设历程的回顾[J]. 中国税务，2002，（3）：15-16.

收征管改革工作会议，提出了"全面深化和积极推进征管改革，为实现我国税收管理现代化而努力奋斗"的目标，并确立了"以自行申报和优化服务为基础，以计算机网络为依托，集中征收，重点稽查"的新的税收征管模式，彻底改变了传统的"一员到户、各税统管，征管查一人负责，上门收（催）税"的征收模式。1997 年，国务院办公厅转发了国家税务总局深化税收征管改革方案，提出了"建立以申报纳税和优化服务为基础，以计算机网络为依托，集中征收、重点稽查的新的征管模式"的要求。[①]这一时期，国家税务总局根据国务院领导的指示，启动了金税一期工程，将增值税专用发票在计算机系统上进行管理，开税务系统信息化网络建设之先河。同时，为适应征管改革的需要，国家税务总局完成了新征管业务规程的设计和征管软件原型系统的开发，并在此基础上进行了税收征管信息系统的开发与试点应用，启动了办公自动化建设，完成了信息采编等系统建设和公文处理系统的开发和试点工作。[②]

在税收信息化的组织领导方面，1994 年，国家税务总局信息中心正式成立，随后各地税务机关也先后成立相应的管理机构。1996 年，国家税务总局信息化工作领导小组成立，负责研究制定税务系统信息化工作的规划，监督、检查、协调规划的实施，并组织税务信息化重点工程项目的建设。在此期间，税务信息化建设的主要成果有以下三点。

1. 税务系统广域网络建设

1993 年 5 月，国家税务总局对税务系统加入全国公用分组数据交换网工作做了具体安排。1995 年，国家税务总局开始在全国税务系统进行广域网络建设。

2. 金税工程一、二期建设

1994 年进行的分税制改革，开征了增值税，建立了以增值税为主体税种的税制体系，并实施了以增值税专用发票为主要扣税凭证的增值税征管制度。为有效防止不法分子利用伪造、倒卖、盗窃、虚开增值税专用发票等手段进行偷、逃、骗国家税款的违法犯罪活动，国家税务总局于 1994 年 3 月起，组织建设了包括 50 个试点城市的增值税专用发票交叉稽核系统，即金税工程一期。1998 年，包括增值税防伪税控开票系统、防伪税控认证系统、增值税计算机交叉稽核系统和发票协查系统等四个应用系统的金税工程二期开始建设。

3. 税收征管软件的开发和应用

20 世纪 90 年代，在税制改革、征管改革的背景下，在税收征管业务规程不断规范、完善和应用环境不断改善的条件下，我国税务系统探索在税收征管软件的开发、应用方面取得了很大进展。国家税务总局启动了世界银行税收征管改革技术援助项目，完成了新征管业务规程的设计和征管软件原型系统。在此基础上，利用日元贷款项目进行了税收征管信息系统的开发与试点应用。[②]与此同时，一些地区的税务部门也结合当地情况，

---

① 国务院办公厅关于转发国家税务总局深化税收征管改革方案的通知. 国办发〔1997〕1 号.
② 许善达. 中国税务信息化回顾与展望[J]. 电子政务, 2009,（10）: 26-33.

自行开发了适应当地工作需要的征管软件系统，在规范征管流程、强化执法监督、提高征管质量和效率等方面发挥了重要作用。

四、2001～2006 年

2001 年，全国人大常委会对《中华人民共和国税收征收管理法》进行了修订[①]，第一次将税收信息化和现代化写进法律："第六条国家有计划地用现代信息技术装备各级税务机关，加强税收征收管理信息系统的现代化建设，建立、健全税务机关与政府其他管理机关的信息共享制度。纳税人、扣缴义务人和其他有关单位应当按照国家有关规定如实向税务机关提供与纳税和代扣代缴、代收代缴税款有关的信息。"确立了税收征收管理信息系统的现代化建设在税收征收管理领域的法律地位。

为了从根本上改变税务系统信息化建设缺乏统一规划、自成体系、重复开发、功能交叉、信息不能共享的现状，国家税务总局提出了"一个网络，一个平台，四个系统"的税务管理信息系统一体化建设要求，以适应税收征管改革、强化依法治税、提高税收工作质量和效率、促进队伍建设的需要。国家税务总局制定了《税务管理信息系统一体化建设总体方案》和《税务管理信息系统总体设计》。一体化建设总体方案和技术方案的原则是把握信息技术的发展趋势，兼顾税收信息化的现状，把税务管理信息系统作为一个整体进行统一规划，并按照"一体化"建设思路，分步实施。

按照"一体化"思路，确定了金税工程建设的 32 字方针"统筹规划、统一标准，突出重点、分步实施，整合资源、讲究实效，加强管理、保证安全"。金税工程的建设目标为：按照一体化原则，建立基于统一规范的应用系统平台，依托计算机网络，国家税务总局和各省局高度集中处理信息，覆盖所有税种、所有工作环节、国地税局并与有关部门联网，包括征管业务、行政管理、外部信息、决策支持等四大系统的功能齐全、协调高效、信息共享、监控严密、安全稳定、保障有力的税收管理信息系统。以强化税收征收管理，为纳税人提供全面、优质的服务，并为国家宏观经济决策提供可靠的依据。

税务系统上下级各单位，按照"一体化"思想和金税工程规划，在应用系统建设方面，大力开展综合征管软件推广和省级集中工作，实施综合征管、出口退税管理、增值税管理三大应用系统整合，积极开展了"一窗式""一户式"工作，并对各类行政管理系统的设计、开发进行规范化管理，逐步实现了技术路线的"一体化"；在基础平台建设方面，根据一体化思想，将基础平台建设分体系分层次进行划分，逐步形成了标准规范体系，网络、硬件、安全、系统软件等基础设施平台，工程管理、运行维护等管理平台；在信息化管理、协调工作中，国家税务总局成立了信息化领导小组和办公室，在信息化

---

① 《中华人民共和国税收征收管理法》于 1992 年 9 月 4 日第七届全国人民代表大会常务委员会第二十七次会议通过；根据 1995 年 2 月 28 日第八届全国人民代表大会常务委员会第十二次会议《全国人民代表大会常务委员会关于修改〈中华人民共和国税收征收管理法〉的决定》第一次修正；根据 2001 年 4 月 28 日第九届全国人民代表大会常务委员会第二十一次会议修订；根据 2013 年 6 月 29 日第十二届全国人民代表大会常务委员会第三次会议《全国人民代表大会常务委员会关于修改〈中华人民共和国文物保护法〉等十二部法律的决定》第二次修正；根据 2015 年 4 月 24 日第十二届全国人民代表大会常务委员会第十四次会议《全国人民代表大会常务委员会关于修改〈中华人民共和国港口法〉等七部法律的决定》第三次修正。

领导小组统一领导下,各个部门之间按照"一体化"的思想协调运作,逐步改变了各部门自成体系、各自为政的局面。根据"一体化"原则,国家税务总局继续推进税务系统信息技术标准的制定和落实,继续完善设备、网络、安全、系统软件等基础设施建设,重点实施综合征管软件、防伪税控系统、交叉稽核系统、协查系统、出口退税管理系统的省级集中,逐步使各主要应用系统达到省级数据集中、全国覆盖的应用水平。

第二节　金税工程简介①

一、金税工程基本情况

金税工程一期是 1994 年启动,为配合增值税改革而开发的增值税专用发票交叉比对系统。它的原理是采集增值税专用发票存根联和抵扣联数据,然后逐级汇总比对,一方面试图控制开票方开具了专用发票而未申报纳税的情况,另一方面检查开票方与受票方不一致的情况。在全国 50 个城市进行试点,取得一定的效果,但是由于地域覆盖面和业务环节覆盖面的限制,其预期目标没有完全达到。现在金税工程一期已经停止使用。

金税二期工程是 1998 年国家税务总局在总结金税一期试运行经验的基础上提出的"增值税专用发票管理系统",它主要包含四个子系统:增值税防伪税控开票子系统、防伪税控认证子系统、增值税稽核子系统、发票协查信息管理子系统。从 1999 年起开始在全国范围内运行,之后不断拓展业务环节覆盖面,地域覆盖面和业务覆盖面问题基本得到解决。2005 年总局确定进一步扩大防伪税控系统发票管理的范围,将一般纳税人开具的增值税普通发票纳入防伪税控系统监管之后的"一机多票"系统,将纳入防伪税控管理的发票票种扩展到废旧物资销售发票等。现在的金税二期稽核范围还包括海关完税凭证、运输发票等。金税二期对增值税及其相关凭证控制严格,功能较全,在今后还将运行相当长一段时间。

在金税一期、金税二期工程建设及运行的同时,总局和全国各省国税、地税积极开发其征管系统,典型的有综合征管系统、出口退税管理系统等。在此基础上,金税三期工程应运而生。金税三期 2008 年由国家发展和改革委员会批准,2009 年正式启动部分核心项目,2010 年进入全面实施建设。以优化纳税服务、规范税收执法,促进纳税遵从、税收风险管理、信息管税等理念,创新业务、制度、技术,坚持"统筹规划、统一标准、突出重点、分步实施、整合资源、讲求实效、加强管理、保证安全"的原则,完成"一个平台、两级处理、三个覆盖、四个系统"的建设。它是一个更加全面完整、科学高效的税收管理现代化的信息系统。

金税三期工程与一期和二期工程是承上启下的关系,金税一期和二期为三期奠定了扎实的基础;金税三期是二期的继承和全方位拓展。金税三期将承其成功经验和部分成果,建设更加适应当前形势的税收管理现代信息化环境。

---

① 全国税收"六五"普法丛书编委会组织. 金税工程知识问答[M]. 北京:中国税务出版社,2012.

二、金税三期工程的建设目标

（一）总体建设目标

金税三期工程既要达到国际先进水平，又要具有中国特色。要统一全国国地税征管应用系统版本，规范全国税收执法；要实现全国征管数据应用大集中，对全国征管数据实时监控；要建立全国的纳税服务平台，优化纳税服务；要建设以风险管理为导向的管理决策平台，及时、完整、准确地为管理、决策提供信息。

国际先进水平主要归纳为三点：一是以纳税人为中心，提供有效和更好的服务；二是引入风险管理的理念；三是建立现代化的税收管理信息系统。

中国特色主要归纳为五点：一是适应中国税收协调统一、科学的需要；二是继承我国税收信息化的宝贵经验，学习借鉴国外先进的技术、理念；三是推进以科学分类为主的税源专业化管理；四是实现"以票控税"向"信息管税"的转变；五是业务与技术双轮驱动。

（二）具体建设目标

在充分利用现有资源基础上，通过制度、业务和技术创新，完成"一个平台、两级处理、三个覆盖、四个系统"的建设，进一步提高税法遵从度和税收征收率，降低征纳成本，加强队伍建设，为税收法律法规的执行提供有力保障。通过此项目建设形成一个年事务处理量超过 100 亿笔、税务机关内部用户超过 80 万人、外部用户上亿人（户）的全国税务信息系统。

具体而言，金税三期工程具有以下六大创新点。

1. 运用先进税收管理理念和信息技术做好总体规划

运用流程管理理念规划征管系统，直接使用工作流工具，增强征管系统的适应性，有效支持业务由职能导向转变为流程导向，由结果监督转变为过程监督。

运用税收风险管理理念规划管理决策系统，并与征收管理、行政管理系统进行有效衔接，提高信息应用水平。

运用面向服务的理念、技术整合行政管理系统，把已开发的应用软件以松耦合方式整合到行政管理系统中，实现信息共享。

2. 统一全国征管数据标准、口径

通过对税收元数据的属性定义，保证数据项标准、口径的唯一性。

通过规范数据采集方式和标准，实现涉税信息的"一次采集，系统共享"，并为涉税信息的拓展应用奠定基础。

3. 实现全国征管数据应用大集中

逐步建立以总局为主、省级为辅的全国征管数据应用大集中模式，在总局进行征管数据的集中处理和存储，并建立第三方信息共享机制实时、完整、准确地掌握纳税人涉税信息和税务机构、人员情况。

4. 统一国地税征管应用系统版本

实现全国国地税征管应用系统的版本统一。应用系统将在统一技术基础平台的基础上，增强开放性、灵活性和可动态配置，充分适应国地税的业务管理和技术发展需要。

5. 统一规范纳税服务系统

通过统一规范总局、省局的纳税服务渠道、功能，建设全国的纳税服务系统，为纳税人和社会公众提供统一、规范的信息服务、办税服务、征纳互动服务。

6. 建立统一的网络发票系统

通过建设统一的网络发票管理、查询等系统，制定网络发票开具标准和赋码规则等相关制度，及时获取纳税人开具发票信息，与申报信息分析比对，促进税源管理；为纳税人提供发票信息辨伪查询；并逐步实现发票无纸化，最大限度地压缩假发票的制售空间。

三、金税工程的意义

税收是国家的经济命脉，加快税收信息化建设的进程，利用现代信息技术优化我国的税收工作，已成为税收工作适应社会主义市场经济新形势的要求，是更好发挥税收职能作用，促进国民经济与社会发展的一项迫切任务。在我国，金税工程建设是税收管理的一场革命，是税收工作发展的必由之路。经过多年的不懈努力，金税工程建设取得了显著成效。

在强化税收征管方面，借助综合征管、增值税管理和出口退税管理等应用系统的统一推广应用，推进依法纳税，加强税源监控，防范税收风险，有效提升了征管质量和效率。随着信息系统的数据集中，可以全面掌握纳税人户籍等基础信息，通过与组织机构代码、工商登记等第三方信息进行对比分析，查找漏征漏管户。同时，可以充分利用集中的征管信息，深化数据应用，加强风险管理，对重点税源纳税人进行监控。按照风险管理方法，可以利用分析模型开展纳税分析评估，运用信息技术手段，直接对特大型企业进行风险评估和税收检查。

在优化纳税服务方面，通过纳税服务平台的建设，大力推进便捷高效的网上办税服务，推进准确直接的 12366 纳税服务热线建设，推进规范统一的办税服务厅建设。以国家税务总局网站为龙头，以省局网站为主体，覆盖全国的税务网站群逐步形成。国家税务总局网站侧重于税法宣传、信息公开和征纳互动。省局网站侧重于网上办税服务，纳税人可以完成网上登记、网上申报、网上缴税、网上认证等涉税业务，通过财税库银横向联网，实现了电子化税款征收，保证了税款及时入库，方便了纳税人。纳税人足不出户就可以完成申报和缴税等涉税事宜。截至 2009 年底，全国共有 930 万户纳税人通过网上进行纳税申报，有 116 万户纳税人通过电话语音进行纳税申报。全国各省级税务机关已陆续开通了 12366 纳税服务热线，为纳税人提供涉税咨询、信息查询、投诉举报和申报纳税等服务，被广大纳税人称为"听得见的纳税服务"。

在提高内部工作效率方面，行政办公系统、财务系统、人事系统、教育系统的推广应用，极大地改善了内部办公流程，提升了内部办公效率，改善了税务人员形象，降低了税收成本。正是靠着信息化的支撑，税务内部办事效率和能力得到有效提升。

四、金税工程取得的成效

近年来，我国金税工程建设已经取得了巨大成绩，具体包括以下几个方面。

"一体化"思想得到有效贯彻。完成了税务管理信息系统一体化建设的总体设计工作，通过总体设计，为现有软硬件整合提出明确策略，为新开发项目提供有章可循的依据，为最终实现税务管理信息一体化建设目标确定方向和步骤。

基础设施建设有了飞跃发展。经过多年的资金投入和建设，税务系统的信息化基础设施建设达到了一个新的水平，税务管理信息化基础设施的规模已经形成，为进一步加快税务管理信息化工作奠定了雄厚的物质基础。

应用系统实现省级集中部署和数据向总局集中抽取。全国各省级国税局已全面实现以省级集中模式运行各应用系统，征管信息化处理模式得到了较大优化。

数据分析利用不断加强。数据分析利用作为税收信息化工作的一项重要内容，在全国各地广泛开展。目前，税务系统数据利用的方式逐步由查询监控发展到挖掘分析，数据利用的范围逐步由征管资料发展到增值税专用发票数据、"四小票"数据（农副产品收购发票、废旧物资收购发票、交通运输营业税发票、海关代征增值税专用缴款书）、防伪税控系统数据、出口退税数据等各个方面，同时，越来越多的数据处理技术手段也广泛应用到了数据分析利用工作中来，数据分析利用工作发展迅速，成效显著。

税务信息安全体系建设取得了显著进展。第一，为了加强信息系统的安全管理，制定了一系列有关计算机安全的规章、制度、指南等，并使安全检查常态化、规范化；第二，按照统一规划、设计、建设税务系统信息安全体系的目标，完成了《税务系统网络与信息安全体系总体方案》，对全系统的信息安全建设进行规范和指导；第三，统一组织实施了税务系统安全防护体系建设；第四，在全国税务机关开展了等级保护制度建设。

五、金税工程三期的亮点

1. 运用先进税收管理理念和信息技术做好总体规划

建立基于信息管税的税收管理模式，以纳税人关系管理为核心，把纳税人价值获取作为建设和发展方向。

遵循顶层设计、业务导向、架构驱动的建设模式，紧紧围绕税务业务发展方向，从全局角度审视、设计工程体系框架。

2. 统一全国征管数据标准和口径

通过税收元数据和代码集的属性定义和标准规范，实现税收征管数据的"法言法语"，保证数据项标准、口径的唯一性。

3. 实现全国征管数据大集中

采用"应用省级集中，生产数据在省局落地，然后集中至总局"的模式，并建立第三方信息共享机制，实时、完整、准确地掌握纳税人涉税信息和税务机构、人员情况。

4. 统一国地税征管应用系统版本

面向税收业务、行政管理、外部交换和决策支持四类应用，设计并搭建一体化技术和应用环境，实现全国国税局、地税局征管应用系统的版本统一，为消除国地税业务办理间的障碍奠定了基础。

5. 统一规范外部信息交换和纳税服务系统

构建全国统一的外部信息管理系统和交换通道，形成以涉税信息的采集、整理和应用为主线的管理体系，为风险管理提供外部信息保障。

6. 实行遵从风险管理

引入先进管理理念，将提高纳税遵从度作为税收管理的战略目标。

一是构建分类分级管理和技术框架，对纳税人实行分类、分级管理。

二是按风险分析、排序、应对、评价的流程，建立国地税一体化遵从风险管理平台。

7. 加强管理决策

实现税收数据的查询、监控，深层次、多方位地分析和挖掘、督促、检查、监控税务人员服务、管理和执法全过程，为各级税务机关税收决策提供依据。

8. 支持个人税收管理

建立承担纳税（费）义务的自然人信息库，覆盖个人所得税及社保费的核心业务，实现全员建档、数据全国集中和信息共享。

9. 强化数据质量管理

全面贯彻数据治理理念，通过事前审核监控、事后纠错调整和补偿业务等方式，及时更正数据差错，确保数据质量。

至 2016 年，金税三期工程已经在全国税务系统全面普及运行，象征着中国税收信息化建设在大步迈向新的征程。

六、金税工程四期的启动

2021 年，国家税务总局对外宣布：以发票全领域、全环节、全要素电子化改革为突破口，启动实施金税工程四期建设，持续拓展税收大数据资源，深入推进内外部涉税数据汇聚联通、线上线下数据有机贯通[①]。相对于金税工程前三期，金税四期建设将在深化以税收大数据为驱动的理念变革基础上，全面推进技术、业务、岗责变革[②]。

2021 年 11 月 16 日至 17 日，时任国家税务总局领导在第 50 届亚洲—大洋洲税收管理与研究组织年会做了题为"深化亚太税收合作 共绘数字发展蓝图"的主旨发言中介绍，根据 2021 年 3 月国务院出台的《关于进一步深化税收征管改革的意见》，借鉴 OECD 召开税收征管论坛发布的《税收征管 3.0》先进理念，提出建设"金税四期"的设想，开启了依托"金税四期"推进税收征管数字化之路，围绕构建智慧税务的目标，着力推进"两化、三端、四融合"。[③]

其中，"两化"是指作为构建智慧税务基本步骤的数字化升级和智能化改造。我国税务部门以数字化电子发票改革为突破口，推动各类业务标准化、数据化，并基于大数据、云计算、人工智能、区块链等新一代信息技术，对实现数字化升级后的税费征管信息进行自动灵活组合，通过其反映现状、揭示问题、预测未来，更好地服务纳税人缴费人，更好地防范化解征管风险，更好地服务国家治理。"三端"是指智慧税务建成后，形成以纳税人端、税务人端和决策人端为主体的智能应用平台体系。在纳税人端，通过打造"一户式"和"一人式"税务数字账户，实现每一户法人和每一个自然人税费信息的智能归集和智敏监控。在税务人端，通过打造"一局式"和"一员式"应用平台，实现总局、省局、市局、县局、分局五级税务机关和税务工作人员信息，可分别按每一个单位和每一名员工进行智能归集和智效管理。在决策人端，通过打造"一览式"应用平台，为管理指挥提供一览可知的信息，促进提升智慧决策的能力和水平。"四融合"是指智慧税务建成后，将实现从"算量、算法、算力"到"技术功能、制度效能、组织机能"，从"税务、财务、业务"到"治税、治队、治理"的一体化深度融合，从而促进税收大数据应用、税收征管效能、税务部门服务纳税人缴费人和服务国家治理现代化的能力和水平得到大幅提升和跨越升级。[③]

---

① 王军. 深化金砖税收合作 共拓金色发展之路：在金砖国家税务局长会议上的发言[DB/OL]. http://www.chinatax.gov.cn/chinatax/n810219/n810724/c5169150/content.html[2021-10-27].

② 中国税务报. 锚定现代化 踔厉奋发向未来——2021 年全国税务工作会议述评（下）[DB/OL]. http://shanxi.chinatax.cn/web/detail/sx-11400-2641-1748562[2024-03-15].

③ 国家税务总局办公厅. 王军出席第 50 届亚洲—大洋洲税收管理与研究组织年会并作主旨发言[N].https://www.chinatax.gov.cn/chinatax/n810219/n810724/c5170675/content.html[2024-03-15].

第三节　金关工程简介

一、金关工程实施的背景

我国从 1980 年开始对 17 种机电产品实行出口退税，1985 年开始对全部产品实行出口退税，实行凭销售账退税。1992 年以前，退税额的 90%由中央负担，10%由地方政府负担；从 1992 年起，改为退税额的 80%由中央负担，20%由地方政府负担。在此情况下，各地对出口退税基数产生了争议，要求将 1992 年以前的出口退税进行清算，以尽可能减少 1992 年的退税额。因此，1991 年底，国家税务总局对出口退税实行集中退税，办法是：各地将出口退税单证全部送到北京，由财政、海关、外汇、税务、外贸等部门进行集中办公，集中退税。各部门对出口退税的纸质单证逐一进行审核，因为仅凭肉眼对纸质单证进行审核，各方常常就某张单证和某笔出口业务的真实性争执不下，不仅工作量大，审核也不严谨，而且更不可能逐笔进行销售出口业务的实地调查。现实表明出口退税管理工作必须进行改革，必须实行现代化管理，建立出口退税计算机管理系统。

二、金关工程建设历程

1993 年，为了防范日益猖獗的出口骗税活动，促进外贸发展，国务院提出实施"金关"工程，国家税务总局的出口退税系统作为金关工程的四个子系统中的一个重中之重被纳入金关工程[①]。

金关工程的建设目标，主要是通过海关报关业务的电子化，取代传统的人工、手工报关方式，节省单据资料填写传递的时间和成本，提高报关效率，同时实现报关资料的电子化，以便于查询管理。金关工程的建设于 2001 年正式启动，其核心系统包括两个部分，即海关内部通关系统和外部口岸电子执法系统。基于海关内部的联通基础上，由海关总署等 12 个部委牵头建立电子口岸中心（又称"口岸电子执法系统"，利用现代信息技术，借助国家电信公网，将外经贸、海关、工商、税务、外汇、运输等部门分别掌握的进出口业务信息流、资金流、货物流的电子底账数据，集中存放在一个公共数据中心，各行政管理机关可以进行跨部门、跨行业的联网数据核查，企业可以上网办理出口退税、报关、进出口结售汇核销、转关运输等多种进出口手续）[①]。此外，为解决全国海关之间的信息资源共享，消除各海关之间信息系统建设不平衡的问题，除将电子口岸中心打造成面向公众服务的独立运营机构外，海关总署还建立了以"三网一库"为基本架构的海关系统政务信息化的枢纽框架（连接全国各海关并与全国政府系统办公业务资源网互联、与国际互联网物理隔离的海关系统政务信息网，各海关单位内部的政务信息网，以互联网为依托的中国海关公众信息网，各级海关单位共建、共享的电子信息资源库）[①]。

---

① 中国电子政务网. 金关工程简介[DB/OL]. http://www.e-gov.org.cn/egov/web/article_detail.php？id=117170[2019-07-22].

三、金关工程主要建设内容

（一）主干网建设

1996 年初，外经贸部按照国务院信息化工作领导小组要求，向国家计委申请金关工程立项，并在各有关部委办的支持下，先后完成了主干网通信平台、数据交换平台、信息平台和网络备份工程建设，并在全国 97 个省市设立了网络节点，实现了与各地外经贸管理机关、部分企业和我国驻外经商机构的联网，实现了与相关部委的联网[①]。1999 年底，外经贸部获得国家信息化领导小组正式批准，作为我国第八个独立的互联网接入单位，构架中国经济贸易互联网[①]。

（二）四个应用系统

金关工程的应用系统建设，主要包括配额许可证管理系统、进出口统计系统、出口退税系统、出口收汇和进口付汇核销系统等。

（三）金关工程的未来发展

金关工程是一项与外经贸业务关系密切的国家信息化重点工程，近年来已经取得了很大的进展，对促进我国外经贸事业的发展发挥了巨大的作用[②]。

2012 年，作为海关在"十二五"时期的重大科技专项工程，金关工程二期项目已通过国家立项，进入设计和建设阶段。金关工程（二期）在金关工程（一期）项目建设基础上，通过顶层设计和科技创新，采用物联网、云计算等新技术，重点建设全国海关监控指挥系统、进出口企业诚信管理系统、加工和保税监管系统、海关物流监控系统等应用系统。实现进出口货物全过程可视化监控，对监控信息实时分析、风险研判、快速反应和应急处置，全面发挥海关在国家建设发展中的关境保护作用。形成进出口企业进出口信用评价体系及口岸通关差别化管理机制，推动口岸各部门信息共享，准确核查企业进出口申报的真实性，有效改善进出口贸易秩序[②]。

第四节 我国电子发票应用发展

发票在我国税收征收管理体系中发挥着"以票控税"的重要作用，但是传统的纸质

---

① 中国电子政务网. 金关工程简介[DB/OL]. http://www.e-gov.org.cn/egov/web/article_detail.php？id=117170[2019-07-22].
② 中国电子政务网. 海关金关工程（二期）获准立项[DB/OL]. http://www.e-gov.org.cn/egov/web/article_detail.php？id=134458[2019-07-22].

发票存在着印制成本高，保管、领用、核验等管理环节占用大量工作资源，给纳税人造成一定的经济负担等问题。为此，我国学者和税务系统早在 20 世纪末就开始了电子发票技术和应用的探索。

电子发票是指纳税人在经营活动中，开具或取得的以电子数据形式存储的收付款凭证。相对于传统纸质发票，电子发票具有数据传递的实时性、税企之间的交互性、低成本等多方面的优势，并且易于在联网环境下拓展应用。

1997 年，中国科学院的冯登国提出了《一个电子发票协议》[①]；2003 年，暨南大学的程丹在关于电子商务税收征管系统模式设计的论文中也提出了关于建立电子发票制度的建议，并设想了电子发票的具体运行：税务部门应该设计出成套的电子发票，供网络交易者购买和使用，以配合纳税人凭证、账簿、报表及其他交易信息载体的电子一体化。纳税人可以在线领购、在线开具、在线传递电子发票。但必须达到以下要求，以确保电子发票发挥其应有的效用：税务机关可以对申请领购的发票的有关项目预填，以防止电子发票被转移使用；对电子发票设置防伪标识，保证发票的真实性；开具完毕的电子发票在确认后进入"只读"状态，拒绝纳税人的任何修改，并自动生成备份以供税务机关查询核对。[②]2005 年，叶慧容等在第 11 届海峡两岸信息管理发展策略研讨会上，提出了电子发票发展对于政府政策环境方面的建议。[③]此后，一些地区的税务部门与相关企业共同开展了电子发票应用的实践探索。

2012 年，发改委、财政部、税务总局等八部委联合发布《关于促进电子商务健康快速发展有关工作的通知》（发改办高技〔2012〕226 号），提出开展网络（电子）发票应用试点；2013 年，发改委、财政部、税务总局、国家档案局联合发布《关于组织开展电子发票及电子会计档案综合试点工作的通知》（发改办高技〔2013〕3044 号），开展电子发票及电子会计档案综合试点工作；2014 年，国务院办公厅印发《关于促进内贸流通健康发展的若干意见》（国办发〔2014〕51 号），加快推进电子发票应用，完善电子会计凭证报销、登记入账及归档保管等配套措施；2015 年和 2019 年，全国人大常委会对《中华人民共和国电子签名法》进行了修正。从法律的角度解决了推广电子发票存在的根本问题，为电子发票在全国推广使用打下了坚实基础；《国务院关于大力发展电子商务加快培育经济新动力的意见》（国发〔2015〕24 号）指出，逐步推行电子发票和电子会计档案，完善相关技术标准和规章制度；国家税务总局发布《关于开展增值税发票系统升级版电子发票试运行工作有关问题的通知》，决定在北京、上海、浙江和深圳开展增值税发票系统升级版电子发票试运行工作。2015 年 7 月 31 日，第一张升级版电子发票在京东集团总部诞生；国家税务总局发布《关于推行通过增值税电子发票系统开具的增值税电子普通发票有关问题的公告》，全面推行增值税电子普通发票，同时明确其法律效力、基本用途、基本使用规定等与税务机关监制的增值税普通发票相同；财政部、国家档案局联合发布《会计档案管理办法》，明确了通过计算机等电子设备形成、传输和存储的电子会计档案可作

① 冯登国. 一个电子发票协议[J]. 数字通信，1997，（4）：17-18.
② 程丹. 电子商务税收征管系统模式设计[J]. 上海会计，2003，（6）：38-40.
③ 叶慧容，洪毓芝，周宣光. 电子发票发展环境政府面之研究[C]. 武汉：第 11 届海峡两岸信息管理发展策略研讨会，2005.

为合法的会计档案，肯定了电子凭证的法律效力。2016 年，随着金税三期工程的全面推广，电子发票的应用也进入了普及阶段。2018 年 8 月 10 日，经国家税务总局的批准与认可，全国首张区块链电子发票在深圳实现落地，深圳成为全国区块链电子发票首个试点城市，也意味着纳税服务正式开启区块链时代。[①]这种基于区块链技术的电子发票目前在深圳已覆盖餐饮、零售、交通等多个民生领域。当乘客搭乘深圳地铁、深港出租车公司的部分车辆、深圳机场巴士 330 全部线路时，可以用手机自助开具区块链电子发票。据深圳地铁测算，使用区块链电子发票后，预计每年节约发票印制成本约 40 万元。[②]与传统电子发票相比，区块链电子发票具有全流程完整追溯、信息难以篡改的特点，有效地规避了一票多报、虚报虚抵、真假难验的难题，开票流程更加高效、便捷。

我国台湾地区是应用电子发票较早的省份，2000 年 12 月 1 日开始进行电子发票使用试点，试点第一阶段的推动重点对象为信息业厂商，第二阶段则以制造业及商业为主。2010 年，台湾地区制定了"全面推动电子发票应用计划"，在传统销售领域开始电子发票试点，逐步淘汰纸质发票。[③]2012 年 1 月 1 日，台湾地区全面推行电子发票。2012 年 3 月 1 日后，台湾地区居民可通过手机号码申请"共通性载具——手机条码"作为消费后向商家索取电子发票的凭据，同时还可使用内含芯片的信用卡（贷记卡）接受电子发票。2015 年 1 月 30 日开始，台湾地区全新推出了"电子发票智慧好生活平台"，整合建设了电子发票海量信息库，对发票敏感信息去识别化处理后，开放供社会公众研究应用。2016 年伊始，台湾地区又启动了"公用事业导入电子发票实施方案"，要求金融、电信、社会公共服务等行业全面开具使用电子发票。[④]

① 新华网广东频道. 全国首张区块链电子发票在深圳开出[DB/OL]. https://shenzhen.chinatax.gov.cn/sztax/xwdt/mtsd/201808/fc66f4d953e248b3a9adbfe90fc210a3.shtml[2019-07-22].

② 新华网. 深圳区块链电子发票覆盖多个民生领域 开票金额超 13 亿元[DB/OL]. http://m.xinhuanet.com/2019-03/18/c_1210085362.htm[2019-07-22].

③ 谢波峰，刘萧优. 欧盟及我国台湾地区电子发票的经验借鉴和启示[J]. 国际税收，2016，（7）：70-74.

④ 朱斌. 台湾地区电子发票建设应用的特点与启示[J]. 税务研究，2016，（8）：96-99.

第十章 电子政务

第一节 电子政务概述

行政管理，一般指管理主体（国家行政机关）运用国家权力对社会事务的一种管理活动，也可以指企业、事业单位对其组织内部的行政事务管理活动。行政管理行为受到严格的法律、法规、制度的约束，具有明显的程序性、规范性特征。如果抽象掉管理业务的内容差别，管理工作的处理对象，或者说劳动资料，主要就是业务信息流。[①]因此，行政管理活动中，相关信息的及时性、准确性、完整性、合法性以及信息传递、处理、管理方式的合规性，在很大程度上决定了行政管理的效率和质量。现代信息技术应用于行政管理领域，不仅可以通过技术措施提高信息交换、处理的效率和准确性，而且可以通过管理信息系统处理流程对行政事务管理的业务流程和业务标准进行规范性约束，并为各个行政部门之间的业务数据交换、信息共享和业务联动提供技术支撑，再进一步基于对大量相关信息的有效管理和高效处理为行政管理决策提供支持。

行政管理活动中的具体业务，就是行政管理事务，常常被简称为"政务"。在行政管理中，运用以计算机、网络技术为代表的现代电子技术实现的管理业务应用，一般被称为"电子政务"。广义的电子政务，既包括业务管理，也包括事务管理，因此，上文所介绍的各种财政、税收业务管理领域的技术应用，都可纳入电子政务的范畴。狭义的电子政务则主要指电子技术在行政事务管理领域的应用。在本书中，为与前文关于财税管理业务领域的技术应用相区别，采用的是狭义的电子政务概念。

行政管理方法简称行政方法，指行政机关及其工作人员为实现行政目标，从公共组织内外部环境和管理对象的实际情况出发，在一定的管理思想和原则指导下所采取的各种措施、策略、技巧的总和。行政方法的内容包括三个方面：①基本手段，主要有行政指令手段、法律手段、经济手段、思想工作手段；②行政程序，它不只是一种办事的手续，也是一种规范行政行为的法律程序；③技术方法，即在行政管理过程中，依法采取技术手段，实现管理目的。电子政务的基本功能，就是应用现代计算机网络技术等技术手段，将传统行政行为中由人工、手工处理的信息、资料、文件转化为电子形态，由计算机网络系统进行处理。例如，传统的纸质行政公文转变为电子文档，传统上参会人员集中到具体的会议场所才能召开的会议转变为参会人员分布在不同地方、基于网络进行的视频会议，等等。

我国财政、税务部门都属于行政管理部门，财政、税收管理工作也就属于行政管理的范畴。财政、税务行政管理的法律依据来自宪法、行政法以及其他相关法律。管理的

---

① 谭荣华. 财金信息化的思考和展望[M]. 北京：经济科学出版社，2006.

内容主要有财政、税务管理机构的设置，人员管理，机关事务管理，行政法规和行政监督，财税领域的相关服务等，可以分为业务管理和事务管理两类。前者指各行政管理机关根据其职能分工承担不同的业务管理职能，相互之间存在着显著的区别；后者则指各行政管理机关依法对内部的行政事务进行管理，在管理方法方面存在着基本一致的特征。

　　财政、税收管理与财政、税务行政管理存在着密切的联系。首先，从管理主体的角度看，在财政、税收管理范畴内，由财政、税务机关进行的各种管理活动都属于行政管理。其次，财政、税务机关的管理活动都要在财政、税务行政组织内，遵循行政法律和行政组织管理原则，采取行政方法，通过行政程序来执行。最后，财政、税务行政管理还包括财政、税务行政系统内部的行政事务管理活动，与其他行政部门的内部管理基本一致。在财政、税收管理实践中，一切管理活动都是在财政、税收管理体系内，遵循行政管理的法律、制度和原则，按照行政管理的程序和方法进行的。所以，行政管理是财政、税收管理的基本形式和基本方法，是财政、税收管理部门将税收法律、法规、政策具体落实到实践中的基本途径。

第二节　办公自动化

　　现代信息技术在行政管理领域的应用，首先是对传统人工劳动的模拟以及对人工工作方式的替代。行政管理中，大部分事务性工作处理的是结构化问题，即问题域清晰，处理原则明确，处理的具体方式、流程、要求已经基于相关法律、法规、制度实现了不同程度的规范化、程序化。对于此类业务，用信息系统替代或参与人工工作，不仅可以提高工作效率、减少由人员因素造成的差错、延误等问题，还可以进一步规范管理流程，达到自动化处理的效果。又由于行政管理常常被俗称为"办公"，所以此类应用一般被称为"办公自动化"。

一、办公自动化的主要特点

　　由于办公自动化应用处理的行政管理业务涉及经济社会诸多方面，关系到国家权力的合法行使和人民利益的有效保障，因此，相对于其他领域的应用而言，办公自动化应用具备如下一些特征。

（一）规范性

　　行政管理活动受到法律、法规、政策和工作制度的严格约束，这种约束作用体现在办公自动化应用中，具体表现为：首先，应用系统的规范性应服从和服务于管理业务的规范性要求；其次，适用同一法律、法规、政策和工作制度的业务，其应用系统在适用规范方面也应该统一、一致；最后，应用系统在行政管理业务处理的具体流程、业务表达方式、业务要求等方面应符合相关法律、法规、政策和工作制度的规定，以体现行政管理的严肃性及合法性。

（二）专业性

各行政管理部门的业务管理，都涉及各自领域的专业知识、法规制度、行业规范等，这就要求办公自动化系统能够提供相应的数据资料，如专业条文法规数据库等，为本领域的行政管理工作提供信息支持。

（三）服务性

行政管理部门是政府向社会提供公共服务的平台，必须树立全心全意为人民服务的意识。行政管理机关通过信息化建设，可以充分利用技术条件，提高服务效率，为社会提供优质的公共服务。

（四）协作性

行政管理部门信息化建设的一个重要目标，就是加强各层级、各部门、各地区之间的信息交换、共享，进而达到各部门实现业务协作的效果。

（五）保密性

行政管理部门掌握大量业务数据，有些信息包含企业的商业机密或个人隐私，有些信息涉及国家政治、经济机密。因此，在行政管理信息化建设中，对于信息安全的保障始终是一项基础性的要求。

二、办公自动化应用

各类行政管理部门的行政事务管理中，公文是行政管理信息的主要载体，公文的流转和处理是所有行政管理工作的主要形式。

公文，是"公务文件"的简称，是机关组织在公务活动中，按照特定的格式、一定的处理程序形成和使用的书面材料，又常被称为"文件"。我国党政机关公文的格式、种类、行文规则、办理等都按照有关规定执行。党政机关发布的公务文书，其具体内容、制定程序、格式、发布方式等都必须符合法律和有关规章的规定，否则无效。行政管理机关在工作中所进行的传达贯彻党和国家的方针政策，公布法规和规章，指导、布置和商洽工作，请示和答复问题，报告、通报和交流情况等活动，均以公文的流转和处理为基本形式，以公文为管理工作的基本依据。

公文处理工作是行政管理活动的基本形式，由公文拟制、办理、管理等一系列相互关联、衔接有序的工作构成，即在公文从形成、传递、存储到转换为档案或销毁的完整生命周期中，以特定方法和原则对公文进行创制、加工、利用、保管料理，使其不断完善并获得必要功效的行为或过程。为了保证公文内容准确、体式完备、运转迅速、查找方便，充分发挥公文的作用，以保证机关工作的顺利进行，必须采用科学的组织形式，合理安排公文处理程序和手续。

公文的形成和处理是一个整体过程，这个过程一般是从机关内部的文件起草、审核、签发开始，然后由一个机关发往另外的机关，收文机关又进行签收、登记、初审、承办、传阅、催办、答复等程序，从而完成了公文管理的整个过程。就一个机关内部而言，这一过程可以分为两部分，即发文办理程序和收文办理程序。

收文办理是指对来自本机关外部的公文实施处置与管理的活动过程。收文办理程序一般包括：签收、登记、初审、承办、传阅、催办、答复等。

发文办理是指机关为对外制发公文所进行的创制、处置与管理活动的过程。发文处理程序一般包括：复核、登记、印制、核发等。

公文处理业务是一种高度标准化、规范化、程序化的信息传递、处理工作，特别适合于应用信息系统代替人工的传递、管理等环节。传统公文处理以手工、纸质的方式为基础，文件的起草通过纸、笔完成，再利用的可能性较小，对专职收发人员配置较多，文件靠人力传送时间较长，文件的保管及查找工作量大，且文件易丢失损坏，造成了许多浪费，是一种烦琐的手工操作。利用计算机处理公文，系统提供了包括文件签收、登记、拟办、批办、催办、起草、审核、审批、签发、会签等功能在内的类似手工方式下公文传输各项环节的处理，用户只需通过简单的操作即可完成有关事项。

公文处理系统借助计算机提供的强有力的文字处理及管理能力，将单位内部的各类文件（收文、发文）管理起来，并提供切实有效的文件传递、办理、保存及检索手段，使办公人员从烦琐的手工劳动中解脱出来，有利于规划机关内部的公文处理工作，加强文件的管理，提高机关办公质量和效率。此外，还有利于提高办公人员对计算机的感性认识，提高机关内的计算机应用水平。

三、财务管理系统

行政机关财务管理的范围和内容一般包括预算管理、收入管理、支出管理、财产物资管理、财务分析和财务监督等六个方面。

（1）预算管理，包括单位预算的编制、执行和调整控制，以及决算的编制等内容，系统将自动生成财务预算表。

（2）收入管理，是对单位各项收入所进行的管理，即按收入管理原则，积极合理地组织收入，按国家有关规定进行收入核算和处理。

（3）支出管理，是对单位各项支出（包括专项资金）所进行的管理，以控制不真实、不合法的支出。

（4）财产物资管理，包括固定资产管理、材料管理和低值易耗品的管理等。

（5）财务分析，即根据财务分析指标，利用预算、会计报表、统计等资料，对单位财务收支活动及其结果进行比较、分析。一般包括预算执行情况分析、资金运用情况分析、财产物资使用和管理情况分析。

（6）财务监督，通过收支审核、财务分析功能，对单位的财务收支、资金运用、财产物资管理等情况进行监督。

四、人事工资管理系统

行政机关人事管理，是对本机关工作人员的选拔、考核、任免、奖惩、培训、工资、福利、调动、退职、退休等事宜所进行的规划、决策、指挥、协调、控制等管理活动。系统功能主要包括以下内容。

（1）系统重构。通过这一模块提供的功能构造人员库和单位信息库，建立和编辑指标体系和代码体系。系统中提供了国家标准各类代码。

（2）信息录入。此模块用于在应用库构造完成后，将采集的人员与单位信息录入到计算机内，以及在日常工作中对应用库的修改和维护工作。它提供了包括系统设置，人员库录入编辑、查询、替换，在职人员库、离退人员库、调转人员库信息的转换等功能。

（3）查询统计。此模块提供了人员信息的查询阅览，制作花名册，对人员信息进行统计分析，批量修改人员登记库和离退调转人员库。

（4）登记表。是填写个人信息库的表格，如任免表等。

（5）领导查询。利用系统特定功能进行快速检索，用户不须定义查询条件即可观看人员和单位的全部信息。

（6）统计报表。对单位中各类人员信息进行统计，制作统计报表，系统可自动生成年报统计报表，构造、生成自定义统计报表，并可对统计结果进行校验。

（7）数据交换，用于用户与用户之间，上级与下级之间的数据交换。系统提供数据的收发、结构调整的收发、报表的收发、登记表式样的收发、数据备份等功能。

行政机关工资管理工作主要完成本机关的日常档案工资管理，即利用预定义的工资标准表及公式自动进行定级处理、考核定级处理、晋升职务处理以及工资试算，并可将试算结果填回应用信息库中。工资管理系统的管理由以下程序组成。

（1）工资试算。根据工资标准表和工资计算公式，对指定日期试算工资细目数据。

（2）定级处理。新录用人员试用期满后，根据学历和学位进行定级。

（3）晋升职务处理。在机关提升职务时，根据国家政策规定的工资标准，改变相应的工资。

（4）考核晋级处理。机关人员在每年的考核的基础上晋升工资级别。

（5）考核晋档处理。机关人员在每年的考核的基础上晋升工资档次。

第十一章 财税数据深度利用

从信息化发展阶段理论的角度来看，当前我国财政、税务部门信息化建设都已经基本实现了应用系统的整合和业务数据在一定程度上的集中，并在此基础上开展了一系列财税数据深度利用。

第一节 财税大数据对于社会治理的价值和意义

一、深度利用财税大数据对于加强和创新社会治理的意义

从社会治理的需要出发，在当代社会众多可利用的各类数据中，财税数据具备以下一些独特的属性。

第一是财税数据的系统性特征。党的十九大报告提出要"打造共建共治共享的社会治理格局"[①]，意味着社会治理是系统治理，相对于传统意义上的行政管理，其对于社会经济系统的各类信息的需求更为全面、深入、细致。党的二十大报告提出了加快建设制造强国、质量强国、航天强国、交通强国、网络强国、数字中国的要求，并明确了到二〇三五年，我国基本实现新型工业化、信息化、城镇化、农业现代化的发展目标。[②]财税管理是一种由法律规范的制度性的分配活动，财税管理部门对大多数管理对象的监管是长期、系统的过程，记录财税活动的财税数据也就体现了财税法律制度和财税管理活动自身的系统性，财税数据与生俱来的这种内在逻辑为收集、整理和组织财税大数据提供了系统框架。与世界多数国家的财税制度一样，我国现行税制直接向大多数经济活动主体征税，并间接联系到经济社会各行业、各领域，由此形成的财税数据集合也就成为从财税角度对社会经济体系的完整、深入、连续的系统性描述。

第二是财税数据的真实性、及时性与连续性特征。财税是政府参与国民经济的主要形式，在分配过程中，严格的法律约束以及相关各方从确保自身利益的角度出发进行的博弈，确保了财税数据的客观真实性、精确性、可追溯性。此外，财税活动是严格依据相关法律法规政策规定的周期性活动，也就保证了财税数据能够及时地、连续地、周期性地反映各类经济活动主体的行为。

第三，由于财税管理直接联系到纳税人的生产经营的具体过程、环节，因此财税数

---

① 习近平：决胜全面建成小康社会 夺取新时代中国特色社会主义伟大胜利——在中国共产党第十九次全国代表大会上的报告[DB/OL]. https://www.gov.cn/zhuanti/2017-10/27/content_5234876.htm[2024-02-26].

② 习近平：高举中国特色社会主义伟大旗帜 为全面建设社会主义现代化国家而团结奋斗——在中国共产党第二十次全国代表大会上的报告[DB/OL]. https://www.gov.cn/xinwen/2022-10/25/content_5721685.htm[2024-02-26].

据还反映了经济活动的效率、结构、技术水平、行业间的相互联系、市场的波动变化情况等社会治理所需的重要信息。

与此同时，财税管理就是社会治理体系中一个不可或缺的有机组成部分，财税数据在社会治理其他领域的应用，意味着社会治理体系内部数据从交换到共享再进一步实现业务联动的进步，这个过程本身就是加强和创新社会治理的应有之义。

由于财税数据所具备的上述特征，通过收集整理，将与财税活动相关的各种数据组织为具备数据量大、数据类型多样、能够高速传输和处理、具备较高分析价值等特征，符合当前学术界关于"大数据"的"3V"或"4V"定义的财税大数据集合，可以为分析、研究社会治理领域面临的各类问题提供较为系统、准确、全面的数据支撑。

二、大数据时代社会治理面临的机遇与挑战

党的十九大报告指出："中国特色社会主义进入新时代，我国社会主要矛盾已经转化为人民日益增长的美好生活需要和不平衡不充分的发展之间的矛盾"[①]。从信息化发展的视角出发，此类不平衡现象对于开展有效的社会治理的阻碍作用主要表现为治理主体与治理对象之间的信息不对称。具体而言，当代信息技术及其应用的普及和深入，已经对公众、企业、政府等社会主体之间的传统联系模式以及基于这种联系模式建立起来的社会治理结构产生了巨大影响，使得政府在相对"无国界"的互联网平台上及其影响日益深入的各个社会领域中开展有效治理、提供公共服务面临更加复杂、多样的问题，主要表现在：在大数据时代，政府依托传统社会治理模式所获得的相对的信息优势不断受到新技术、新应用的冲击，在一些领域甚至已经不复存在，政府根据自身的信息收集、处理能力所能提供的公共服务的内容、方式和范围已经难以满足公众和企业的需要，这些客观因素是促使政府主动应用信息技术发展电子公共服务的内生动力。与此同时，公共服务的效果取决于受众的评价，而大数据时代为社会公众和企业提供了丰富的资讯，提高了受众对于公共服务的质量、内容等方面的期望值，从而形成了充分利用大数据推进社会治理创新的外部动力。

三、当前包括财税数据在内的各类大数据应用存在的问题

（一）数据层面的问题

虽然大数据时代的整个社会呈现出数据资源空前丰富的情景，但是，不同行业、部门之间在数据标准、业务规程、技术平台等方面的差异，导致各种来源的数据在范围、口径、结构等方面存在着较大的差别，存在一些问题，如目前在研究中常用的工业企业

---

① 习近平：决胜全面建成小康社会 夺取新时代中国特色社会主义伟大胜利——在中国共产党第十九次全国代表大会上的报告[DB/OL]. https://www.gov.cn/zhuanti/2017-10/27/content_5234876.htm[2024-02-26].

数据库就存在部分应用问题①，一些部门统计数据在统计口径方面与财税领域按照财税法律法规政策规定对于行业的认定标准有所差别。

（二）财税大数据资源的可复用性

由于财税数据具有比较强的领域性特征，很多财税数据集合的内容都会有一定程度的重复，常用的数据如历年分行业、分税种的税收收入，往往会在很多研究中用到。因此，一个较为完善的财税数据集具有可供多部门、多任务、多次重复利用的价值。而且，构建一个现实可用的财税数据集的过程，还需要克服诸多现实困难、耗费大量人力物力。然而，现实中，如果某项研究工作需要建立财税大数据，只能由研究者临时组建一个数据采集、管理和处理的组织，构建面向该任务的跨部门数据集，开展数据应用。而这样的"大数据"组织机制在该项工作完成之后即告终结，数据本身也被束之高阁，不能重复利用。下一次涉税数据分析工作，又要从收集、整理数据开始。这样的"一次性"大数据构建和使用模式，导致大数据真实成本十分高昂，构成了大数据资源利用的主要障碍之一。

（三）大数据分析应用的基本模式

目前，基于大数据的应用研究，主要集中于"大数据，小范式"的模式，即面向特定的任务，设计有针对性的价值函数，再用大量数据训练特定模型。但是，由于其初始设定就是针对特定任务的，所以一个模型很难泛化或解释，一般也无法应用于解决其他问题。对于社会治理领域所面临的广泛问题域而言，如果针对每一个任务去收集大数据并训练模型，不仅成本巨大，而且这种通过大量数据训练形成的模型所表达的行为模式也难以在既有的社会规则中得到解释。

（四）大数据分析会面临一些特殊问题

一个现实的大数据一般是由来自不同数据源的各种数据组成的，这样的数据集合与单一来源数据集有很大的不同，所以，对于大数据的分析处理，存在一些特殊的问题。首先，"大数据"相对于单一来源的"小"数据集而言，其数据来源的驳杂、数据量的增多往往意味着脏数据的增加。脏数据是指不符合应用要求、技术规范从而不能直接进行分析的数据，包括：数据格式不符合系统要求、数据项缺失、数值异常、数据不一致、数据冗余及含义不明的数据等情况。现实世界中脏数据无处不在，数据不正确或者不一致会严重影响数据分析的结果，从而产生消极作用。②所以在开展数据分析之前，还要对不同来源的数据进行清洗、整理等预处理。其次，由于大数据的数据来源复杂、数据量

---

① 聂辉华，江艇，杨汝岱. 中国工业企业数据库的使用现状和潜在问题[J]. 世界经济，2012，35（5）：142-158.

② 郝爽，李国良，冯建华，等. 结构化数据清洗技术综述[J]. 清华大学学报（自然科学版），2018，58（12）：1037-1050.

大而且构建方式不一定规范，得到的数据集在组织结构和内容方面不一定严格符合数据完整性要求。根据邦弗朗尼原理，对于大数据的挖掘分析，如果将某些对象视为数据的显著特征，而这些对象中的许多都可能作为随机数据出现在大数据集合中，那么这些显著的特征就不可依赖。这意味着并非给定大数据和分析任务，就一定能得出合理的结果。此外，由于目前采用的一些大数据挖掘方法本质上只是对现有数据在现象上的归纳，分析的问题与得出的结论之间不一定有严格的逻辑联系。所以，大数据分析任务的设定和结果的分析，必须考虑到上述因素。此外，尽管目前已经出现了诸如人工神经网络、向量机、机器学习等许多针对大数据的分析研究方法，一些数据分析软件公司也推出了诸如数据挖掘工具包之类的面向大数据的分析工具，但这些方法的科学性及其结果的可解释性仍有待进一步明确。

总之，财税数据的深度利用，可以为有效开展社会治理、提高政策决策水平提供强有力的支撑作用。目前相关领域的研究已经逐步开展并取得了一些初步成效。

第二节　税收风险管理①

税收风险管理贯穿于税收工作的全过程，是税务机关运用风险管理理论和方法，在全面分析纳税人税法遵从状况的基础上，针对纳税人不同类型不同等级的税收风险，合理配置税收管理资源，通过服务提醒、更正提示、业务阻断、纳税评估、特别纳税调整、税务稽查等策略，防控税收风险，提高纳税人的税法遵从度，提升税务机关管理水平的税收管理活动。

税收风险管理主要包括目标规划、风险分析、任务统筹、风险预防、风险控制、风险应对等环节。

一、目标规划

结合税收形势和外部环境，确定税收风险管理工作重点、工作措施和实施步骤，形成系统性、全局性的战略规划和年度计划，以及风险应对等阶段性具体计划，统领和指导税收风险管理工作。税务机关根据上级工作规划和计划部署，按照横向互动、纵向联动的原则，结合本地区税收工作重点、人力资源和信息资源，整合各类风险管理事项，对税收风险管理工作的目标、事项、实施步骤等做出综合安排，制定总体规划、年度计划以及具体执行计划。具体执行计划包括风险应对指引编写、风险识别规则编制和指标模型建设等计划。

二、风险分析

风险分析包括风险识别、等级排序。通过建立、运用风险分析工具，对涉税信息进

---

① 国家税务总局.2019. 税收征管操作规范.

行扫描、分析和识别，找出容易发生风险的领域、环节或纳税人群体。按纳税人归集风险点，综合评定风险分值，并进行等级排序，确定每个纳税人的风险等级。

（一）风险识别

按照税收风险管理目标和工作计划要求，建立风险识别指标体系、风险特征库和分析模型等风险分析工具，确定风险分析、加工频度，通过对税收基础数据的内在关联分析和第三方信息的辅助验证，将纳税人、扣缴义务人的涉税信息进行扫描、分析和识别，并对扫描的结果进行确认，找出容易发生风险的领域、环节或纳税人群体，为税收风险管理提供精准指向和具体对象。

风险识别包括风险特征分析、风险指标模型建设、风险点加工归集、风险应对指引编写。

风险识别流程如图 11-1 所示。

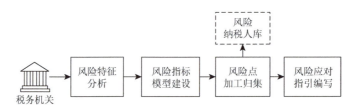

图 11-1　风险识别流程

1. 风险特征分析

运用完整性、逻辑性、波动性、配比性、类比性、基准性等方法识别税收风险点。

2. 风险指标模型建设

风险指标模型建设包括方案制订、业务描述文档编写、技术转换（部署）、验证、评审、发布使用等步骤。

3. 风险点加工归集

（1）系统识别：税务机关按照年度风险管理计划，选定对应、适当的风险指标及模型，确定不同风险领域及风险特征，集中开展风险点系统加工、存储。

（2）人工识别：各级税务机关对非风险应对过程中发现的纳税人风险点，应形成风险特征提交风险管理部门。

（3）指标预期加工：对指标预期加工的结果应与人工识别的风险点进行适用性抽样验证。验证不符合的，应分析原因并反馈指标建设部门。

（4）对加工产生的风险点，不得随意删除、修改、作废。因特殊情况需删除、修改、作废的，必须经风险管控机构审议确定并形成记录备查。

（5）已验证且未应对风险点应按纳税人、扣缴义务人归集，相应形成风险纳税人库，作为风险等级排序依据、特别纳税调整、税务稽查来源。

（6）税务总局、省级税务机关对千户集团系统风险识别报告开展人工专业复评，形成税收风险分析报告。

风险纳税人库归集的风险点根据风险点加工情况，实行动态更新。

4. 风险应对指引编写

风险管理部门应基于风险应对任务的历史记录和评估，开展风险点深度分析，形成个性化的风险应对指引，与新增风险点一并推送风险应对机关、稽查部门。

（二）等级排序

对依据风险识别结果建立的风险纳税人库，按纳税人、扣缴义务人归集的风险点，按户综合评定风险分值，并进行等级排序，确定每个纳税人、扣缴义务人的风险等级。

1. 确定积分

对风险纳税人库的纳税人、扣缴义务人按户进行风险点归集，综合评定风险分值。总局、省级及市级税务机关确定本级风险积分标准。

2. 积分排序

对确定积分后的纳税人、扣缴义务人按照综合评定风险分值高低进行排序。风险模型、指标的积分标准以风险发生概率和风险发生造成税款流失的严重程度为主要评价因素。

3. 等级排序

对积分排序后的纳税人、扣缴义务人根据不同风险类型、特征等，综合进行等级判定，确定风险等级，并从高到低进行等级排序。

根据税收风险管理年度计划和实际情况，定期或按专题实施等级排序。

（1）税收风险等级排序分为高、中、低三等。高等风险：虚开或接受虚开发票；高风险指标、模型运算结果直接指向；税收风险点情形复杂，预估不缴或少缴税款数额较大，存在偷逃骗税可能情形。低等风险：风险指向明确、预估税款较小等情形。中等风险：指高、低等以外的涉税风险情形。

（2）纳税人、扣缴义务人等级排序采用定性与定量（风险积分）相结合的方式确定。按户归集税收风险点，并对税收风险点的风险类型、等级、关键指标风险数量和风险指标权重等进行综合分析，计算确定纳税人、扣缴义务人的风险积分，并根据其风险积分的高低排定风险次序。

（3）税收风险等级排序确定后，因特殊原因需要调整的，应报经本级风险办批准后调整。

三、任务统筹

任务统筹是指对通过风险分析识别、上级交办、部门转办以及其他途径产生的风险任务进行归集、整理、汇总、比对、审批、推送、分配等的过程。任务统筹应遵循"科学合理""过滤重复""归并执行"的原则，即任务安排要充分考虑应对部门承受能力，力求做到科学合理；利用系统过滤或人工干预，避免任务重复派发；对同一纳税人涉及多项事项，应归并任务，统一下发，防止多头下达任务。

四、风险预防

风险管理的基本思想是"防患于未然"，在通过上述工作环节识别出可能会发生的风险的情况下，风险管理部门应及时发布风险预警信息，并向与该项风险有关的业务部门、岗位推送风险预警和相关工作提示。

五、风险控制

就像天气预报并不能阻止灾害性天气的发生一样，风险管理并不能保证在预防环节就能阻断所有风险的发生，一旦某些未经识别或虽然识别但是无法阻止的风险已经发生，就要迅速采取措施，将其可能造成的损害控制在可接受的程度内，也就是风险控制。

风险控制的主要措施包括更正提示和业务阻断。更正提示是指风险管理部门在发现风险发生的情况后，及时通知相关部门、岗位对相关操作进行更正。业务阻断则是对已经发生了风险的业务环节采取阻断措施，避免风险损害的进一步蔓延。

六、风险应对

风险应对是指税务机关在风险分析识别基础上，综合考虑风险性质类型、风险等级等因素，通过合理配置资源，采取各种应对策略消除税收风险，提高纳税遵从度的过程。主要包括纳税评估、出口退（免）税评估、特别纳税调整、税务稽查四类事项。

第三节　纳税评估与稽查选案

一、纳税评估概述

在税收征管工作实践中，税务机关面对的纳税人并不一定总是能够依法、如实、准确、充分地按照相关规定向税务机关申报自己的涉税资料（特别是纳税申报材料），很多情况下，可能存在虚报、瞒报、漏报、谎报的可能性。在传统的税收征管工作中，对于这种风险，税务机关一般只能采取税务检查的方式，对纳税人的申报资料进行检查、核实。但是，由于税务检查只能由人工进行，在人力和时间方面的成本很高，在征管力量（特别是人员）有限的现实情况下，税务机关往往难以对大量纳税人实施普遍检查，而只能根据现实情况和征管条件，对其中少部分进行检查（或稽查）。如此一来，对于个别纳税人而言，实施涉税违法、违规行为被发现的可能性就降低了。事实上，在涉税经济活动规模迅速扩大、涉税经济活动的类型日益多元化、涉税主体数量不断增加的背景下，税务机关有限的监管力量与纳税人普遍存在的投机心理及其可能采取的涉税违法行为之间的矛盾，已经成为目前全世界大多数国家税务当局面临的共性问题。为此，在现代信息技术支撑下，一些国家已经探索出一种可以有效提高税收征管效率的管理方式，即纳税评估。

纳税评估，是指税务机关运用数据信息对比分析的方法，对纳税人和扣缴义务人（以下简称纳税人）纳税申报（包括减免缓抵退税申请，下同）情况的真实性和准确性做出定性和定量的判断，并采取进一步征管措施的管理行为[①]。当然，通过人工方法对纸质资料进行检查、审核的方式古已有之，但是效率非常低下。只有在当代税收信息化发展到一定程度，各种涉税资料已经全部或至少大部分实现了电子化的前提下，税务机关才具备了应用计算机对大量涉税数据资料进行大规模处理的可能性。

国家税务总局将纳税评估工作的主要内容明确为：根据宏观税收分析和行业税负监控结果以及相关数据设立评估指标及其预警值；综合运用各类对比分析方法筛选评估对象；对所筛选出的异常情况进行深入分析并做出定性和定量的判断；对评估分析中发现的问题分别采取税务约谈、调查核实、处理处罚、提出管理建议、移交稽查部门查处等方法进行处理；维护更新税源管理数据，为税收宏观分析和行业税负监控提供基础信息等[①]。纳税评估工作流程见图 11-2。

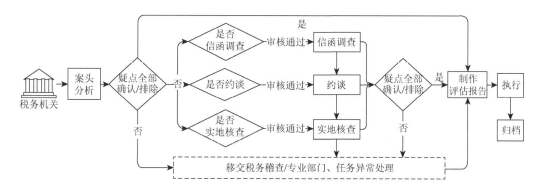

图 11-2 纳税评估工作流程

---

① 国家税务总局. 关于印发《纳税评估管理办法（试行）》的通知（国税发〔2005〕43 号）[DB/OL]. https://www.chinatax.gov.cn/chinatax/n810341/n810765/n812188/200503/c1200916/content.html[2019-07-27].

从图 11-2 可知,纳税评估就是税务机关依据某种标准,对纳税人的某些方面的涉税情况进行估算,用这种估算结果与纳税人的申报的资料进行比对,以此来评估其真实性。这些用以对纳税人进行评价的方法,一般包括模型和指标两大类。其中,模型一般指利用数学方法对纳税人某些应税行为建立的数学模型,由于模型方法比较复杂,对各方面应用条件的要求较高,目前在纳税评估实践中的应用相对较少。而指标方法相对简单灵活,适用性较强,是目前税务机关筛选评估对象、进行重点分析时使用的主要工具。纳税评估指标一般可分为通用分析指标和特定分析指标两大类,在实际应用时可以结合实际情况综合运用,并进一步根据指标预警值进行配比分析。

众所周知,在医学领域,可以通过对大量正常人的身体指标的测量与统计,形成一些相对"标准"的指标范围,例如,健康人的正常血压"应该"是多少、血液中红细胞密度"应该"是多少、某一年龄阶段的儿童的"正常"身高体重"应该"是多少,等等。以上各项指标,一般都不是一个确定的数值,而是根据对正常对象的统计所得到的一个数值范围,只要检查对象的相应指标处于这个"正常"范围之内,就说明该对象的这项指标是"正常"的,否则就是"异常"。纳税评估指标的建立和应用,与此基本类似:税务机关根据宏观税收分析、行业税负监控、纳税人生产经营和财务会计核算情况以及内外部相关信息,运用数学方法测算出算术、加权平均值及其合理变动范围,在综合考虑地区、规模、类型、生产经营季节、税种等因素,以及同行业、同规模、同类型纳税人各类相关指标的若干年度的平均水平的前提下,测算出特定类型的指标的"正常范围"。在实际应用中,假如某个特定对象的该项指标的计算结果超出了这一范围,原则上就可以认为其"异常"并发出预警,所以这个"正常范围"的边界,也被称为该项指标的"预警值"。在现实中,由于经济社会的复杂多样性,不同地区的同一行业、同类企业某些指标的"正常范围"可能不尽相同,所以纳税评估指标预警值一般由各地税务机关根据实际情况自行确定,以使预警值更加真实、准确和具有可比性。

纳税评估的对象即作为评估主体的主管税务机关所负责管理的纳税人及其应纳所有税种的相关资料。虽然目前纳税评估的自动化程度越来越高,但是毕竟还是要花费相当的代价,所以在实际工作中,一般还是需要依据税收宏观分析、行业税负监控结果等数据,结合各项评估指标及其预警值和税收管理员掌握的纳税人实际情况,参照纳税人所属行业、经济类型、经营规模、信用等级等因素进行全面、综合的审核对比分析,通过包括系统自动筛选、人工分析和重点抽样等方法,筛选出评估对象进行评估。

进行纳税评估所需要的书籍资料,主要有三个方面的来源,其一是税务机关在长期管理工作中收集、留存的纳税人的各种资料数据以及工作中形成的各种记录;其二是纳税人申报提交的各种资料;其三是税务机关依法从(税企之外的)第三方获得的相关资料。

根据国家税务总局印发的《纳税评估管理办法(试行)》,纳税评估分析方法主要包括:对纳税人申报纳税资料进行案头的初步审核比对,以确定进一步评估分析的方向和重点;通过各项指标与相关数据的测算,设置相应的预警值,将纳税人的申报数据与预警值相比较；将纳税人申报数据与财务会计报表数据进行比较、与同行业相关数据或类似行业同期相关数据进行横向比较；将纳税人申报数据与历史同期相关数据进行纵向比较；根据不同税种之间的关联性和勾稽关系，参照相关预警值进行税种之间的关联性分析，分析纳税人应纳相关税种的异常变化；应用税收管理员日常管理中所掌握的情况和积累的经验，将纳税人申报情况与其生产经营实际情况相对照，分析其合理性，以确定纳税人申报纳税中存在的问题及其原因；通过对纳税人生产经营结构，主要产品能耗、物耗等生产经营要素的当期数据、历史平均数据、同行业平均数据以及其他相关经济指标进行比较，推测纳税人实际纳税能力。对实行定期定额（定率）征收税款的纳税人以及未达起征点的个体工商户，可参照其生产经营情况，利用相关评估指标定期进行分析，以判断定额（定率）的合理性和是否已经达到起征点并恢复征税。①

二、稽查选案②

如上所述，纳税评估的对象，主要是纳税人的纳税申报情况，原则上包括所有的纳税人，解决的主要是"面上"的问题，通过大范围的、普遍的评估，一方面控制纳税申报的质量，另一方面也对广大的纳税人群体形成一种有效的执法监督。而如果税务机关通过纳税评估或其他渠道发现了"异常"的对象，就可能将其作为税务稽查的对象。从执法的逻辑而言，纳税评估是广泛寻找、发现"异常"情况的过程，而税务稽查则是税务局稽查局严格遵循法定程序，依法对纳税人、扣缴义务人和其他涉税当事人履行纳税义务、扣缴义务情况及涉税事项进行检查处理，以及围绕检查处理开展的其他相关工作，其基本目的是对其可能的违法情况搜集和固定相关证据资料。

根据国家税务总局印发的《税务稽查工作规程》的规定，税务稽查的主要工作环节包括：选案、检查、审理、执行。在选案环节，税务局稽查局通过多种渠道获取案源信息，集体研究，合理、准确地选择和确定稽查对象，其中，纳税评估形成的某些结论或疑点，可以作为稽查选案的案源信息。

选案部门负责稽查对象的选取，并对税收违法案件查处情况进行跟踪管理。

选案部门应当建立案源信息档案，对所获取的案源信息实行分类管理。案源信息主要包括：

（一）财务指标、税收征管资料、稽查资料、情报交换和协查线索；

（二）上级税务机关交办的税收违法案件；

（三）上级税务机关安排的税收专项检查；

（四）税务局相关部门移交的税收违法信息；

---

① 国家税务总局. 关于印发《纳税评估管理办法（试行）》的通知（国税发〔2005〕43 号）[DB/OL]. https://www.chinatax. gov.cn/chinatax/n810341/n810765/n812188/200503/c1200916/content.html[2019-07-27].

② 国家税务总局. 关于印发《税务稽查工作规程》的通知（国税发〔2009〕157 号）[DB/OL]. http://www.chinatax.gov.cn/ n810341/n810765/n812166/n812602/c1086678/content.html[2019-07-27].

（五）检举的涉税违法信息；

（六）其他部门和单位转来的涉税违法信息；

（七）社会公共信息；

（八）其他相关信息①。

选案部门对案源信息采取计算机分析、人工分析、人机结合分析等方法进行筛选，发现有税收违法嫌疑的，应当确定为待查对象。待查对象确定后，选案部门填制《税务稽查立案审批表》，附有关资料，经稽查局局长批准后立案检查。对上级税务机关指定和税收专项检查安排的检查对象，应当立案检查①。

三、信息技术在纳税评估和稽查选案工作中的应用

20 世纪 90 年代，我国税务系统就已经开展了应用计算机软件进行稽查选案的探索，并积累了大量实践经验。税务稽查选案的重点是根据大量样本资料构建各类纳税人在各种情况下遵章守法的正常涉税行为模式，以此为参照，分别与大量纳税人的涉税活动资料进行对比，从中找出个别与众不同的涉税行为，作为潜在的嫌疑对象。在此过程中，无论是对大量数据资料的分析、计算，还是对大量纳税人信息的对比，都对稽查部门的信息处理能力提出了较高的要求，由此产生了推动税收信息化建设的重要动力。在长期的实践中，信息技术与税务稽查业务逐步实现了深度融合。

20 世纪末，随着我国税收征收管理模式的改革，纳税评估作为一种新的税收管理方式出现在税收实践中。由于纳税评估面向的是大量的纳税人，是一个由"面"及"点"的过程。而对于"面上"浩如烟海的纳税人申报资料以及更多的相关数据的分析，仅凭人工是远远不够的。所以纳税评估工作的开展和普及，几乎从一开始就与信息技术的支持建立了密切联系。

从技术角度而言，纳税评估采用的方法与稽查选案基本类似，都是从大量同类数据中寻找异常模式。大致可以分为两类：第一类是以税收法律、法规、政策关于某项涉税行为的具体规定以及该项涉税活动的正常业务逻辑作为标准模式（如纳税申报表内各项数据之间的逻辑关系），与评估/选案对象的具体情况进行对比，如果其与标准模式的差距较大（超出了某种阈值），就可以认为该对象存在疑点。第一类方法比较简单、直观、逻辑清晰，而且有法可依、有章可循，是稽查选案和纳税评估工作的基础性步骤。此类方法一般可以通过程序设计实现评估/选案流程的标准化甚至自动化，应用于接受申报环节或对大批纳税人涉税资料的普遍筛查工作中。但是，第一类方法可以依据的规范性约束毕竟是有限的，这就需要采取覆盖面更为广泛、检查的维度更多的第二类方法。第二类方法则是对通过第一类方法检查未发现疑点的大量对象数据，采用数理统计、数据挖掘甚至人工智能等各种可行的方法，寻找其中可能隐藏的某些模式，据以对对象数据进行评估/筛选，寻找其中的异常情况。

---

① 国家税务总局. 关于印发《税务稽查工作规程》的通知（国税发〔2009〕157 号）[DB/OL]. http://www.chinatax.gov.cn/n810341/n810765/n812166/n812602/c1086678/content.html[2019-07-27].

第四节　纳税信用等级管理

纳税信用等级管理，是指税务机关对纳税人开展纳税信用年度评价、纳税信用动态调整、当前年度纳税信用状况提醒、纳税信用补充评价等管理工作。

一、纳税信用年度评价

（1）纳税信用管理，是指税务机关对纳税人的纳税信用信息开展的采集、评价、确定、发布和应用等活动。适用于从事生产、经营的独立核算企业，个人所得税核定征收的个人独资、个人合伙企业除外。

（2）纳税信用评价周期为一个纳税年度，新设立企业应及时评价。

（3）纳税信用信息采集是指税务机关对纳税人纳税信用信息的记录和收集。纳税信用信息包括纳税人信用历史信息、税务内部信息、外部信息。

（4）纳税信用年度评价结果发布前，主管税务机关发现纳税人在评价年度存在动态调整情形的，应调整后再发布评价结果。

（5）纳税信用级别评价结果可供税务机关各系统引用，作为实施分类管理和服务的参考依据。

二、评价流程

纳税信用年度评价流程如图 11-3 所示。

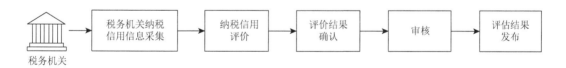

税务机关　→　税务机关纳税信用信息采集　→　纳税信用评价　→　评价结果确认　→　审核　→　评估结果发布

图 11-3　纳税信用年度评价流程

1. 税务机关纳税信用信息采集

省级税务机关启动年度评价方案，系统根据纳税信用评价指标要求自动采集相关数据，各级完成评价指标人工采集和评价指标人工细分工作。

2. 纳税信用评价

省级税务机关启动评价工作，系统根据年度评价指标自动采集纳税信用信息，生成评价指标，并由省级税务机关传递给纳税人的主管税务机关。

3. 评价结果确认

主管税务机关负责部分指标的人工采集和人工细分，并对省级税务机关传递的纳税信用评价指标进行确认。可逐户进行，也可批量进行。主管税务机关对扫描结果有异议的可对具体指标扣分情况进行调整，并填写调整意见，上报审核。

4. 审核

对接收的确认结果进行审核；不同意确认结果的可予以回退并说明原因。

5. 评价结果发布

主管税务机关对审核通过的结果，按照发布原则进行结果发布。

三、纳税信用动态调整

主管税务机关按月开展纳税信用级别动态调整工作。

因税务检查等发现纳税人以前评价年度存在直接判为 D 级情形的，主管税务机关应调整其相应评价年度纳税信用级别为 D 级，并记录动态调整信息，该 D 级评价不保留至下一年度。对税务检查等发现纳税人以前评价年度存在需扣减纳税信用评价指标得分情形的，主管税务机关暂不调整其相应年度纳税信用评价结果和记录。

税务机关按月采集纳税信用评价信息时，发现纳税人出现纳税信用评价年度之中信用评价指标出现扣分且将影响评价级别下降的情形的，可通过邮件、短信、微信等方式，通知、提醒纳税人。此外，在一些情况下，税务机关还可以对纳税人的纳税信用进行补充评价和复评，并对纳税人的纳税信用变动情况进行提醒。

纳税信用等级评价的工作流程并不算是十分复杂，但是纳税人的纳税信用情况是其社会信用评价的重要组成部分，评价结果要向社会公开，并直接影响着纳税人的切身利益及其社会评价，所以税务机关不仅要确保信息的准确性、及时性和有效性，而且在必要时还能够追溯每一项数据的具体来源，这就对税务部门的信息化建设程度提出了非常高的要求。

第五节　决策支持

行政管理中，除了大量已经建章立制、可以按照相关规定进行处理的事务性工作以外，还有不少缺乏具体规章制度或前例可循，需要行政管理决策层根据相关情况的处理原则、在充分掌握和深入分析相关信息的基础上解决的非结构化或半结构化问题，处理此类问题的过程，就是决策的过程。显然，决策者对于对象问题的相关信息和知识掌握越充分、越及时、越准确，就越有利于形成正确的决策。应用于管理决策领域，面向决策者在决策过程中对相关信息的需求，提供信息收集、整理、处理等功能的信息系统，就称为决策支持系统。

一、决策支持系统的主要特征

决策支持系统与前文所介绍的办公自动化系统的主要区别在于：①办公自动化系统的用户既包括决策层，也包括一般工作人员，而决策支持系统主要面向决策层用户；②办公自动化系统处理的是结构化的事务性工作，而决策支持系统处理的是非结构化或半结构化的问题；③办公自动化系统在一定程度上可以代替人工工作，实现某些事务性工作的自动化处理，而决策支持系统不能进行决策，只能为决策者提供信息支持。

二、决策支持系统的构成

第一，一个能够为决策层提供信息支持的计算机系统，应该具备一个（或一系列）数据管理子系统，以存储、管理决策层可能需要的相应领域的数据，并为决策提供相关数据的检索、存储和组织。此外，数据管理子系统也提供各种安全功能、数据完整性程序以及与使用决策支持系统相关的全面的数据管理任务。数据管理子系统包括数据库、数据库管理系统、数据仓库以及数据查询等工具。

第二，根据决策者的使用习惯和相关问题对数据处理的需求，系统可以对相关数据进行处理，形成决策者最常使用或最可能用到的某些结果（不一定是最终结果，有可能是中间数据）。这些对数据进行处理的模型的集合，构成了决策支持系统的模型应用子系统。模型应用子系统不仅提供与定量模型相关的检索、存储以及组织活动等操作，还集成了分析功能。模型应用子系统包括模型库、模型库管理系统、模型仓库、模型执行处理器以及模型合成处理器。

第三，决策支持应用的专业性，要求决策支持系统是具备有关业务规则、业务逻辑及经验等知识的获取、解释、表示、推理及管理与维护的系统，即知识引擎。知识引擎提供与问题识别、生成中间/最终方案相关的功能，以及与管理问题求解过程相关的功能。知识引擎是决策支持系统发挥作用的核心部分，数据和模型在这里汇合，为决策过程提供支持。

以上包括数据库、模型库和方法库的决策支持系统，即所谓"三库系统"。在此基础上，20 世纪 80 年代后期，人工智能方法在决策支持系统中的应用成为该领域发展的主要特征之一，出现了智能决策支持系统，提高了支持决策的能力。近年来，随着网络技术的发展，又出现了由分布在不同地区的决策者共同参与进行决策的群体决策支持系统。

第四，决策支持系统为决策者提供的支持作用，除了上述数据分析功能外，还需要根据用户的具体需要设计适合的应用界面。决策支持系统的使用者既不是专业技术人员，也不是专门的操作人员，他们往往具有相当程度的专业知识和比较独特的决策思维，所以决策支持系统的用户界面应面向此类用户的使用特点进行优化。与此同时，由于决策支持系统在运行中会发生大量的数据访问，还要考虑到这种数据访问是否会对业务系统造成干扰。

三、决策支持系统的运行

以下以基于数据仓库的税务决策支持系统为例，简单介绍其基本的运行过程。

（一）数据管理

在基于数据仓库的决策支持系统中，数据仓库系统承担了数据管理的职能，主要包括：数据来源、数据的抽取/转化/加载过程、数据的存储和管理。

1. 数据来源

（1）内部数据。随着税务信息化建设的快速推进，在全国税务系统内已经形成了国家、省、市、县四级健全的计算机网络和信息管理系统，包括金税工程、税收征管信息系统、办公自动化系统，这些系统经过多年的运行和改进，已经积累了大量原始数据，这些数据是税务决策支持系统最可靠的数据源。

（2）外部数据。除了税务系统内部数据外，决策支持系统还要充分利用大量来源于税务部门以外的数据，如工商行政管理部门、财政部门、银行等。这些外部数据可以在很大程度上补充税收数据的不足，为决策支持分析提供了更多的分析维度。

2. 数据的抽取/转化/加载过程

数据仓库具有一套包括数据的口径、格式、结构、表达方式等关于数据标准的规范性要求，各种来源的数据都要经过抽取、转化、加载的过程，才能按照数据仓库的组织结构进入其中。数据仓库中的数据必须是清洁的、集成的、历史的，这样才能为决策支持提供数据基础。

3. 数据的存储和管理

税务决策支持系统面向的问题是税务管理决策主题，典型的主题包括：纳税人涉税问题分类、征管情况分析、税源分析等。这些不同类型的分析主题所需要的数据类型、处理方式是不同的。为此，数据仓库系统要根据不同主题对于数据的要求，分别建立数据选取、处理的模型。一般而言，分析主题及其处理模型采用某种数据结构进行表达，并存储于数据仓库中的主题库、模型库中，以备应用。

（二）数据分析

数据仓库进行数据分析的基本过程主要是根据分析主题的需求，采用适用的分析工具或方法，包括但不限于联机分析处理、数据挖掘等。

1. 联机分析处理

联机分析处理本质上是一类按照人的决策顺序进行的高效率的数据查询。在这种方式中，可以按维度从不同的方面访问数据，使分析人员能够迅速、一致、交互地从各个方面观察信息，以达到深入理解数据的目的。它具有快速性（系统能快速响应用户的多数分析要求）、可分析性（用户无须编程就可以定义新的专门计算，并以用户所希望的方式给出报告）、多维性（提供对数据分析的多维视图和分析）、信息性（能及时获得信息，并且管理大容量信息）等特征。例如，假设有一个分析主题"为什么某地区 2017 年税收收入较上年增长 20%？"，联机分析处理工具就可以将该地区 2016 年、2017 年每月、每个行业、每个税种的税收收入情况以某种方式展开，进行横向、纵向比较，并可进行进一步的计算分析，从而找到问题的答案，为管理者形成管理决策（如制定税收计划、预测税收收入）提供支持。

2. 数据挖掘

数据挖掘是利用某些方法从对象数据中探寻隐藏的模式，应用于决策支持领域，可以帮助用户发现并解决人所未能注意到的问题，实现自主决策。数据挖掘的分析方法包括但不限于：

（1）分类。分类分析是对分析对象各方面的属性进行分析、比较，从中发现对象之间的隐藏特征，据此将对象进行分类的分析方法。在税收管理领域，分类方法可用于发现对象（行业、税种、纳税人等）数据中隐藏的某些特征模式，例如，"从某个观察角度出发，发生涉税违法情况的纳税人可以分为几类？"这些隐藏模式的发现，对于决策者调整管理方式、强化管理措施的针对性有很大的帮助。

（2）聚类。聚类分析实际上也是一种从分析对象中发现隐藏模式据以分类的方法，但是在实现效果上，分类方法是将初始状态为一个整体的分析对象划分为若干类别，类似于"切西瓜"；聚类方法则是将分散无序的大量对象按照某种模式聚合为若干类别，类似于上课铃响后分散在操场上的许多同学分别进入自己的教室。在税收管理实践中，聚类分析的应用前景也很广阔，可以用于解决诸如："具备哪些特征的纳税人容易发生涉税违法情况？"这一类的问题。

（3）关联分析。顾名思义，关联分析就是发现分析对象中隐藏的联系模式的方法。在税收管理中，企业所得税管理领域经常需要分析企业之间是否存在"关联交易"的情况，这种现实中客观存在的联系往往是隐藏的，非常适合采用关联分析方法的应用。

（4）序列分析。序列分析类似于关联分析，但是其目的主要是发现数据对象之间隐藏的某种逻辑上的因果联系模式，适合于寻找导致某种结果的主要原因，如"导致纳税人发生涉税违法行为的影响因素有哪些？"

第四部分　案例及法规政策

第十二章　财税信息化相关政策及案例

第一节　财税信息化建设相关政策文件

（一）《国家政务信息化项目建设管理办法》

国务院办公厅发布《关于印发〈国家政务信息化项目建设管理办法〉的通知》（国办发〔2019〕57号），请读者自行查阅，网络链接地址为：

http://www.gov.cn/zhengce/content/2020-01/21/content_5471256.htm。

（二）《关于稳步推进财政电子票据管理改革的试点方案》

财政部发布《关于印发〈关于稳步推进财政电子票据管理改革的试点方案〉的通知》（财综〔2017〕32号），请读者自行在财政部官方网站上查阅，网络链接地址为：

https://zhs.mof.gov.cn/zhengcefabu/201707/t20170711_2642911.htm。

（三）《关于全面推开财政电子票据管理改革的通知》

财政部发布《关于全面推开财政电子票据管理改革的通知》（财综〔2018〕62号），请读者自行在财政部官方网站上查阅，网络链接地址为：

https://jx.mof.gov.cn/xxgk/zhengcefagui/201811/t20181126_3075765.htm。

（四）《财政部信息化建设项目资金管理办法》

请读者自行在财政部官方网站上查阅，网络链接地址为：
http://xxzx.mof.gov.cn/zhengwuxinxi/guizhangzhiduxxzx/200908/t20090827_199621.html。

（五）《中国注册会计师行业信息化建设总体方案》

中国注册会计师协会发布《关于印发〈中国注册会计师行业信息化建设总体方案〉的通知》（会协〔2011〕115号），请读者自行在财政部官方网站上查阅，网络链接地址为：

http://www.mof.gov.cn/zhengwuxinxi/zhengcefabu/201112/t20111213_614822.htm。

（六）国家税务总局关于实施便民办税缴费十条新举措

国家税务总局发布《关于实施便民办税缴费十条新举措的通知》（税总函〔2019〕223号），请读者自行在国家税务总局官方网站上查阅，网络链接地址为：

http://www.chinatax.gov.cn/n810341/n810755/c4541026/content.html。

（七）国家税务总局办公厅关于修订《税务系统信息化服务商失信行为记录　　名单制度（试行）》的通知

国家税务总局办公厅发布《关于修订〈税务系统信息化服务商失信行为记录名单制度（试行）〉的通知》（税总办征科发〔2022〕1号），请读者自行在国家税务总局官方网站上查阅，网络链接地址为：

https://fgk.chinatax.gov.cn/zcfgk/c102424/c5215987/content.html。

（八）《纳税评估管理办法（试行）》

《国家税务总局关于印发〈纳税评估管理办法（试行）〉的通知》（国税发〔2005〕43号）文件发布，请读者自行在国家税务总局官方网站上查阅，网络链接地址为：

http://www.chinatax.gov.cn/chinatax/n810341/n810765/n812188/200503/c1200916/content.html。

第二节　财税信息化建设案例

一、督审监控云平台——"E 数控"管理系统

（一）案例简介

督审监控云平台——"E 数控"管理系统（以下简称"E 数控"）由贵州省税务局立项，委托遵义市税务局开发建设，于 2020 年 11 月在遵义市税务系统上线运行。"E 数控"获 2020 年贵州省税务系统创新项目优秀奖第一名。"E 数控"登录界面如图 1 所示。

按照国家税务总局提出的构建"信息系统 + 业务应用 + 内控督审"大三角框架体系的要求，"E 数控"聚焦精确执法的核心理念，针对当前税务部门在应对处理执法风险过程中存在的"内部监督不及时、监督信息不准确、监督重点不突出"等问题，提出"数据督审、信息督审、智能督审"的创新设想，经过反复实践，搭建起以现有征管业务及行政管理应用系统数据为基础，以执法全过程、所有一线执法人员为对象，以"3 + N"板块（即执法风险监督、廉政风险监督、法治生态监督三大功能 + N 项重点工作监控）

图1　"E数控"登录界面

为主体，以数据挖掘、指标运算、模型分析为手段，以SOA架构、云处理、ETL工具等前沿技术为支撑的执法风险督审监控平台，形成了对税务执法风险事项事前防范、事中控制、事后纠正的全方位管控，实现了执法风险由被动知悉向主动发现、风险事项由粗放界定向精准定位、归责定性由主观判断向客观计算、风险应对由单点治理向系统防治的"四个转变"。

2021年2月，中共中央办公厅、国务院办公厅《关于进一步深化税收征管改革的意见》强化执法内控监督部署，为此，项目组进一步完善了"E数控"管理系统功能。目前，"E数控"实践效果良好，从系统运行前后来看，2021年上半年执法过错数较2020年同期减少87.58%，预扣分减少90.34%，执法过错显著下降，系统的高效性、精确性得到充分验证，系统"防未病""治已病"的功能得到充分展现。"E数控"主要功能模块示意如图2所示。

图2　"E数控"主要功能模块

（二）案例详细内容

1. 案例背景

党的十九届四中全会提出，要健全党统一领导、全面覆盖、权威高效的监督体系。2021 年 3 月，中共中央办公厅、国务院办公厅印发《关于进一步深化税收征管改革的意见》，提出"2022 年基本构建起全面覆盖、全程防控、全员有责的税务执法风险信息化内控监督体系"。与此同时，近年来，税务系统在接受审计、巡视、巡察等各类监督检查过程中，凸显出执法风险频发、落实政策不力等问题，不同层级税务干部亦因此受到了责任追究。从中央精神出发、从形势发展出发、从现实税情出发，把内部监督挺在前面，构建精确化、系统化、智能化的内部监督控制体系已刻不容缓。贵州省税务局在充分评估政治性、可行性、应用性、价值性的基础上，部署以遵义市税务局为试点，以遵义经济技术开发区税务局为研发基地，开发督审监控云平台——"E 数控"管理系统。

2. 案例要素

围绕一个目标：以"内部风险全面精准筛查、执法管理水平明显提升、税收法治生态持续健康"为目标。

定位两大功能：一是服务领导精准决策。动态分析风险趋势，直观展示重点风险事项、区域、环节、行业和人群，为领导决策提供数据支撑。二是服务基层降低风险。动态归集税务人员行为轨迹，对其执法或管理事项打分，及时提示潜在错误和工作疏漏，并自动提供解决方案、应对指引、典型案例参照等，促使其主动改错纠偏。

构建两级板块：即"3 + N"版块，第一层级以"执法风险监督""廉政风险监督""法治生态监督"为主题版块，以内嵌指标运算和结果动态获取为核心，进行量化评估和可视化展示。第二层级基于三个主题，设计可定制菜单，例如基于当前重点工作设置了"组织收入原则、减税降费落实、特色行业事项、发票内部快反、尽职免责调查和遵从风险管控"等菜单，以需求为导向，对特定事项风险实行动态监管。

创设三项机制：一是闭环管理机制。通过平台运行，实现对风险事项的事前防范、事中控制和事后纠正，从而推进风险防控全方位，实现权力管控无死角。二是快速响应机制。构建了以该平台为"大脑中枢"、各单位各部门为执行终端、各领域互联互通的快速响应机制。三是算法优化机制。与高校算法和可视化研究专家合作，获得平台核心算法算力理论支撑，反复论证后形成一定的统计分析模型，确保最终分析结果客观、高效、精准。

3. 案例成果及原理

一是监督定位更精确。基于税收大数据整合应用，实现了对执法风险的精确查找识别、精准定位分析。二是监督范围更全面。基于指标模型涵盖当前各类税务应用系统数据，实现了重点事项全覆盖。三是监督应对更智能。基于算法算力支撑，实现了执法和管理事项风险评分的优化排序。四是监督导向更明晰。基于可视化技术的应用，实现了风险动态量化层级化展示，便于辅助决策和提升执法水平，有助于促进纳税遵从度和纳税服务水平持续提升。

4. 主要创新点

"E数控"将税务执法风险防范措施嵌入信息系统，实现执法和管理特别是重要执法事项和重要业务节点的信息化留痕以及监督的信息化留痕，基本构建起全面覆盖、全程防控、全员有责的执法风险信息化内控监督体系，有效促进提升了执法的规范性、精确性。该系统主要有以下创新点。

一是风险易明：为解决风险数据复杂、散乱、无序、指向不明等问题，"E数控"运用可视化技术，对数据进行整合、分层、钻取、归纳演绎，服务领导决策，督促基层主动作为，进而形成"透视一个点，规范一个面；提示一个人，教育一大片"的监督优势和良好效应。

二是指标易比：为了从海量税收数据中提炼关键指标，确定各自重要系数，并让诸如提前征收税款、多缴未及时退税、疫情期间增值税小规模纳税人适用税率错误，分别指向时间、金额、税率等不同维度指标并在量化后可比，开发团队引入了贵州省"大数据及可视化"专家组成员，协作完善核心算法算力，用无量纲化处理去除不同单位影响，扩大差异频数和平滑处理让数据具有统计意义，再通过归一化处理给数据赋值，让数据集成于可比较区间，反复论证、推演，实现结果与现实的正向关联性。

三是接口易通：为解决数据来源有限、风险监控不全面、法治生态评价缺失的问题，遵循"接入是常态，不接入是例外"的开发原则，平台预留接口，以需求为导向，可接入其他税务应用系统及第三方数据，特别与廉政建设、法治生态环境交织，一体推进"三不腐"和"早发现、早提醒、早预防"的严密监督反腐机制。

四是需求易应：为解决重点工作聚焦不精准、使用者个性化需求持续更新的问题，"E数控"内设可定制云图功能，2021年遵义市局根据全市重点工作设置了六大云图，涵盖了组织收入原则、减税降费落实、特色行业事项、发票内部快反、尽职免责调查和遵从风险管控。通过对相关事项归纳和趋势化展示，为决策者提供参考。为更便捷风险的查询与透视，设置了"一局式""一员式""一元控"和"一户式"功能，便于不同身份使用者快速查询和掌握相关风险及态势。

5. 案例应用情况

一是查蛛丝马迹，精准防控治未病。2021年7月1日遵义市税务局在"E数控"系统中一次性扫描导入全市预警指标8725条，其中含2021年以来"小规模纳税人自开、代开发票收入超过申报销售收入未处理"指标数据7983条，涉及应补申报销售收入9.35亿元，涉及税收均已及时追缴申报。2021年上半年，全市预警并整改指标285条，责任追究22人。

二是掌工作主动，执法规范有成果。该项目实施后，执法风险有明显下降，经在税务系统内部控制监督平台中查询统计，2020年上半年全市税务系统税收执法过错数为290个，预扣分为429.5分；2021年上半年全市税务系统税收执法过错数仅为39个，预扣分为41.5分，税收执法过错数较去年上半年同比减少86.55%，预扣分较去年同比减少90.34%。

三是推整体工作，建章立制利长远。受"E 数控"发现问题指向，遵义市局所得税科、财产和行为税科设计了管理和操作指南，科学规范执法行为，同时，多项高频疑点业务被纳入培训必修课，成为全市税务系统对风险行为标本兼治的有力抓手。

二、大数据铸造稽查利剑 信息化助力精准打虚——Z 市税务稽查运用大数据查办某虚开增值税发票案

本案特点：本案是一起通过虚开增值税发票等违法手段达到少缴税款、职务侵占目的的虚开发票案，有别于常见的通过短时间暴力虚开大量发票后迅速走逃的其他案件。税务稽查通过大数据分析挖掘案源，运用信息化技术固定证据，依托税警协作平台成功查办此案。涉及发票份数 1489 份、涉及金额 1.2 亿余元。本案具有违法手法隐蔽、虚开金额大、团伙作案等特点。本案的成功办理，充分彰显大数据时代，有信息化手段助力，税务稽查利剑会成为对犯罪分子靶向整治的手术刀，让税收违法行为无处遁形，更好维护国家经济秩序。

（一）基本案情

2021 年 7 月，Z 市税务局第二稽查局（以下简称 Z 局）在对辖区内开展高风险企业分析中，发现一户企业发票进销项存在异常，通过进一步分析，选案人员初步判断 A 公司存在较高虚开风险，经与公安成立税警联合专案组，经过两个月夜以继日的外查内调，案件成功告破。经查，A 公司以虚开发票、虚列人工工资、隐匿销售收入等手段，达到逃避缴纳公司税款、个人所得税、侵占公司资产的目的，2018 年以来 A 公司虚开增值税发票 1489 份，价税合计 1.2 亿余元；虚列人工工资 410 万元；隐匿销售收入 120 万元。

（二）涉案企业基本情况（略）

（三）办案经过

1. 百里见秋毫，大数据精准研判

Z 局在日常风险企业研判过程中，对企业进销项发票数据匹配度进行比对，惊奇发现 A 公司 1.4 亿元的竹段购销业务不仅不盈利甚至存在微薄的亏损，深入分析发现，按照购销顺序逐年逐月进行比对，发现其竹段购销业务基本每吨亏损 15 元，如此有悖于生产经营实际的数据引起了分析人员极大的关注。通过对其增值税、企业所得税申报表、财务报表以及发票数据进行表表比对、票表比对，发现其存在诸多税收违法疑点，首先收入中拆借资金利息多为未开票收入，其次一家从业人员仅 10 人的财务公司，每年工资薪金支出高达上百万元，结合上述诸多疑点分析人员进一步判断该公司可能存在虚开增值税发票、隐匿收入、虚列成本费用等违法行为。

2. 好风凭借力，信息化高效办案

Z局迅速组织人员，成立由稽查业务骨干＋信息化专业人才构成的专案组对A公司进行立案检查。专案组通过"采、固、析"信息化办案三部曲开展检查，第一步通过数据采集软件对A公司8台办公电脑中的财务账套等23G财税数据进行采集，避免重要证据线索遗漏；第二步按照《税务稽查工作规程》相关要求，对电子证据进行实体介质的固定，由税务机关、企业、见证人三方进行签字封存，确保证据真实合法有效；第三步对采集的证据资料，运用数据筛选软件进行敏感关键字筛选，在浩如烟海的电子资料中找到了资金内账、虚开发票金额计划等关键证据，对取得的资金流水，运用IBM i2可视化分析软件进行资金回流清分，成功锁定资金回流闭环。

在案件查办的瓶颈期，迅速运用税警协作机制，将税务机关发现的涉案疑点迅速传递给公安机关，大大提升对涉案人员讯问的成效，结合公安机关讯问笔录等主观证据，明晰案件查办方向，税警联合专案组案情探讨有时甚至直至深夜。在联合办案过程中，通过税警协作平台完成电子证据的交换，打通了一条安全、高效、准确的税警证据交换渠道，本案中，税警双方交换证据近两万页，其中运用高拍仪、光学字符识别（optical character recognition）技术实现纸质证据电子化一万余条。

3. 剥茧抽蚕丝，手术刀力破虚开

检查人员运用信息化手段，通过清晰的发票、资金流向图，完成了A公司犯罪事实的拼图。该公司于2017年12月至2021年4月期间开展竹段购销业务，通过税额、价格和计算方法等高进低出的方法多抵进项税，价格差为15元每吨，由下游企业回转资金到该公司股东杜某和程某的个人账户上。

检查人员根据掌握的上述情况，梳理了线索、拟写了提纲，有针对性地对该公司股东杜某和程某、关联企业高管陈某、王某等人突击询问。上述相关人员供述，该公司故意编造虚假合同，虚开增值税专用发票。该公司与A公司没有真实货物交易，该公司并没有购进"竹段"也未与B公司实际发生"竹段"购销业务。

至此案件事实已然清晰。该公司与B公司无真实业务往来，其取得的增值税专用发票，属虚开增值税专用发票；该公司与C公司未实际发生交易的情况下，向C公司开具增值税专用发票，属虚开增值专用发票；该公司向其他企业借款，收利息挂往来，未记收入未申报纳税，造成少缴企业所得税、增值税及附征税费。

4. 处理处罚结果

（一）追缴2018年至2020年应补增值税1 035 261.91元，企业所得税2 578 814.03元，城市建设维护税72 468.33元，教育费附加31 057.86元，地方教育附加20 705.24元，合计应补税款373 8307.37元，并对上述欠缴税款按规定加收滞纳金。

（二）对企业隐匿收入少缴增值税68 150.92元，处少缴税款百分之五十的罚款34 075.46元；对企业虚开增值税专用发票抵扣进项税额进行虚假期申报少缴增值税215 012.73元，处少缴百分之五十的罚款107 506.37元。

（三）对企业隐匿收入、虚开增值税发票虚增费用、虚假列支职工工资虚增费用合计少缴企业所得税 2 164 091.98 元，处少缴税款百分之五十的罚款 1 082 045.99 元。

（四）对虚增竹段贸易业务，存在让他人为自己虚开增值税专用发票违法行为，对其违法行为处罚款 50 万元。

由于该公司虚开增值税专用发票的行为已涉嫌犯罪，目前案件已移送公安机关。

5. 建议及启示

1）强化风险提示，把稳精细服务

在深化"放管服"改革的大背景下，一般纳税人登记认定、领购发票、最高开票限额等即办事项为纳税人提供了方便，但也为不法分子提供了可乘之机。主管税务机关要加强对即办事项的后续跟踪管理，一旦发现异常，应该及时调查核实、严格管控发票，及时阻断。同时要加强涉税违法风险提示和知识普及，严防"被注册"的情形发生。

2）依托以数治税，实现精准监管

不管是在日常管理还是在查办案件过程中，都需要最大限度利用大数据分析，及时发现疑点。管理部门根据风险管理的相关要求，运用大数据分析纳税人的涉税情况，发现风险、及时推送；稽查部门在案件查办过程中或者案件查结后要及时形成征管建议反馈给主管税务机关或者税源管理部门，实现管查良性互动。

3）补强技术装备，推进精确执法

工欲善其事，必先利其器。虚开骗税案件查办中，涉及海量数据的分析比对，面对如今职业化的犯罪团伙，只有专业化的人才储备和高效的分析研判设备，才能在税务稽查中精准打击，展现稽查利剑。

4）重视部门合作，携手精诚共治

虚开增值税专用发票等涉税违法犯罪案件日益复杂，仅凭税务机关或者公安机关一方难以形成打击的高压态势，税警双方必须密切配合，才能形成打击涉税违法行为的强大震慑。在现有联络机制前提下，税警双方要不断推进多层次、多领域合作，创新作战模式，通过组织联合培训、开展联合宣传、强化信息共享，逐渐形成精准识别目标、快速实现突破、有效固定证据、准确适用法律、及时追赃挽损的税警协同办案模式。

（备注：根据真实案例改写，供稿：国家税务总局遵义市税务局第二稽查局，执笔：钱冰岚、王珂）

第三节　延伸阅读材料

（一）信息化为支撑 提升管理效率

来源：财政部网站
地址：http://kjs.mof.gov.cn/zhengcejiedu/201501/t20150119_1181408.htm

（二）刘昆：加快推进财政信息化建设协调发展

　　来源：财政部网站
　　地址：http://xxzx.mof.gov.cn/gongzuodongtai/201409/t20140928_1145351.htm

（三）全面推进会计信息化建设，切实助力会计改革与发展

　　来源：财政部网站
　　地址：http://kjs.mof.gov.cn/zhengcejiedu/201111/t20111124_610049.htm

（四）多措并举促会计信息化人才队伍建设

　　来源：财政部网站
　　地址：http://kjs.mof.gov.cn/kuaijifagui/202201/t20220118_3783143.htm

（五）财政部山东监管局：加快信息化建设　助力财政金融监管体系和监管能力
　　现代化

　　来源：财政部网站
　　地址：http://sd.mof.gov.cn/gzdt/caizhengjiancha/202201/t20220107_3781526.htm

（六）财政部新疆监管局：加强信息化建设　提升预决算公开监管工作质效的思
　　考与建议

　　来源：财政部网站
　　地址：http://xj.mof.gov.cn/caizhengjiancha/202112/t20211210_3773635.htm

（七）许宏才：加快推进预算管理一体化建设　以信息化驱动预算管理现代化

　　来源：财政部网站
　　地址：http://www.mof.gov.cn/zhengwuxinxi/caizhengxinwen/202010/t20201014_3603811.htm

（八）山东财政：财政信息化建设深入推进

　　来源：财政部网站
　　地址：http://www.mof.gov.cn/zhengwuxinxi/xinwenlianbo/shandongcaizhengxinxilianbo/
202002/t20200211_3468058.htm

（九）云南省昆明财政：信息化建设助推政府采购管理实现"四个转变"

来源：财政部网站

地址：http://www.mof.gov.cn/zhengwuxinxi/xinwenlianbo/yunnancaizhengxinxilianbo/
201904/t20190417_3227163.htm

（十）九江市财政局信息化建设助推财政改革发展

来源：财政部网站

地址：http://www.mof.gov.cn/zhengwuxinxi/xinwenlianbo/jiangxicaizhengxinxilianbo/
201608/t20160822_2396824.htm

（十一）深化金砖税收合作 共拓金色发展之路——在金砖国家税务局长
会议上的发言

来源：国家税务总局网站

地址：http://www.chinatax.gov.cn/chinatax/n810219/n810724/c5169150/content.html

（十二）李伟：以数字化转型推动税收征管变革

来源：国家税务总局网站

地址：http://www.chinatax.gov.cn/chinatax/n810219/n810744/c101763/c101790/c5166714/
content.html

（十三）税收征管进入"合成"新阶段

来源：国家税务总局网站

地址：http://www.chinatax.gov.cn/chinatax/n810219/n810780/c5163307/content.html

（十四）为全球税收合作提供中国样本

来源：国家税务总局网站

地址：http://www.chinatax.gov.cn/chinatax/n810219/n810780/c5169218/content.html

（十五）数字税务赋新能 创新引领助发展 云南智慧税务建设取得新成效

来源：国家税务总局网站

地址：http://www.chinatax.gov.cn/chinatax/n810219/n810744/c101763/c101789/c5171885/
content.html

（十六）我国税收征管方式将向智慧税务加速前进

来源：国家税务总局网站
地址：http://www.chinatax.gov.cn/chinatax/n810219/n810780/c5169141/content.html

（十七）不断加强税收信息化能力建设

来源：国家税务总局网站
地址：http://www.chinatax.gov.cn/chinatax/n810219/n810780/c5168995/content.html

（十八）我国九成涉税事项实现网上办理

来源：国家税务总局网站
地址：http://www.chinatax.gov.cn/chinatax/n810219/n810780/c5168917/content.html

（十九）江苏：以税收深改之力为高质量发展"蓄能"

来源：国家税务总局网站
地址：http://www.chinatax.gov.cn/chinatax/n810219/n810744/c101763/c101789/c5173463/content.html

（二十）中国打造智慧税务助力全球税收信息化合作

来源：国家税务总局网站
地址：http://www.chinatax.gov.cn/chinatax/n810219/n810780/c5168819/content.html